9급 공무원 국어 시험대비

박문각 공무원

기 본 서

출제자가 좋아하는 문법·어휘 포인트

합격자 4.2배 증가! 2관왕 다수 배출!!

New 공무원 국어 출제 기조 전환 완벽 반영

문법+독해 결합형, 최빈출 문법과 어휘까지!

2026 국어 문법·어휘 신유형 완벽 마스터!

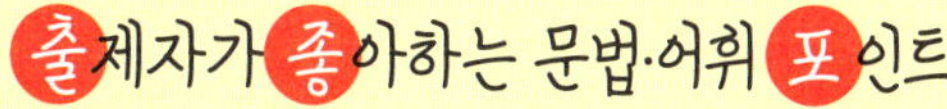

박혜선 편저

동영상 강의 www.pmg.co.kr

박혜선 국어

출좋포 문법·어휘

All In One

★★★★★

최단기 합격의 절대공식! 만점 릴레이 적중 신화, 박혜선 국어!

2025 전년대비 합격률 286% 증가!

박문각 국어 1위, 수석 합격 4연속 배출의
亦功 국어 박혜선 선생님이
亦功이들의 단기 합격을 간절하게 기원하며

안녕하세요. 박문각에서 국어를 가르치는 박혜선입니다.
2024년 인사혁신처에서 예고한 '국어, 영어 출제 기조 전환' 시험이
드디어 2025년 국가직, 지방직 9급 시험에서 치러졌습니다.

단순 암기를 줄이겠다는 인사혁신처의 공지를 통해
문법 영역 자체가 나오는지, 나오지 않을 것인지 말이 참 많았지만
혜선 쌤의 예상대로 문법 영역에서 '공문서 문장 고쳐 쓰기'를 포함하여 총 4문제 출제되었습니다.

아무런 배경 지식 없이 문법+독해 결합형 문제를 풀어보면 정답을 맞힐 수는 있어도
배경 지식이 있는 채로 시험장에 들어간 학생들보다
독해 시간이 오래 걸림을 확인하셨을 겁니다.
또한 문법+독해 결합형이 오답률 top5에 있는 것을 보면
문법 공부를 전혀 하고 들어가지 않는다면 정답률도 현저히 떨어지는 것을 느끼셨을 겁니다.

그러나...

혜선 쌤 수강생들 중에는 110분 중 국어 시험에 10~17분 안으로 투자해서
다른 과목의 전체적인 평균 점수까지 효율적으로 올릴 수 있었다고 하는
학생들이 많았습니다.

그 이유는...

혜선 쌤이 강조하고 반복했던 '출좋포' 문법 이론 적중 때문이라고 합니다.
물론 이는 亦功이들이 혜선 쌤이 제시하는 문법 공부 방향을 믿고 따라준 덕분이기도 합니다.
출제 기조 전환 이후부터는 추론 독해의 비중이 더 늘었기 때문에
공문서 문장 고쳐 쓰기, 문법+독해 결합형 문제에서 최대한 시간을 절약해야 합니다.

그러니 선택지만 보고도 빠르게 풀 수 있도록
출제될 가능성이 높은 문법 개념을 명확하게 공부하고 가야 합니다.

다만, 양을 늘려 할 필요는 없습니다.
요즘 나오는 문법 영역은 출제자가 전통적으로 중시했던 영역으로 출제되기 때문입니다.
이번에 출제된 영역을 분석해 봅시다!

첫째, '공문서 문장 고쳐 쓰기'는 20문제를 첫 번째로 여는 문제이기 때문에
반드시 亦功이들이 정복해야 하는 유형입니다.
국립국어원에서 배포한 '공공 언어 바로 쓰기'에 입각한 유형이기 때문에
이것이 잘 반영된 출좋포 교재를 통해 '공문서 문장 고쳐쓰기' 파트를 정복해 봅시다.

둘째, 문법 + 독해 결합형 문제는 총 3문제 출제되었습니다.
순수 문법 2문제(형태론, 언어의 본질),
어문 규정 1문제(표준 발음법의 이중모음의 발음)가 출제되었습니다.
그런데 이 문제들의 제시문을 보면 문법의 개념을 모르는 경우에는
제시문만 보고 추론하기가 어렵거나 시간이 매우 많이 걸리는 문제점이 있었습니다.
이것이 바로 우리가 문법 개념을 공부해야 하는 이유입니다.

이 영역들은 다행히 출좋포, 콤단문, 동형 모의고사에서 여러 번 적중되었기 때문에
혜선 쌤 커리를 잘 따라와준 역공이들이라면 어렵지 않게 풀 수 있는 영역이었습니다.

우리는 시험장에서 경쟁자들보다 빠르고 정확하게 답을 골라야 합니다.
이 문제 유형을 정복하려면 출좋포 문법(천기누설 혜선팍 문법, 족집게 적중 노트)에서
형태론, 통사론, 음운론, 어문 규정의 개념과 최빈출 문법 예시를 암기하고 이를 적용하여야 합니다.

그리고 나머지 팁은 혜선 쌤의 야매 꼼수 팁으로 남겨 드리겠습니다~^^
수업에 집중하시면 정말 많이 느실 겁니다~^^ 혜선 쌤만 잘 믿고 그럼 출발합시다!

수석합격 릴레이, 최단기간 합격의 절대공식, 혜선 쌤의 신화는 2026에도 계속된다!

🔍 亦功 국어의 관전 포인트 1

"출제자들이 좋아하는 포인트" 완벽 커리! 무료 적중 특강으로 만점 릴레이!

혜선 쌤 수강생의 점수가 높을 수밖에 없는 이유는 시험에 다다를수록 '콤팩트, 적중'에 집중하는 혜선 쌤의 완벽한 커리 때문입니다. 기본서부터 최근 경향을 보면 공부량을 늘리는 공부 방식은 올바른 공부 방법이 아님을 알 수 있습니다. 제시문을 읽고 문제를 푸는 유형이 나오더라도 최대한 문법+독해 결합형 문제를 빠르게 풀 수 있도록 만들어 드릴 예정입니다. 시험이 점점 가까워질수록 1년의 커리를 4시간 안에 뇌에 발라주는, 그러면서도 100% 적중이 이루어 지는 혜선 쌤의 커리를 기대해 주세요.

🔍 亦功 국어의 관전 포인트 2

출좋포 독해·문학뿐만 아니라 출좋포 문법·어휘에 있는 문제를 모두 해설해 주는 "만점 출좋포 문제 훈련"

보통 All In One 만점 출좋포 시즌을 진행하게 되면 가장 많이 듣는 요청이 "쌤..ㅜㅜ 문제 훈련 답지만 보니까 너무 어려워요. 해설 다 듣고 싶어요."입니다. 중간중간 아쉬워하는 亦功이들을 위해 출좋포 교재에 있는 과제 문제들을 어 떻게 푸는지 해설하는 강의를 만들게 되었습니다. "만점 출좋포 문제 훈련"이라는 강의에는 혜선 쌤의 야매 꼼수 스 킬을 적용하는 강의로 넣어주기로! 이 강의는 필수 강의는 아니고 선택 강의이지만, 올인원 하나로 문풀까지 끝내서 85점 이상 받고자 하는 亦功이들에게는 최적의 커리가 될 것입니다! 물론 이 이후의 천기누설 문풀 시즌까지 들으신 다면 95점, 100점을 보장해 드릴 수 있지만요! 亦功이들의 불편함을 모두 해소하는 그날까지! 혜선 쌤이 최선을 다하 겠습니다~^^

🔍 亦功 국어의 관전 포인트 3

선지에 구성될 예정일 최빈출 문법 예시를 철저하게 익히는 "적중용" 콤단문으로 보는 대표 기출!

문법+독해 결합형으로 출제가 되지만 선지는 여전히 기출의 빈출도에 따라 출제될 예정입니다. "적중용" 최빈출 문법 예시를 확실하게 공부하고 가서 다른 학생들보다 더 빠르고 정확하게 풀 수 있는 힘을 길러야 합니다. 문법+독해 결 합형을 아예 독해처럼 푸는 것은 절대적인 시간 부족이 예상되는 현재 2026 출제 기조에서는 독이 될 수 있습니다.

🔍 亦功 국어의 관전 포인트 4

2025 출제 기조를 완벽하게 반영한 "훈련용" 콤단문으로 보는 대표 기출!

아무리 최빈출 문법 예시가 나온다고 하더라도 해결이 되지 않는 선지들은 제시문에 있는 독해 단서를 통해 판단해야 합니다. 이를 훈련할 수 있는 "훈련용" 문제를 각 단원의 앞부분에서 혜선 쌤과 함께 풀고 훈련함으로써 실제 2026 출제 기조 변화에 알맞은 최고의 독해 능력을 함양합니다.

🔍 亦功 국어의 관전 포인트 5

무조건 첫 번째 문제로 출제될 "공문서 문장 고쳐 쓰기" 영역 완벽 정리!

국립 국어원에서 공식적으로 공개한 '공공 언어 바로 쓰기' 원칙 중에서 나올 확률이 큰 조항들만 모아서 이론을 정리한 섹션입니다. 이 섹션들만 잘 보셔도 '공문서 문장 고쳐 쓰기' 유형을 만점 받으실 수 있을 겁니다!

🔍 亦功 국어의 관전 포인트 6

2025 출제 기조에 따라 반드시 출제되는 어휘 유형을 실전 모의고사로! "어휘 실전 모의"

'문맥적 의미 추론, 고유어→한자어 유사한 표현으로 바꾸기, 한자어→ 고유어 유사한 표현으로 바꾸기'를 양적으로 공부하기 위해 어휘 실전 모의고사 섹션을 따로 만들었습니다. 어휘 추론 유형은 1–2문제는 꼭 출제되기에 이처럼 풍부한 문제로 훈련을 철저하게 해야 합니다.

🔍 亦功 국어의 관전 포인트 7

고대 수석 혜선 쌤의 공부 노하우가 들어간 메타인지 숙제 관리 표

완벽한 개념 숙지와 강력한 훈련만이 단기합격을 만들어 내기에, 자기 주도 학습이 가능한 메타인지 숙제 관리표를 제공하여 자신의 학습 일정을 자신이 컨트롤할 수 있는 장치를 마련했습니다. 더불어, '머릿속에 목차 지도 그리기' 파트를 통해 자신의 취약 파트를 적고 그 파트에 대해 집중적으로 훈련할 수 있도록 하였습니다. 그럼 여러분들은 취약 파트를 보완하기 위해 어떻게 해야 할 것인가를 물을 것입니다. 그 대답은 바로 아래에 있습니다

🔍 亦功 국어의 관전 포인트 8

망각을 방지하는 만점 릴레이 적중 하프, 스파르타 매일 합격 모의고사,

만점 릴레이 적중 하프에서 문법 영역은 All In One의 수업 진도(출종포 문법·어휘 교재)에 맞게 체계적으로 치러질 예정입니다. 예를 들어 지난주에 '형태론'을 했다면 그 다음 주에는 '형태론'과 관련된 문법 문제를 풀게 되는 것입니다. 일주일이 지난 후 보통 인간의 뇌에는 지식이 30%밖에 남지 않으므로 이 시기에 한번 더 상기하면 망각을 방지할 수 있습니다. 또한 여러분들의 취약점을 보완하고 다발적으로 일어나는 망각을 방지하고자 매일 10문제씩 실시하는 박문각 매일 합격 모의고사라는 장치를 마련해 두었습니다. 매일 합격 모고에서 문법 영역은 수업 진도에 맞게 체계적으로 치러질 예정입니다.

본 교재를 통해 꼭 단기 합격을 이루시기 바랍니다. 여러분의 단기 합격을 간절하게 응원합니다.

2025년 6월 편저자

박혜선 惠旋

1

출제자들이 좋아하는 포인트

- 작년 책에서 3분의 1이나 출제 포인트를 줄여 학습의 부담도 확 줄였습니다.
- 시험에 나오는 문법 예시를 빈출 순위별로 배열한 것은 박혜선 책이 유일!!
- 철저한 연구 끝에 출제자가 좋아하는 포인트라는 섹션을 따로 두어 역공이들의 노력이 쓸데없는 곳으로 가지 않게끔 하였습니다. 저와 수업을 들으신 후 '출졸포' 위주로 복습하시면 됩니다.
- 최고 어려운 어문 규정도 혜선 쌤의 쉬운 언어와 신박한 암기팁으로 외울 수 있게 만들어 드립니다.

2

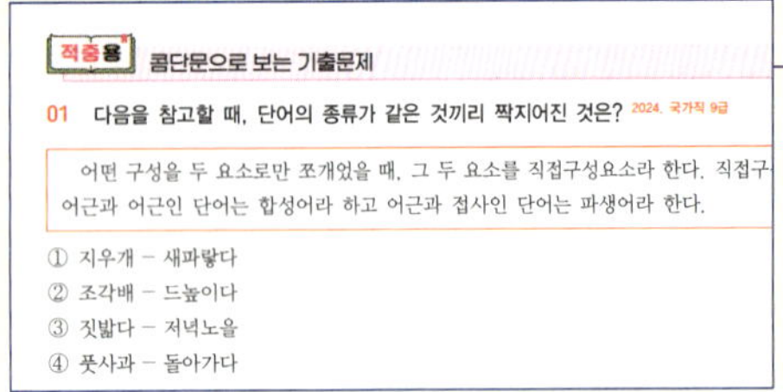

"적중용" 콤단문으로 보는 기출문제!

- 해당 단원에서 가장 많이 출제될 가능성이 있는 포인트와 최빈출 문법 예시를 보여주는 문제입니다.
- "적중"을 목표로 하는 기출문제이므로 꼭 익혀야 하는 섹션입니다.

3

"훈련용" 콤단문으로 보는 대표 기출!

각 단원의 앞부분에서 혜선 쌤과 함께 풀고 훈련함으로써 실제 출제 기조 변화에 알맞은 최고의 독해 능력을 함양합니다.

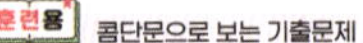

4

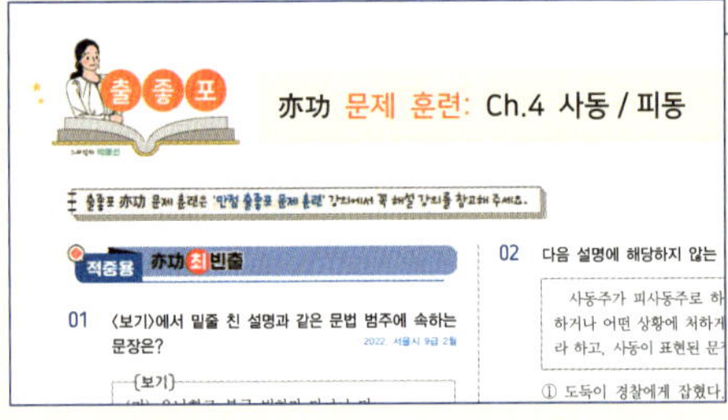

출졸포 亦功 문제 훈련

- 풍부하고 다양한 기출 문제와 역공 적중 문제로 이제까지 배운 문법 이론을 적용하여 풀어본 후, 본인의 약점을 체크할 수 있습니다.
- 최빈출, 중간 빈출 등 빈출 정도를 구분하여 중요도 평정하며 문제를 풀 수 있도록 하였습니다.
- 모든 선택지에 대한 해설이 꼼꼼하게 들어가, 메타인지를 활용한 학습이 가능합니다.

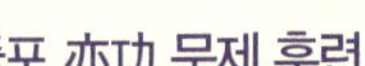

5

만점 출좋포 문제 훈련!

출좋포 문법·어휘에 있는 출좋포 亦功 문제 훈련을 모두 해설해 드림으로써 문법이 처음이라 어려운 역공이들이 쉽고 재밌고 편안하게 문제 풀이를 할 수 있도록 하였습니다.

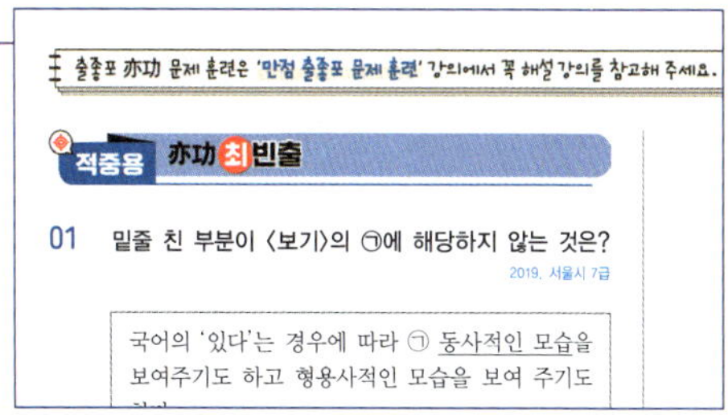

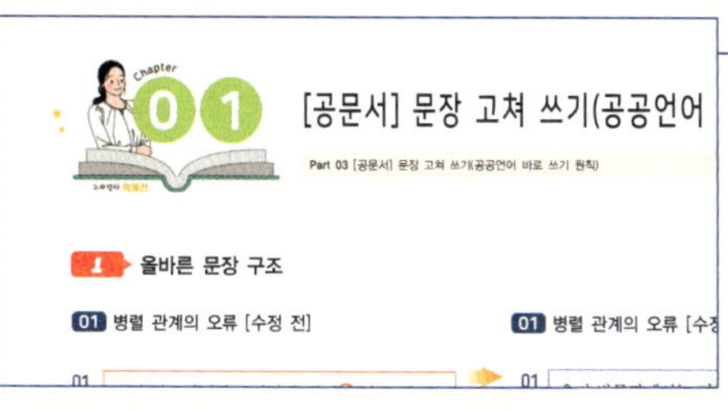

6

공문서 문장 고쳐 쓰기

국립 국어원에서 공식적으로 공개한 '공공 언어 바로 쓰기' 원칙 중에서 나올 확률이 큰 조항들만 모아서 이론을 정리한 섹션입니다. 이 섹션들만 잘 보셔도 '공문서 문장 고쳐 쓰기' 유형을 만점 받으실 수 있을 겁니다!

7

어휘 실전 모의

문맥적 의미 추론, 유사한 표현으로 바꾸기(고유어→한자어, 한자어→고유어)라는 유형으로 모두 분류하여 어휘 문제를 모의고사처럼 풀 수 있게 하였습니다.

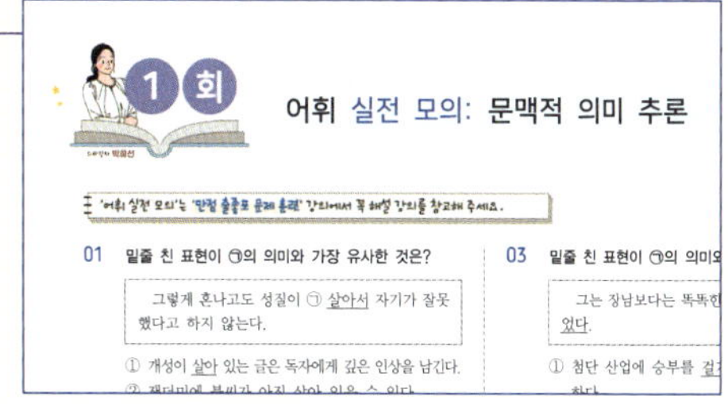

8

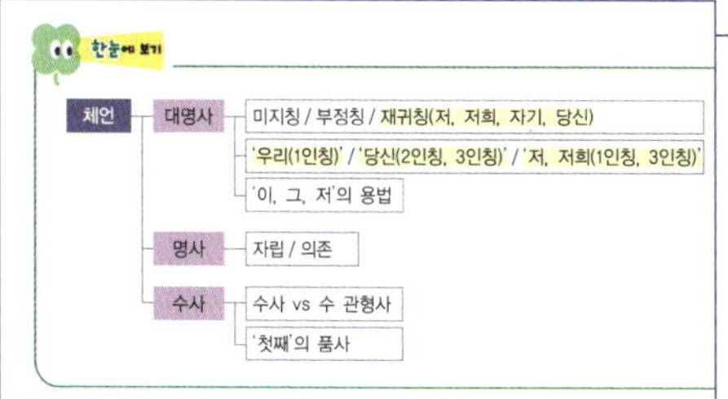

한눈에 보기

- 한눈에 보기를 통해 각 단원의 숲을 보게 하여 머릿속에 전체적인 지도가 형성되게 하였습니다.
- 각 단원에 학습 포인트를 미리 두어 출제가 많이 되는 포인트를 집어 시험의 출제 방향을 제시하였습니다.

9

메타인지 숙제 관리표, 머릿속에 목차 지도 만들기

- 완벽한 개념 숙지와 강력한 훈련만이 단기합격을 만들어 내기에, 자기 주도 학습이 가능한 메타인지 숙제 관리 표를 제공하여 자신의 학습 일정을 자신이 컨트롤할 수 있는 장치를 마련했습니다.
- 더불어, '머릿속에 목차 지도 그리기' 파트를 통해 자신의 취약 파트를 적고 그 파트에 대해 집중적으로 훈련할 수 있도록 하였습니다.

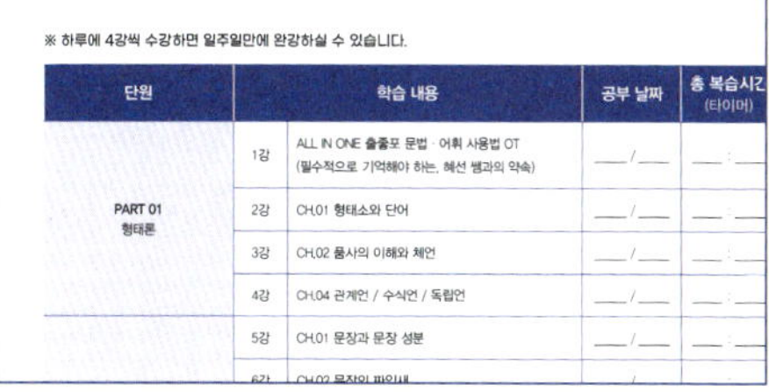

※ 하루에 4강씩 수강하면 일주일만에 완강하실 수 있습니다.

단원		학습 내용	공부 날짜	총 복습시간 (타이머)
PART 01 형태론	1강	ALL IN ONE 출좋포 문법 · 어휘 사용법 OT (필수적으로 기억해야 하는, 혜선 쌤과의 약속)	___/___	___
	2강	CH.01 형태소와 단어	___/___	___
	3강	CH.02 용언의 이해와 체언	___/___	___
	4강	CH.04 관계언 / 수식언 / 독립언	___/___	___
	5강	CH.01 문장과 문장 성분	___/___	___
	6강	CH.02 문장의 짜임새	___/___	___

**25년도 국가직 9급
1번 문항**

1 〈공공언어 바로 쓰기 원칙〉에 따라 〈공문서〉의 ㉠~㉣을 수정한 것으로 적절하지 않은 것은?

─── 〈공공언어 바로 쓰기 원칙〉 ───
○ 생소한 외래어나 외국어는 우리말로 다듬을 것.
○ 주어와 서술어의 관계를 명확하게 표현할 것.
○ 문맥에 맞는 정확한 어휘를 사용할 것.
○ 지나친 명사 나열을 피하고 적절한 조사와 어미를 활용하여 문장을 구성할 것.

─── 〈공문서〉 ───

□□ 개발연구원

수신　수신처 참조

제목　종합 성과 조사 협조 요청

───────────────────────

1. 귀 기관의 무궁한 발전을 기원합니다.
2. 본원은 디지털 교육 ㉠ 마스터플랜 수립을 위해 종합 성과 조사를 실시합니다. 본 조사의 대상은 지난 3년간 □□개발연구원의 주요 사업을 수행한 ㉡ 기업을 대상으로 합니다.
3. 별도의 전문 평가 기관에 조사를 ㉢ 위탁하며, 이 조사 결과를 바탕으로 ㉣ 학교 현장 교수 학습 환경 개선 정책 개발 및 디지털 교육 문화를 정착시키는 데에 기여하고자 합니다. 귀 기관의 협조를 부탁드립니다.

① ㉠: 기본 계획
② ㉡: 기업입니다
③ ㉢: 수주하며
④ ㉣: 학교 현장의 교수 학습 환경을 개선하는 정책을 개발하고

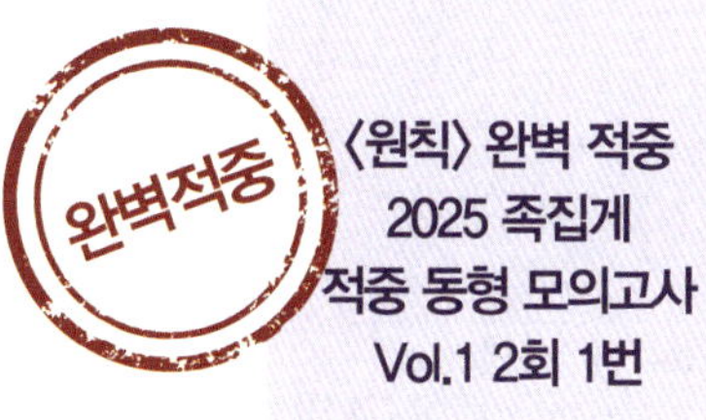

〈원칙〉 완벽 적중
2025 족집게
적중 동형 모의고사
Vol.1 하프동형
4주차 2번

2 〈공공언어 바로 쓰기 원칙〉에 따라 수정한 것으로 적절하지 않은 것은?

───── 〈공공언어 바로 쓰기 원칙〉 ─────

○간결하고 명료한 문장 사용
－㉠ 주어와 서술어의 관계를 명확하게 표현함.
－능동과 피동 등 흔히 헷갈리기 쉬운 것에 유의함.
○지나치게 긴 문장 삼가기
－㉡ 여러 가지 정보는 여러 문장으로 나누어 작성함.
○조사·어미 등 생략 시 어법 고려
－㉢ 조사, 어미, '－하다' 등을 지나치게 생략하지 않음.
○㉣ 외국어 번역 투 삼가기
－영어, 일본어 번역 투 삼가기

① "불법 고용주는 정상적인 외국인 고용을 제한됨."을 ㉠에 따라 "불법 고용주는 정상적인 외국인 고용을 제한받음."으로 수정한다.

② "설명회 참석 시에는 대중교통수단을 이용해 주시기 바라며, 교육은 공단 실무 책임자가 직접 진행할 예정입니다."를 ㉡을 고려하여 "설명회에 참석할 때에는 대중교통을 이용해 주시기 바랍니다. 교육은 공단 실무 책임자가 직접 진행할 예정입니다."로 수정한다.

③ "악취 발생 우려 및 집중 호우 시 침출수 지하 토양 오염 우려"를 ㉢에 따라 "악취가 발생할 수 있고 집중 호우가 있을 때에는 지하 토양이 침출수로 오염될 수 있음."으로 수정한다.

④ "취업 박람회를 개최하여"를 ㉣에 따라 "취업 박람회를 통해"로 수정한다.

〈원칙〉 완벽 적중
2025 족집게
적중 동형 모의고사
Vol.1 2회 1번

1 〈공공언어 바로 쓰기 원칙〉에 따라 〈공문서〉의 ㉠~㉣을 수정한 것으로 적절하지 않은 것은?

───── 〈공공언어 바로 쓰기 원칙〉 ─────

• 띄어쓰기를 정확하게 할 것
• 외국어 번역 투 삼갈 것
• 문맥에 맞는 정확한 어휘를 사용할 것
• 주어와 서술어를 호응시킬 것

───── 〈공문서〉 ─────

□□ 개발연구원

수신 수신자 참조
(경유)
제목 ○○시 취업 박람회 '기업홍보관' 운영 참여 협조 요청
1. 시정 발전에 협조해 주시는 ㉠ 귀사가 무궁히 발전하기를 기원합니다.
2. ○○시는 해마다 ㉡ 취업 박람회 개최 등을 통해 구인·구직자 간 만남의 장을 마련하고 구직자에게 취업을 알선하며 구직자의 채용 기회를 제공합니다. 또한 ㉢ 각 기업이 일자리 홍보안을 결재할 수 있도록 하는 환경을 제공하고 있습니다.
(중략)
5. ㉣ 이에 따라 ○○시는 귀사에 취업 박람회 행사 당일 지역의 유망 직업을 소개하는 기업의 직업 홍보관 운영에 참가하여 주시기 바랍니다. 지역 인재 유출 방지와 향토기업으로써 지역 발전에 의미를 더하는 계기가 될 것입니다. 참가를 원하시면 10. 25.(금)까지 다음 신청서를 작성하여 회신해 주시기 바랍니다.

③ ㉢: 기업이 일자리 홍보안을 결제할 수 있도록 하는

**25년도 국가직 9급
3번 문항**

3 다음 글의 (가)와 (나)에 들어갈 말을 적절하게 나열한 것은?

> 두 개 이상의 형태소로 이루어진 단어를 복합어라 한다. 복합어를 처음 두 개로 쪼갰을 때의 구성 요소를 직접구성요소라고 한다. 이 직접구성요소를 분석한 결과, 둘 중 어느 하나가 접사이면 파생어이고, 둘 다 어근이면 합성어이다. 즉 합성어는 '어근+어근'의 구성인데, 이는 합성어를 구성하는 두 구성 요소 중 어느 것도 접사가 아니라는 말이다.
>
> 그런데 '쓴웃음'과 같은 단어에는 접사 '−음'이 있으니까 ⬚(가)⬚ 가 아니냐고 반문할 수 있다. 그러나 이는 복합어 구분의 기준을 온전히 이해하지 못했기 때문에 나올 수 있는 질문이다. 전술한 바와 같이 복합어가 파생어인지 합성어인지를 결정하는 기준은 처음 두 개로 쪼갰을 때 두 구성 요소의 성격이며, 2차, 3차로 쪼갠 결과는 복합어 구분에 관여하지 않는다. 즉 '쓴웃음'의 두 구성 요소 중의 하나인 '웃음'은 파생어이지만 이 '웃음'이 또 다른 단어 형성에 참여할 때는 ⬚(나)⬚ (으)로 참여하는 것이다.

    <u>(가)</u>   <u>(나)</u>
① 합성어   접사
② 합성어   어근
③ 파생어   접사
④ 파생어   어근

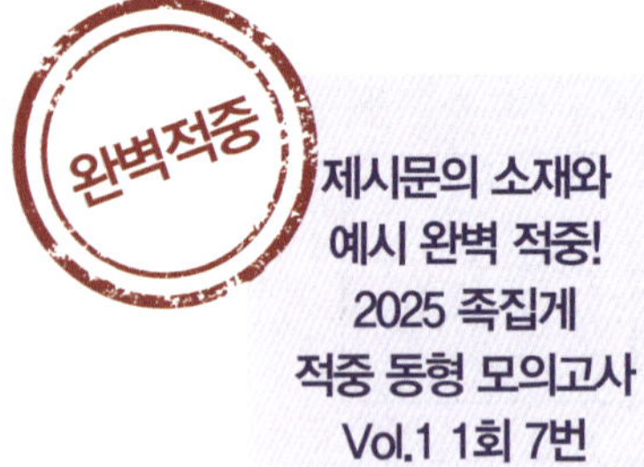

제시문의 소재와
예시 완벽 적중!
2025 족집게
적중 동형 모의고사
Vol.1 1회 7번

7 다음 글에서 추론한 내용으로 적절한 것은?

> 여러 형태소로 이루어진 단어는 그 구조를 명확하게 파악하기 어려운 경우가 많다. 예를 들어, '나들이옷'이 합성어인지 파생어인지를 판별하기 어려운 것처럼 말이다. 이와 같이 복잡한 단어의 구조를 정확히 파악하기 위한 방법 중 하나로 직접 구성 요소 분석이 있다. 직접 구성 요소란 어떤 말을 직접 이루고 있는 두 부분으로 나누었을 때 나오는 두 요소이다. 위의 '나들이옷'을 두 부분으로 나누어보자. '나들이옷'에서는 '나들이'와 '옷'이 직접 구성 요소가 된다. 이러한 분석은 '나들이'에 대해서 계속해서 적용해 나갈 수 있다. 나들이는 '나들−'과 '−이'로 나눌 수 있고 '나들−'은 '나−'와 '−들'로 한 번 더 나눌 수 있다. 그 결과 '나들−'은 어근 '나−'와 '들−'이 합성된 것임을 알 수 있고 '나들이'는 합성어 '나들−'에 명사파생접미사 '−이'가 결합하여 파생된 파생어임을 알 수 있다. 마지막으로 '나들이옷'은 파생어 '나들이'에 어근 '옷'이 결합한 합성어임을 최종적으로 알 수 있다. 이와 같이 복잡한 단어를 두 부분으로 나누어 나가는 직접 구성 요소 분석을 통해 단어의 구조를 정확히 알 수 있다. 다만, 단어를 두 부분으로 나눌 때 직접 구성 요소로 나눈 말이 실제로 존재하는가와 직접 구성 요소들과 그 전체 구성의 의미가 서로 통하는지를 파악해야만 올바르게 직접 구성 요소 분석을 할 수 있다.

① '지우개'는 그 직접 구성 요소 중 하나가 파생어인 파생어이다.
② '놀이터'는 그 직접 구성 요소 중 하나가 파생어인 합성어이다.
③ '눈웃음'은 그 직접 구성 요소 중 하나가 합성어인 파생어이다.
④ '제육덮밥'은 그 직접 구성 요소 중 하나가 파생어인 합성어이다.

25년도 국가직 9급
14번 문항

14 다음 글에서 추론한 내용으로 적절하지 않은 것은?

> 국어의 표준 발음법 규정에서는 이중모음의 발음과 관련한 여러 조항들을 찾을 수 있다. 이중모음은 기본적으로 글자 그대로 발음해야 하지만, 글자와 다르게 발음하는 원칙이 덧붙은 경우도 있다. 이중모음 'ㅢ'의 발음에는 세 가지 원칙이 적용된다. 첫째, 초성이 자음인 음절의 'ㅢ'는 단모음 [ㅣ]로 발음해야 한다. 둘째, 첫음절 이외의 음절에서 'ㅢ'는 이중모음 [ㅢ]로 발음하는 것이 원칙이나 단모음 [ㅣ]로도 발음할 수 있다. 셋째, 조사 '의'는 이중모음 [ㅢ]로 발음하는 것이 원칙이나 단모음 [ㅔ]로도 발음할 수 있다.
>
> 이 세 가지 원칙을 적용하여 발음하려 할 때 원칙 간에 충돌이 발생할 때가 있다. '무늬'의 경우, 첫째 원칙에 따르면 [무니]로 발음해야 하는데 둘째 원칙에 따르면 [무늬]도 가능하고 [무니]도 가능하게 된다. 이렇게 첫째와 둘째가 충돌할 때에는 첫째 원칙을 따른다. 하지만 물어본다는 뜻의 명사 '문의(問議)'처럼 앞 음절의 받침이 뒤 음절의 초성으로 오게 되는 경우에는 첫째 원칙이 적용되지 않고 둘째 원칙이 적용된다. '문의 손잡이'에서의 '문의' 역시 받침이 이동하여 발음되기는 하지만 조사 '의'가 포함되어 있다. 이처럼 둘째와 셋째가 충돌하는 상황에서는 셋째 원칙을 따른다.

① '꽃의 향기'에서 '꽃의'는 두 가지 발음이 가능하다.
②✓ '거의 끝났다'에서 '거의'는 한 가지 발음만 가능하다.
③ '편의점에 간다'에서 '편의점'은 두 가지 발음이 가능하다.
④ '한 칸을 띄고 쓴다'에서 '띄고'는 한 가지 발음만 가능하다.

완벽적중
이론 소재 완벽 적중
족집게 적중 노트 교재 (69쪽)

다만 3. 자음을 첫소리로 가지고 있는 음절의 'ㅢ'는 [ㅣ]로 발음한다.

다만 4. 단어의 첫음절 이외의 '의'는 [ㅣ]로, 조사 '의'는 [ㅔ]로 발음함도 허용한다.

출.좋.포 4 제5항 다만 3, 다만 4 "의"의 발음

1. 자음을 가진 'ㅢ' = [⑧＿＿＿＿]로만 발음됨.
2. 첫째 음절 '의' = [⑨＿＿＿＿]로만 발음됨.
3. 둘째 음절 이하 '의' = [⑩＿＿＿＿](원칙) [⑪＿＿＿＿](허용)
4. 관형격 조사 '의' = [⑫＿＿＿＿](원칙) [⑬＿＿＿＿](허용)

25년도 국가직 9급
13번 문항

13 다음 글에서 추론한 내용으로 가장 적절한 것은?

> 　언어에는 중요한 몇 가지 특징이 있다. 첫째, 언어의 형식인 말소리와 언어의 내용인 의미 간에는 필연적 관계가 없다. 이를 언어의 '자의성'이라 한다. 즉 어떤 내용을 나타내는 형식은 약속으로 정할 뿐이라는 것이다. 둘째, 언어에서 형식과 내용의 관계에 대한 사회적 약속은 한번 정해지면 개인이 쉽게 바꿀 수가 없다. 이를 언어의 '사회성'이라 한다. 셋째, 언어는 시간의 흐름에 따라 사회 구성원이 바뀌면서 끊임없이 변화한다. 이를 언어의 '역사성'이라 한다. 넷째, 하나의 언어 형식은 수많은 구체적 대상이 가진 공통적인 속성을 개념화하여 표현한 것이다. 예컨대 우리는 세상에 존재하는 여러 책상들의 공통적 속성을 추출하여 하나의 언어 형식인 '책상'으로 표현한다. 이를 언어의 '추상성'이라 한다.

① 같은 언어 안에도 다양한 방언 형태가 존재한다는 것은 언어의 자의성을 보여주는 사례이다.

② 가족과 대화할 때는 직장 동료와 대화할 때와 다른 표현을 사용한다는 것은 언어의 사회성을 보여주는 사례이다.

③ 유명인이 개인적으로 사용한 유행어가 시간이 지나도 표준어로 인정되지 않는다는 것은 언어의 역사성을 보여주는 사례이다.

④ 새로운 줄임말이 끊임없이 만들어지고 있다는 것은 언어의 추상성을 보여주는 사례이다.

이론 소재 완벽 적중
적중용 콤단문 문법
교재 (142쪽)

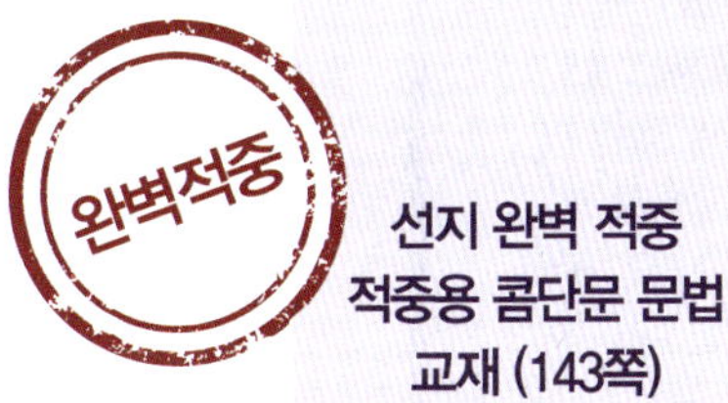

선지 완벽 적중
적중용 콤단문 문법
교재 (143쪽)

01 〈보기〉의 글에 대한 학생들의 반응으로 적절하지 않은 것은?

〈보기〉

 닉이 두 살쯤 되었을 때, 엄마는 플라스틱으로 만든 아기용 녹음기와 동요 테이프를 사다 주었다. 닉은 그 노래를 무척 좋아해서 테이프를 듣고 또 들었다. 닉은 동요 테이프와 녹음기를 들고 엄마 아빠나 형한테 가서, 노래를 틀어 줄 때까지 테이프와 녹음기를 탁탁 부딪치며 "과갈라, 과갈라, 과갈라."하고 말하곤 했다. 3년 동안 닉이 "과갈라, 과갈라."라고 할 때마다 식구들은 닉이 목소리와 악기 소리가 어우러진 아름다운 소리를 듣고 싶어 한다는 것을 알았다. 닉은 유치원에 들어가면서 선생님이나 다른 아이들은 '음악'이라고 말해야 알아듣는다는 것을 알게 되었다.

–앤드루 클레먼츠, 〈프린들 주세요〉

① '과갈라'라는 말소리가 나타내는 의미를 닉과 닉의 가족만 알아들을 뿐 다른 사람들은 그 의미를 몰라 소통할 수 없으므로 '과갈라'는 언어라고 할 수 없어.

② 닉이 '음악'을 '과갈라'라고 부른 것은 언어의 자의성과 관련이 있지.

③ 닉이 '과갈라'라는 새로운 말을 만든 것은 언어의 창조성과 관련이 있어.

④ 닉이 '과갈라.'라고 말했을 때, 선생님과 다른 친구들이 알아듣지 못한 것은 언어의 역사성과 관련이 있어.

강의를 틀어놓기만 해도 기분 좋아지는 텐션!
기발한 암기법으로 수업 듣는 것이 기대되는 첫 번째 선생님입니다

타사에서 일타 강사님 국어 수업을 들었으며 지금 기억으로는 엄청난 분량과 단순한 책 읽어주기식 수업 방식으로 강의 듣는 것이 버겁고 조금 두려웠습니다. 그래서 이번에 재시를 시작하기 전에 여러 인강 사이트를 돌아보며 약도 듣고 여러 합격생의 후기들을 보아 종합적으로 내린 결론은 바로 박문각 공무원의 박혜선 선생님이었습니다! 강의를 틀어놓기만 해도 기분 좋아지는 텐션과 기발한 암기법으로 수업 듣는 것이 기대되는 첫 번째 선생님입니다 ㅠㅠ 사실 이번에 새롭게 변화하는 국어 유형에 아직 혼란스러워 하시고 어떤 쌤 커리를 탈까 고민을 하시는 분들이 분명 많으실 텐데… 박문각 인강 무료패스라도 얻으셔서 꼭 혜선 쌤 수업을 들어보세요!! 제가 가장 크게 느낀 점을 소개하자면 첫 번째, 짧은 강의 시간으로 핵심적인 내용만 전달 / 두 번째: 다양한 문풀 커리 / 세 번째: 카페를 통한 빠른 피드백 / 네 번째: 기분이 좋아지고 신나는 강의. 이 정도면 초시 이상 공부하시는 분들이라면 엄청난 장점이라는 것을 알고 계실 겁니다!!

손*식

혜선 쌤 강의를 선택한 걸 절대 후회하지 않는다는 확신이 들었습니다!

제일 먼저 말씀드리고 싶은 건, 혜선 쌤 교재가 초시생들에게 진입하기 부담스럽지 않게 구성되어 있다는 점이에요. 공무원 시험에서 중요한 내용과 문제를 잘 정리해 주셔서 복습할 때도 막막하지 않고, 공부 방향을 잡는 데 큰 도움을 받고 있습니다. 수업 시간에 혜선 쌤께서 중간중간 학습 내용과 관련된 썰이나 암기팁을 알려주실 때마다 겉으로는 티 안 냈지만 속으로는 엄청 감탄했어요. 어려운 논리 추론 문제나 강화/약화 문제도 혜선 쌤만의 간단하면서도 핵심을 찌르는 팁으로 풀어가니 시간 단축에도 효과적이고, 이해도 잘 되더라고요. 무엇보다 혜선 쌤은 밝고 에너지가 넘치는 모습으로 강의를 하셔서 수업 분위기도 정말 좋습니다. 혼자 공부할 땐 쉽게 놓칠 수 있는 부분도 쌤이 잘 짚어주시고, 중요한 포인트를 반복해서 강조해 주시니 복습할 때도 효율적이에요. 혜선 쌤 강의를 들으면서 이 강의를 선택한 걸 절대 후회하지 않는다는 확신이 들었고, 주위에 공무원 시험 준비하는 친구가 있다면 꼭 추천하고 싶어요.

배*경

정말 말이 필요 없는 혜선 쌤 올인원 수업!!

일단 올인원 출좋포 교재를 보면 혜선 쌤께서 필요한 부분을 추려서 넣으려 하셨던 부분이 좋았습니다. 국어 문법 같은 경우 사실 정석대로 하려면 양도 많고 한국인이다 보니 문법 생각 안 하고 국어를 사용하다 보니 영어보다도 국어 문법이 항상 어려웠습니다. 특히 출좋포를 통해 정리해주신 부분은 보기도 편하고, 혜선 쌤이 수업 시간에 왜 출좋포 넣었는지 설명해주셔서 정리하기도 좋았습니다. 교재만 좋고 강의가 아쉬우면 필요한 내용을 잡기는 어려운데 혜선 쌤의 강의 또한 수준급이었습니다. 혜선 쌤의 강의는 우선 재밌습니다. 혜선 쌤께서 직접 겪으신 이야기를 풀어주시면서 수업을 이해할 수 있도록 녹여주십니다. 단순히 재미만 잡는 것이 아니라 재미와 필요한 개념과 문제풀이법들을 동시에 잡을 수 있는 수업이었습니다. 재미와 핵심 내용 두 가지를 다 잡는 것은 정말 어려운 부분이라 생각합니다. 둘 중 한쪽만 치우쳐서 생각하기도 쉬울 것 같습니다. 하지만 혜선 쌤께서 역공이들을 이해시키기 위해 재밌는 이야기들을 넣으시려고 노력한게 너무 느껴져서 감동적이기도 하고 저 또한 동기 부여가 되기도 했습니다.

강*산

출제기조반영 만점출좋포 강의 수강 후기

처음 입문하는 초시생에게 개념부터 문제까지 쉽고 재미있게 배울 수 있었습니다. 문법은 출제가 많이 된 순서로 예시로 암기하기 쉽게 알려주어 쉽게 외울 수 있었습니다. 야매꼼수로 어느 순간 '모 드 여 뵙 께', '에 로 와', '이 히 리 기 우 구 추…' 자연스럽게 외우고 있는 제 자신을 발견했습니다. ㅎㅎ 또, 독해 문제를 풀 때도 어디에 단서를 체크해야 하는지, 유형별로 빠르게 풀어야 하는지 등을 알려주셔서 입문 강의로 강추합니다.

한*연

국어는 뭐니뭐니해도 박혜선!!

개인적으로 국어가 정말 힘들다고 생각하는 수험생입니다. 워낙 책과 거리가 멀게 생활하였고 늘 주관적인 생각을 개입을 많이 하여서 문제를 접근하기도 쉽지 않았습니다. 허나 혜선 쌤의 이론 강의를 듣고 어떠한 부분이 잘못되었고 어떠한 점을 수정하면 되는지 알게 되었습니다. 많은 수험생들이 국어는 쉽다며 고득점을 노립니다. 이러한 점수를 갖기 위해서는 그만 한 전문가를 택하여서 그 전문가의 노하우, 스킬들을 익히는 것이 중요하다고 생각합니다. 그러기엔 혜선 쌤이 누구보다 최강이라고 자부할 수 있습니다! 꼭 혜선 쌤의 수업을 들어보세요. 이런 수업이 없습니다. 학생 한분한분의 눈높이를 맞추어 주시며 이해가 쏙쏙입니다.
국어는 박혜선!

고*우

공무원 국어는 아묻따 박혜선국어 출제자가 좋아하는 포인트 올인원

9월부터 9급공무원 공부를 시작하였는데 박문각 국어 1타 박혜선 쌤 강의를 듣게 되었습니다~~! 사실 기대 없이 신청했는데요. 역시 1타인 이유를 알겠더라구요~ 일단 텐션이 높으셔서 졸 틈이 없습니다! ㅋㅋ 재밌다는 뜻이죠 쉴새없이 중요한 건 썰을 풀어주시며 기억하게 만들어 주시더라구요ㅎ 문법 어휘는 처음 접하는 거라 어려웠는데 접사 주문도 만들어 외우게 해주셨답니다! 독해 문학은 예시를 들어주시는데… 차은우님이 떠오르면서 같이 상기가 되네요~ 그리고 학습계획도 짜주셔서 어려운 독해는 보충될 것 같아요~! 쌤 믿고 그대로 따라가겠습니다~ 앞으로도 잘 부탁드려요 :) ♥

도*연

출좋포 강의 듣고 점수 40점 올랐습니다

수강생 입장에서 강사를 고르는 여러가지 기준이 있겠지만 박혜선 선생님을 고른 이유는 수험기간 내내 안고 가야 하는 가장 무거운 짐! 불안을 해소시켜 줄 수 있는 분이라 생각했습니다. 유튜브에서 공개되는 적중 하프로 수업으로 처음 수강하게 되었는데 무료 강의여서 가벼운 마음으로 듣다가 유레카를 발견했습니다. 독해 수업으로 입문했지만, 더 놀라운 건 문법 수업이었습니다. 무엇보다 박혜선 선생님의 교재라면 다른 교재는 없어도 되겠다!라는 생각을 했습니다. 선생님의 공들인 교재의 효과를 이렇게 보는구나! 문법은 내용 자체가 생소하지만 어떤 방식으로 공부하는지에 따라 빠른 시간 내에 학습할 수 있다는 확신을 얻었습니다. 요즘 트렌드에 맞게 25년 기조 변환 문제를 반영한 새로운 내용들이 잘 수록되어 있기에 더욱 믿음이 갔습니다. 이를 통해 다른 과목도 강사를 믿고 가야겠다는 신뢰감이 생겼습니다.

김*헌

수석합격 릴레이 신화, '최단기 합격의 절대 공식'

박혜선 亦功국어 ♥ 2026년 만점 릴레이 커리큘럼 ♥

초시생 을 위한 전체 커리큘럼

단계	강의 제목	수강 대상
1단계 (기초입문)	독해 신유형 공부(독해신공) 시작! 초보자들의 능력 up	국어가 많이 약한 공시생들 (필수는 아님. 수능 기준 6등급 이하 추천)
2단계 (올인원 필수 개념 완성)	만점 출좋포 만점 출좋포 문제 훈련	★★★ 초시생이라면 기본 이론 강의인 '만점 출좋포'부터 들으시면 됩니다. (재시생이지만 기본부터 닦고 싶다면 '만점 출좋포'부터 들으셔도 됩니다ㅏ^^)
3단계 (필수 기출 +예상문제 풀이)	논리추론 천기누설 혜선팍 논리추론 문법 천기누설 혜선팍 문법 독해 천기누설 혜선팍 독해	'만점 출좋포' 완강 후 들으면 되는 각 영역 특화 기출+예상문제 풀이 강의
4단계 (모의고사, 압축 마무리)	족집게 적중 동형 모의고사 족집게 적중 노트	시험 직전 마지막 단계로 실전 동형 모의고사와 시험에 나올 적중 포인트들만 집중적으로 조지는 강의

Simple 그 자체, 재시생 을 위한 각 영역의 특화 커리큘럼

영역	강의명
신유형 문법 특화	이론+문제 풀이 천기누설 혜선팍 문법
	야매꼼수 이론 특화 족집게 문법 40 포인트
신유형 독해 특화	이론+문제 풀이 천기누설 혜선팍 독해
	독해 어휘력 UP! 천기누설 혜선팍 세트형 독해+어휘
신유형 논리추론 특화	이론+문제 풀이 천기누설 혜선팍 논리추론

감을 놓치지 않게 하는 Daily 문제 풀이

♥ 1주일에 1회씩
신유형 집중 문제 풀이 — 만점 릴레이 적중 하프

♥ 1일에 1회씩
신유형 집중 문제 풀이 — 스파르타 매일 합격 모의고사

♥ 문법+독해 결합형
강화, 약화 추론 등
신유형 집중 독해 문플 — 주독야독 시즌 1, 2, 3

※ 하루에 4강씩 수강하면 일주일만에 완강하실 수 있습니다.

단원		학습 내용	공부 날짜	총 복습시간 (타이머)
PART 01 형태론	1강	ALL IN ONE 출좋포 문법 · 어휘 사용법 OT (필수적으로 기억해야 하는, 혜선 쌤과의 약속)	＿＿ / ＿＿	＿＿ : ＿＿
		CH.01 형태소와 단어	＿＿ / ＿＿	＿＿ : ＿＿
	2강	CH.02 품사의 이해와 체언	＿＿ / ＿＿	＿＿ : ＿＿
	3강	CH.03 용언	＿＿ / ＿＿	＿＿ : ＿＿
	4강	CH.04 관계언 / 수식언 / 독립언	＿＿ / ＿＿	＿＿ : ＿＿
PART 02 통사론	5강	CH.01 문장과 문장 성분	＿＿ / ＿＿	＿＿ : ＿＿
	6강	CH.02 문장의 짜임새	＿＿ / ＿＿	＿＿ : ＿＿
	7강	CH.03 높임	＿＿ / ＿＿	＿＿ : ＿＿
	8강	CH.04 사동 /피동	＿＿ / ＿＿	＿＿ : ＿＿
		CH.05 종결 / 시제 / 부정	＿＿ / ＿＿	＿＿ : ＿＿
PART 03 [공문서] 문장 고쳐 쓰기 (공공언어 바로 쓰기 원칙)	9강	POINT 01 올바른 문장 구조	＿＿ / ＿＿	＿＿ : ＿＿
	10강	POINT 02 번역 투의 표현	＿＿ / ＿＿	＿＿ : ＿＿
		POINT 03 올바른 어휘 선택하기	＿＿ / ＿＿	＿＿ : ＿＿
	11강	POINT 04 고압적, 권위적 표현을 삼가기	＿＿ / ＿＿	＿＿ : ＿＿
		POINT 05 맞춤법	＿＿ / ＿＿	＿＿ : ＿＿
	12강	POINT 06 띄어쓰기	＿＿ / ＿＿	＿＿ : ＿＿
		POINT 07 외래어 표기	＿＿ / ＿＿	＿＿ : ＿＿

단원		학습 내용	공부 날짜	총 복습시간 (타이머)
PART 04 음운론	13강	CH.01 음운의 체계	____ / ____	____ : ____
	14강	CH.02 음운의 변동	____ / ____	____ : ____
PART 05 어문 규정	15강	CH.01 표준 발음법	____ / ____	____ : ____
		CH.02 표준어 규정	____ / ____	____ : ____
	16강	CH.03 한글 맞춤법	____ / ____	____ : ____
PART 06 어휘	17강	CH.01 혼동 어휘 구별	____ / ____	____ : ____
PART 07 어휘 실전 모의	18강	1회 문맥적 의미 추론	____ / ____	____ : ____
	19강	2회 고유어 → 한자어	____ / ____	____ : ____
		3회 한자어 → 고유어	____ / ____	____ : ____

CONTENTS

문법

어 휘

PART 06 어휘

PART 07 어휘 실전 모의

박혜선 국어
출졸포 문법·어휘 All In One

형태론

형태소와 단어

Part 01 형태론

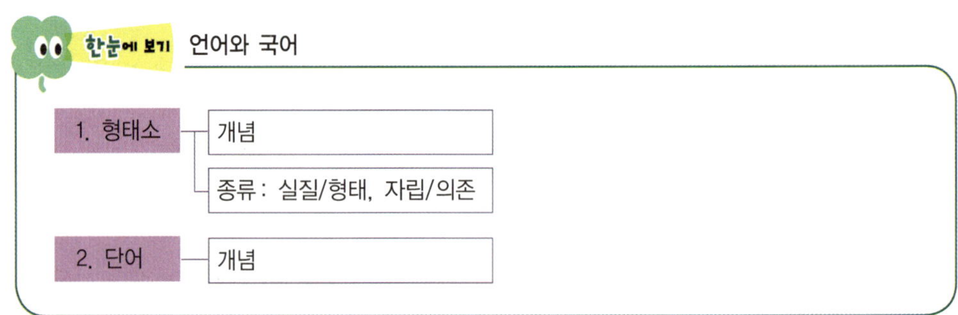

훈련용 콤단문으로 보는 기출문제

다음 글에 대한 추론으로 적절하지 않은 것은?

> 형태소란 뜻을 가진 가장 작은 말의 단위로, 여기에서 뜻이란 어휘적, 문법적인 뜻을 말한다. '철수가 밥을 먹었다'에서 형태소의 개념에 따라 형태소를 분석하면 '철수/가/밥/을/먹/었/다'로 나눌 수 있다. 이러한 형태소는 일정한 기준에 따라 나뉘는데, 어휘적인 의미를 지닌 형태소를 실질 형태소, 문법적인 역할을 하는 형태소를 형식 형태소라고 한다. 자립성의 유무에 따라 자립 형태소, 의존 형태소로 나눌 수 있다. 예를 들어 '철수, 밥, 먹-'은 실질 형태소, '가, 을, -었-, -다'를 형식 형태소로 볼 수 있다. '철수, 밥'은 자립 형태소, '가, 을, 먹-, -었-, -다'는 의존 형태소라고 볼 수 있다. 특히 여기에서 주목해야 할 점은 용언의 어근 '먹-'인데, 실질적인 의미를 가지면서 의존적인 특성을 가진다는 특별한 점이 있다.

① '순자도 집에 왔다'에서 '도'는 의존 형태소이다.
② '영희는 라면을 뒤에 숨겼다'에서 '-기-'는 형식 형태소이다.
③ '하늘이 파랗다'의 '하늘'은 자립 형태소이자 실질 형태소이다.
④ '철수는 놀이터에 왔다'의 '오-'는 실질 형태소이면서 자립 형태소이다.

해설

"특히 여기에서 주목해야 할 점은 용언의 어근 '먹-'인데, 실질적인 의미를 가지면서 의존적인 특성을 가진다는 특별한 점이 있다."라고 했으므로 용언의 어근인 '오-'는 실질 형태소이면서 의존적인 특성을 가진다는 점에서 '자립 형태소'가 아니라 '의존 형태소'임을 알 수 있다.

오답풀이 ① '자립성의 유무에 따라 자립 형태소, 의존 형태소로 나눌 수 있다.'고 했으므로 '도'는 의존적인 특성을 가진 의존 형태소임을 알 수 있다.

② 제시문에서 '문법적인 역할을 하는 형태소를 형식 형태소라고 한다.'라고 했으므로 어휘적인 의미 없이 문법적인 의미만 지닌 '-기-'는 형식 형태소임을 알 수 있다.

③ 제시문에서 '어휘적인 의미를 지닌 형태소를 실질 형태소'라고 했으므로 어휘적인 의미를 지닌 '하늘'은 자립 형태소이자 실질 형태소임을 알 수 있다.

▶ ④

1 형태소(形態素)

01 형태소의 이해

1. 형태소의 개념 : 의미(→ 실질적, 문법적)를 지닌 말의 가장 작은 단위

⑴ 분류 기준 1: 실질 의미의 유무

실질 형태소	① 실질적인 뜻을 가진 형태소 ② 용언의 어간(어근) / 명사, 대명사, 수사 / 관형사, 부사 / 감탄사 예 사자, 토끼, 먹–
형식 형태소	① 문법적인 뜻을 가진 형태소 ② '어미, 조사, 접사' 예 가, 를, –었–, –다

형태소	사자	가	토끼	를	먹	었	다
실질/형식	실질	형식	실질	형식	실질	형식	형식

⑵ 분류 기준 2 : 자립성 유무

자립 형태소	① 혼자 쓰일 수 있는 형태소 ② 명사, 대명사, 수사 / 관형사, 부사 / 감탄사 예 사자, 토끼
의존 형태소	① 혼자 쓰일 수 없는 형태소 ② 어미, 조사, 접사 / 용언의 어간(어근) 예 가, 를, 먹–, –었–, –다

형태소	사자	가	토끼	를	먹	었	다
자립/의존	자립	의존	자립	의존	의존	의존	의존

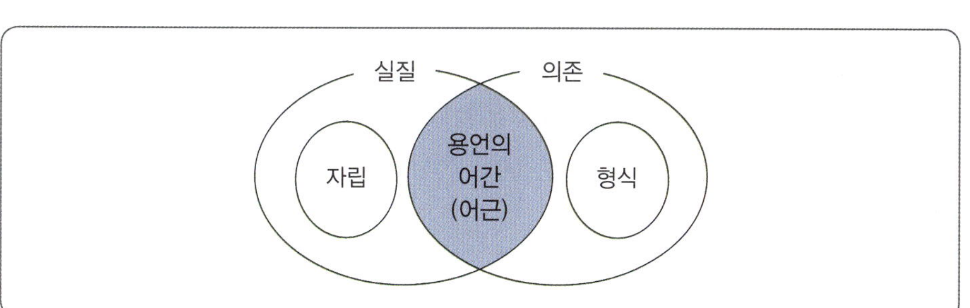

02 단어의 이해

: 자립성이 있는 말 + 분리성이 있는 말(조사)

[야매꼼수] 단어를 나누는 방법 = 띄어쓰기로 나눈 후,
　　　　　　조사를 분리하면 각각의 단어를 확인할 수 있다!

더⁺ 알아두기　형태소 심화

1 이형태(異形態)란?

개념	하나의 형태소가 주위 환경에 따라 다른 형태를 가지는 것
사례	기린이/사자가 : 받침 뒤: '이' / 모음 뒤: '가' 기린은/사자는 : 받침 뒤: '은' / 모음 뒤: '는' 잡으시다/가시다 : 'ㄹ' 제외한 받침 뒤: '으' / 'ㄹ, 모음' 뒤: ×

2 형태소들의 이론적 특징
① 모든 체언은 자립 형태소이면서, 실질 형태소이다.
② 모든 용언의 어간은 의존 형태소이면서, 실질 형태소이다.
③ 모든 어미, 조사, 접사는 의존 형태소이면서, 형식 형태소이다.
④ 자립 형태소는 항상 실질 형태소이지만, 실질 형태소가 항상 자립 형태소인 것은 아니다.

적중용　콤단문으로 보는 기출문제

01 〈보기〉의 형태소를 분석한 것으로 적절하지 않은 설명은?

〔보기〕
집에 돌아온 날

① 형태소의 개수는 모두 7개이다.
② 의존 형태소의 개수는 3개이다.
③ 자립 형태소의 개수는 2개이다.
④ 실질 형태소의 개수는 4개이다.

02 의존 형태소이면서 실질 형태소인 것만으로 묶인 것은? 2012. 국가직 9급

영희는 책을 집에 놓고 학교에 갔다

① 놓-, 가-　　　　　　　② -고, -써-
③ 영희, 책, 집　　　　　④ -는, -을, -에

03 〈보기〉의 문장을 형태소로 분석할 때 전체 형태소는 몇 개인가? 2015. 경찰 2차

〔보기〕
떡볶이를 팔 사람은 어서 가.

① 8개　　　　② 9개　　　　③ 10개　　　　④ 11개

---

01 의존 형태소는 어미, 조사, 접사, 용언의 어간(어근)이다. '에(조사), 돌(동사 어간), 아(연결 어미), 오(동사 어간), ㄴ(과거형 관형사형 어미)'이므로 의존 형태소는 3개가 아니라 5개이다.
[오답풀이] ① 형태소는 '집(명사 어근)+에(조사) / 돌(동사 어간)+아(연결 어미)+오(동사 어간)+ㄴ(과거형 관형사형 어미) / 날(명사 어근)'의 총 7개이다.
③ 자립 형태소는 '집(명사 어근), 날(명사 어근)'의 2개이다.
④ 실질 형태소는 '집(명사 어근), 돌(동사 어간), 오(동사 어간) 날(명사 어근)'의 4개이다.
▶ ②

02 의존 형태소이면서 실질 형태소인 것은 용언의 어간(어근)이므로 '놓-, 가-'이다.
▶ ①

03

	떡	볶	이	를	팔	ㄹ
자립 / 의존	자립	의존	의존	의존	의존	의존
실질 / 형식	실질	실질	형식	형식	실질	형식

	사람	은	어서	가	아
자립 / 의존	자립	의존	자립	의존	의존
실질 / 형식	실질	형식	실질	실질	형식

→ 총 11개의 형태소로 구성되어 있다. 파생어 '떡볶이'는 형태소 분석하면 '떡+볶+이'가 된다.
'팔'의 경우 '팔(어간)+ㄹ(어미)'로 분석되며, '가'의 경우 '가(어간)+아(어미)'로 분석된다.
▶ ④

2 단어의 형성

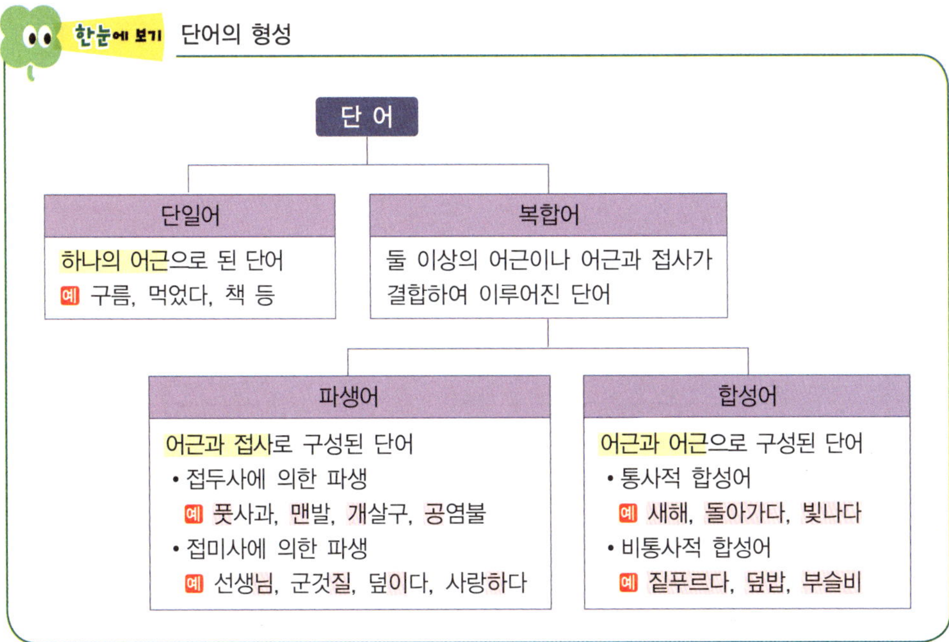

3 파생어의 형성

훈련용 콤단문으로 보는 기출문제

다음 글의 (가)와 (나)에 들어갈 말을 적절하게 나열한 것은? 2025. 국가직 9급

두 개 이상의 형태소로 이루어진 단어를 복합어라 한다. 복합어를 처음 두 개로 쪼갰을 때의 구성 요소를 직접구성요소라고 한다. 이 직접구성요소를 분석한 결과, 둘 중 어느 하나가 접사이면 파생어이고, 둘 다 어근이면 합성어이다. 즉 합성어는 '어근 + 어근'의 구성인데, 이는 합성어를 구성하는 두 구성 요소 중 어느 것도 접사가 아니라는 말이다.

그런데 '쓴웃음'과 같은 단어에는 접사 '−음'이 있으니까 [(가)]가 아니냐고 반문할 수 있다. 그러나 이는 복합어 구분의 기준을 온전히 이해하지 못했기 때문에 나올 수 있는 질문이다. 전술한 바와 같이 복합어가 파생어인지 합성어인지를 결정하는 기준은 처음 두 개로 쪼갰을 때 두 구성 요소의 성격이며, 2차, 3차로 쪼갠 결과는 복합어 구분에 관여하지 않는다. 즉 '쓴웃음'의 두 구성 요소 중의 하나인 '웃음'은 파생어이지만 이 '웃음'이 또 다른 단어 형성에 참여할 때는 [(나)](으)로 참여하는 것이다.

	(가)	(나)			(가)	(나)
①	합성어	접사		②	합성어	어근
③	파생어	접사		④	파생어	어근

해설

'그러나 이는 복합어 구분의 기준을 온전히 이해하지 못했기 때문에 나올 수 있는 질문이다.'라는 제시문을 보면, (가)에는 틀린 답이 나와야 함을 알 수 있다. 1문단에 언급된 직접구성요소의 설명에 따라 '쓴웃음'을 처음 두 개로 쪼개보면 '쓴+웃음'이 나온다. '웃음'은 '웃(어근)+음(접사)'의 구성으로 파생어이지만 이는 어근의 지위를 갖기 때문에 '쓴웃음'은 합성어임을 알 수 있다. (가)는 틀린 답이 나와야 하므로 '파생어'가 들어가야 함을 알 수 있다. 또 (나)는 '웃음'이 또 다른 단어 형성에 참여할 때에는 '어근'의 지위를 갖기 때문에 (나)에는 '어근'이 들어가는 것이 적절하다. ▶ ④

01 파생어

어근(＝실질 형태소)＋접사

02 접사

단독으로 쓰이지 아니하고 항상 다른 어근(語根)이나 단어에 붙어 새로운 단어를 구성하는 부분

1. 접두사(接頭辭) : 어근의 앞에 오는 말

(1) 품사는 그대로, 의미만 꾸며주는 한정적 접두사

ㄱ : 강굴, 강술, 강밥
　　강기침, 강더위
　　강울음, 강호령
　　강추위, 강타자, 강행군
　　개꿀, 개떡, 개살구
　　개꿈, 개나발, 개죽음
　　군말, 군살, 군침
　　군사람, 군식구

ㄴ : 날고기
　　날강도, 날건달

ㄷ : 돌배, 돌미나리
　　들국화, 들개
　　덧버선, 덧신,
　　되감다, 되살리다
　　뒤흔들다, 뒤바꾸다
　　드세다, 드높다
　　들끓다, 들볶다, 들쑤시다

ㅁ : 막고무신, 막국수, 막담배
　　막노동, 막일
　　맨발, 맨주먹

ㅅ : 새파랗다, 샛노랗다, 시퍼렇다, 싯누렇다

ㅇ : 알부자, 알거지 / 알감, 알몸

ㅈ : 짓밟다

ㅊ : 치받다, 치솟다

ㅍ : 풋사과

ㅎ : 한여름, 한겨울
　　헛웃음, 헛디디다,
　　휩쓸다

2. 접미사(接尾辭) : 어근의 뒤에 오는 말

(1) 품사는 그대로, 의미만 꾸며주는 한정적 접사

> 선생님, 학생들, 짐꾼, 도둑질, 밀치다, 비행기, 막내둥이, 욕심쟁이

(2) 품사를 바꾸는 지배적 접사

> ① 믿음, 죽음, 크기, 달리기
> ② 공부하다, 기름지다, 정의롭다, 복스럽다, 꽃답다
> ③ 높이, 많이, 당당히, 가득히

(3) 문장 구조를 바꾸는 지배적 접사

> -이-, -히-, -리-, -기-, -우-, -구-, -추-, -이키-, -으키-, -애-, -시키-, -되-

적중용 콤단문으로 보는 기출문제

01 다음을 참고할 때, 단어의 종류가 같은 것끼리 짝지어진 것은? 2024. 국가직 9급

> 어떤 구성을 두 요소로만 쪼개었을 때, 그 두 요소를 직접구성요소라 한다. 직접구성요소가 어근과 어근인 단어는 합성어라 하고 어근과 접사인 단어는 파생어라 한다.

① 지우개 – 새파랗다
② 조각배 – 드높이다
③ 짓밟다 – 저녁노을
④ 풋사과 – 돌아가다

02 다음 중 파생법으로 만들어진 단어가 아닌 것은? 2022. 군무원 9급

① 교육자답다
② 살펴보다
③ 탐스럽다
④ 순수하다

해설

01 '지우개, 새파랗다'에서 각각 '-개'와 '새-'는 접사이므로 둘 다 파생어임을 알 수 있다.

오답풀이 ② '조각배'는 '조각'과 '배'의 어근과 어근이 결합된 구성이므로 합성어임을 알 수 있다. '드높이다'는 '심하게' 또는 '높이'의 뜻을 더하는 접두사인 '드-'가 결합된 것이므로 파생어임을 알 수 있다.

③ '짓밟다'는 '마구'의 뜻을 나타내는 접두사 '짓'이 결합된 것이므로 파생어임을 알 수 있다. '저녁노을'은 '저녁'과 '노을'의 어근과 어근이 결합된 구성이므로 합성어임을 알 수 있다.

④ '풋사과'는 '덜 익은 것'의 뜻을 나타내는 접두사 '풋'이 결합된 것이므로 파생어임을 알 수 있다. '돌아가다'는 '돌-'과 '가-'의 어근과 어근이 결합된 구성이므로 합성어임을 알 수 있다.

▶ ①

02 파생어는 실질 형태소 어근에 접사가 결합한 것이다. '살펴보다'는 동사 '살피다'와 동사 '보다'가 결합한 합성어다.

오답풀이 ① 명사 어근 '교육자'에 접미사 '-답다'가 결합한 파생어다.

③ '탐스럽다'의 '-스럽다'는 일부 어근 뒤에 붙어서 '그러한 성질이 있음'을 나타내는 접미사이다. '탐(貪)'은 '가지거나 차지하고 싶은 마음'을 뜻하는 명사 어근이다.

④ '순수하다'의 '-하다'는 일부 명사 뒤에 붙어 용언을 만드는 접미사이다. '순수(純粹)'는 '사사로운 욕심이나 못된 생각이 없음'을 뜻하는 명사 어근이다.

▶ ②

4 ▶ 합성어의 형성

01 합성어 : 어근(실질 형태소) + 어근(실질 형태소)

출종포 ❶ 1. 일반적인 단어 배열법에 따른 분류

<table>
<tr><td rowspan="5">비통사적
합성어</td><td>개념</td><td colspan="2">우리말의 일반적인 단어 배열법과 일치하지 않는 합성어</td></tr>
<tr><td rowspan="4">예시</td><td>관형사형
어미 생략</td><td>접칼, 덮밥, 곶감, 늦잠, 감발, 누비옷, 묵밭, 꺾쇠</td></tr>
<tr><td>연결 어미
생략</td><td>높푸르다, 오르내리다, 여닫다, 보살피다, 뛰놀다,
굳세다, 날뛰다, 돌보다, 굶주리다</td></tr>
<tr><td>부사 + 명사</td><td>살짝곰보, 보슬비, 척척박사, 딱딱새, 산들바람,
헐떡고개, 볼록거울, 흔들바위</td></tr>
<tr><td>어순이 다른
한자어</td><td>독서(讀書), 급수(汲水), 등산(登山), 귀향(歸鄕)
(일몰(日沒), 필승(必勝), 고서(古書)는 통사적 합성어)</td></tr>
<tr><td rowspan="8">통사적
합성어</td><td>개념</td><td colspan="2">우리말의 일반적인 단어 배열법과 일치하는 합성어
통사적 구성과 일치하는 합성어</td></tr>
<tr><td rowspan="7">예시</td><td>명사 + 명사</td><td>앞뒤, 돌다리, 할미꽃, 춘추, 논밭, 이슬비</td></tr>
<tr><td>부사 + 부사</td><td>곧잘, 더욱더, 이리저리, 엎치락뒤치락, 죄다</td></tr>
<tr><td>관형사 + 체언</td><td>새해, 온갖, 첫사랑, 한바탕, 새마을, 온종일, 뭇매</td></tr>
<tr><td>부사 + 용언</td><td>잘나다, 그만두다, 못나다, 다시없다,
몹쓸(못 + '쓰다'의 관형사형)</td></tr>
<tr><td>조사 생략</td><td>빛(이)나다, 힘(이)들다, 본(을)받다, 꿈(과)같다,
앞(에)서다, 값(이)싸다, 맛(이)있다, 재미(가)없다,
선(을)보다, 애(를)쓰다, 손(에)쉽다</td></tr>
<tr><td>연결 어미</td><td>돌아가다, 알아보다, 게을러빠지다, 뛰어가다,
들어가다, 약아빠지다, 찾아보다, 깎아지르다, 스며들다</td></tr>
<tr><td>관형사형 어미</td><td>군밤, 작은언니, 어린이, 지은이, 작은집, 이른바,
쓸데없다(쓰 + ㄹ + 데 + 없 + 다),
보잘것없다(보 + 자 + 고 + 하 + ㄹ + 것 + 없 + 다)</td></tr>
</table>

2. 의미에 따른 분류

<table>
<tr><td rowspan="2">대등
합성어</td><td>개념</td><td>각각의 어근이 본래의 의미를 대등하게 유지하는 합성어</td></tr>
<tr><td>예시</td><td>논밭, 마소, 오가다, 여닫다, 앞뒤, 한두, 들락날락</td></tr>
<tr><td rowspan="2">종속
합성어</td><td>개념</td><td>한쪽의 어근이 다른 한쪽의 어근을 꾸미는 합성어</td></tr>
<tr><td>예시</td><td>손바닥, 봄비, 책가방, 돌다리, 갈아입다, 저녁밥, 콩나물, 소나무</td></tr>
<tr><td rowspan="2">융합
합성어</td><td>개념</td><td>어근들이 하나로 융합되어 본래의 의미에서 벗어나
제3의 의미를 나타내는 합성어</td></tr>
<tr><td>예시</td><td>연세(年歲), 춘추(春秋), 수족(手足), 세월(歲月), 모순(矛盾), 피땀,
빈말, 보릿고개, 검버섯, 괴발개발(개발새발),</td></tr>
</table>

출좋포 亦功 문제 훈련은 '만점 출좋포 문제 훈련' 강의에서 꼭 해설 강의를 참고해 주세요.

적중용 亦功 최빈출

01 다음 글의 내용을 적용한 것으로 적절하지 않은 것은?

2024. 지역인재 9급

> 합성어는 구성 요소(어근 + 어근)의 의미 관계에 따라 대등 합성어, 종속 합성어, 융합 합성어로 분류된다. 대등 합성어는 '손발'처럼 두 어근의 의미가 어느 한쪽으로 치우치지 않고, 그 의미가 대등한 또는 병렬적인 합성어이다. 이에 비해 종속 합성어는 '손수레'처럼 두 어근 중 어느 하나가 의미의 중심을 이루고, 다른 하나는 그것의 의미를 보충하는 관계이다. 마지막으로 융합 합성어는 두 어근 중 어느 쪽의 의미도 아닌 제3의 의미일 때를 말한다. 대부분의 융합 합성어는 대등 합성어나 종속 합성어의 의미가 변화한 것이다. 예를 들어 합성어 '뛰어나다'는 구성 요소인 '뛰다'나 '나다'의 의미를 벗어나 '남보다 월등히 훌륭하거나 앞서 있다.'라는 새로운 의미를 획득한 것이다.

① '손가락이 길다.'에서 '손가락'은 종속 합성어이다.

② '논밭에 씨를 뿌린다.'에서 '논밭'은 대등 합성어이다.

③ '가을 하늘이 높푸르다.'에서 '높푸르다'는 대등 합성어에서 의미가 변화한 융합 합성어이다.

④ '미안한 마음은 쥐꼬리만큼도 안 든다.'에서 '쥐꼬리'는 종속 합성어에서 의미가 변화한 융합 합성어이다.

정답풀이 제시문에서 "대등 합성어는 '손발'처럼 두 어근의 의미가 어느 한쪽으로 치우치지 않고, 그 의미가 대등한 또는 병렬적인 합성어이다."라고 하였는데 '높푸르다'는 '높(고) 푸르다'를 의미하므로 의미가 대등하다고 볼 수 있다. 따라서 이는 대등 합성어이지, 대등 합성어에서 의미가 변화한 융합 합성어라고 보는 것은 적절하지 않다.

오답풀이 ① 제시문에서 "이에 비해 종속 합성어는 '손수레'처럼 두 어근 중 어느 하나가 의미의 중심을 이루고, 다른 하나는 그것의 의미를 보충하는 관계이다."라고 했으므로 '손가락'은 종속 합성어이다. '가락'이 중심을 이루고 '손'이 '가락'의 의미를 보충하기 때문이다.

② '논밭'은 '논과 밭'으로 의미가 대등하므로 대등 합성어이다.

④ '쥐꼬리'는 '꼬리'가 중심을 이루고 '쥐'가 '꼬리'의 의미를 보충하기 때문에 원래는 종속 합성어가 옳았다. 하지만 이 문맥에서 '쥐꼬리'는 '매우 적은 것을 비유적으로 이르는 말.'의 새로운 의미가 되었으므로 제시문의 내용에 따라 융합 합성어로 의미가 변화했다고 볼 수 있다.

Answer

01 ③

02

〈보기1〉을 참고하여 〈보기2〉를 ㉠과 ㉡으로 잘 분류한 것은?

2017. 법원직

─〔보기〕─

　어근과 어근의 형식적 결합 방식에 따라 합성어를 나누어 볼 수 있다. 형식적 결합 방식이란 어근과 어근의 배열 방식이 국어의 정상적인 단어 배열 방식 즉 통사적 구성과 같고 다름을 고려한 것이다. 여기에는 합성어의 각 구성 성분들이 가지는 배열 방식이 국어의 정상적인 단어 배열법과 같은 ㉠ '통사적 합성어'와 정상적인 배열 방식에 어긋나는 ㉡ '비통사적 합성어'가 있다.

─〔보기2〕─

| a. 새해 | b. 힘들다 | c. 접칼 |
| d. 부슬비 | e. 돌아가다 | f. 오르내리다 |

	㉠	㉡
①	a, e	b, c, d, f
②	a, b, e	c, d, f
③	a, c, d	b, e, f
④	b, e, f	a, c, d

정답풀이

1) ㉠ '통사적 합성어'
　ⓐ '새해'는 '관형사 + 명사'의 통사적 합성어이다.
　ⓑ '힘들다'는 '힘(이) 들다'의 결합에서 조사가 생략된 것은 자연스러운 현상이므로 통사적 합성어이다.
　ⓔ '돌아가다' 역시 '돌다'와 '가다'가 '-아'라는 연결 어미로 이어지므로 통사적 합성어이다.

2) ㉡ '비통사적 합성어'
　ⓒ '접(은)칼': 관형사형 어미 '-은'이 생략된 비통사적 합성어
　ⓓ 부슬비 : '부사 + 명사' 구조의 비통사적 합성어
　ⓕ '오르(고)내리다'에서 '-고'라는 연결 어미가 생략된 비통사적 합성어

03

비통사적 합성어로만 묶은 것은?

2017. 국가직 7급

① 힘들다, 작은집, 돌아오다
② 검붉다, 굳세다, 밤낮
③ 부슬비, 늦더위, 굶주리다
④ 빛나다, 보살피다, 오르내리다

정답풀이
　• 부슬비 : 부사 '부슬'이 명사 '비'를 수식하는 비통사적 합성어이다.
　• 늦더위 : 어간 '늦-'과 명사 '더위'가 결합된 비통사적 합성어이다. 두 어근 사이에 관형사형 전성어미 '-은'이 있어야 했지만 '-은'이 쓰이지 않았으므로 우리말의 정상적인 단어배열법이라고 볼 수 없기 때문이다.
　• 굶주리다 : 동사 '굶-'와 '주리다'가 결합된 비통사적 합성어이다. 연결어미 '-고'가 있어야 했지만 '-고'가 쓰이지 않았으므로 우리말의 정상적인 단어배열법이라고 볼 수 없기 때문이다.

오답풀이 ① • 힘들다 : '힘(이) 들다'에서 조사 '이'가 생략된 통사적 합성어이다.
　• 작은집 : 2015년에 접두사 '작은-'이 ≪표준국어대사전≫에서 삭제되었으므로 '작은집'은 통사적 합성어이다.
　• 돌아오다 : 동사 '돌다'와 '오다'가 연결 어미 '-아'로 정상적으로 결합된 통사적 합성어이다.
② • 검붉다 : 연결 어미 '-고' 없이 형용사 '검다'와 '붉다'가 비정상적으로 결합된 비통사적 합성어이다.
　• 굳세다 : 연결 어미 '-고' 없이 '굳다'와 '세다'가 비정상적으로 결합된 비통사적 합성어이다.
　• 밤낮 : '밤낮'은 명사 '밤'과 명사 '낮'이 직접 결합된 통사적 합성어이다. 명사가 그대로 결합된 형태는 정상적인 단어 배열법이다.
④ • 빛나다 : '빛(이) 나다'에서 조사 '이'가 생략된 통사적 합성어이다.
　• 보살피다 : 연결 어미 '-고' 없이 동사 '보다'와 '살피다'가 비정상적으로 결합된 비통사적 합성어이다.
　• 오르내리다 : 연결 어미 '-고' 없이 동사 '오르다'와 '내리다'가 비정상적으로 결합된 비통사적 합성어이다.

04 〈보기〉를 참조할 때, ㉠과 동일한 방법으로 형성되지 않은 단어는?

> ─〔보기〕─
> 1. 파생어의 형성 방법
> 2. 어근＋접미사
>   예 ㉠ 청하다 : 청(어근) ＋ －하다(접미사)
> 3. 접두사 ＋ 어근
>   예 치솟다 : 치－(접두사) ＋ 솟다(어근)

① 꽃답다　　　　　② 자랑스럽다

③ 명예롭다　　　　④ 짓밟다

정답풀이〉㉠은 품사를 바꾸는 접미사 '－하－'가 결합된 파생어이다. ㉠과 동일하려면 품사를 바꾸는 접미사가 붙은 파생어가 와야 한다. 하지만 '짓밟다'는 품사를 바꾸지 못하는 접두사 '짓－'이 결합되었으므로 ㉠과 동일한 방법으로 형성되지 않은 단어임을 알 수 있다.

오답풀이〉① 꽃답다 : 명사 '꽃'이 '－답－'이라는 형용사 파생 접사를 만나 형용사라는 품사로 바뀌었으므로 ㉠과 동일한 방법으로 파생어를 만들었음을 알 수 있다.

② 자랑스럽다 : 명사 '자랑'이 '－스럽－'이라는 형용사 파생 접사를 만나 형용사라는 품사로 바뀌었으므로 ㉠과 동일한 방법으로 파생어를 만들었음을 알 수 있다.

③ 명예롭다 : 명사 '명예'가 '－롭－'이라는 형용사 파생 접사를 만나 형용사라는 품사로 바뀌었으므로 ㉠과 동일한 방법으로 파생어를 만들었음을 알 수 있다.

05 단어에 대한 설명으로 옳지 않은 것은?

2017. 국가직 9급 생활 안전 분야

① '웃음'은 어근 '웃－'에 접미사 '－음'이 붙어 명사가 된 파생어이다.

② '곁눈질'은 합성어 '곁눈'에 접미사 '－질'이 결합된 파생어이다.

③ '회덮밥'은 파생어 '덮밥'에 새로운 어근 '회'가 결합된 합성어이다.

④ '바다', '맑다'는 어근이 하나인 단일어이다.

정답풀이〉'덮밥'은 관형사형 어미 '은'이 생략된, 파생어가 아닌 비통사적 합성어이므로 옳지 않다.

오답풀이〉① '웃음' : 어근 '웃－' ＋ 접미사 '－음'＝파생어

② '곁눈질' : 합성어 '곁눈' ＋ 접미사 '－질'＝파생어

④ '바다', '맑다'는 어근이 하나인 단일어이다. 여기에서 '맑다'의 '－다'는 접사가 아니라 어미이므로 단어 형성과는 관련이 없으므로 '맑다'는 단일어이다.

06 다음 예들과 동일한 구성 방식을 보이는 단어로 옳은 것은?

2015. 국회직 9급

> 굶주리다, 늦더위, 높푸르다, 덮밥

① 논밭　　　　　　② 첫사랑

③ 늙은이　　　　　④ 가로지르다

⑤ 곶감

정답풀이〉'굶주리다, 늦더위, 높푸르다, 덮밥'은 비통사적 합성어이다. 각각 연결 어미 '－고' 생략, 관형사형 어미 '－은' 생략, 연결 어미 '－고' 생략, 관형사형 어미 '－은' 생략이 보인다. 이와 동일한 구성 방식을 보이는 단어는 '곶감'이다. '곶감'에는 관형사형 어미 '－은' 생략이 보인다.

오답풀이〉① 논밭 : '논과 밭'의 '명사 ＋ 명사' 구성을 보이는 것은 통사적 합성어이다.

② 첫사랑 : '관형사 ＋ 명사' 구성을 보이는 것은 통사적 합성어이다.

③ 늙은이 : 관형사형 어미 '－은'이 생략되지 않은 통사적 합성어이다.

④ 가로지르다 : '부사 ＋ 용언' 구성을 보이는 것은 통사적 합성어이다.

Answer

02 ③　**03** ③　**04** ④　**05** ③　**06** ⑤

적중용 亦功 **중간** 빈출

07 〈보기〉의 문장을 바탕으로 국어의 형태소를 이해한 것으로 가장 옳지 <u>않은</u> 것은?

2017. 서울시 7급

┌─〔보기〕─────────────
선생님께서 우리들에게 숙제를 주신다.
└──────────────────────

① '선생님께서'의 '께서', '우리들에게'의 '들', '주신다'의 '주'는 모두 의존 형태소에 해당하는 것들이다.

② '선생님께서'의 '께서', '숙제를'의 '를', '주신다'의 '다'는 모두 형식 형태소에 해당하는 것들이다.

③ '선생님께서'의 '님', '숙제를'의 '숙제', '주신다'의 '주'는 모두 실질 형태소에 해당하는 것들이다.

④ '선생님께서'의 '선생', '우리들에게'의 '우리', '숙제를'의 '숙제'는 모두 자립 형태소에 해당하는 것들이다.

정답풀이 '선생님께서'의 '–님'은 형식 형태소(=문법 형태소)로 '높임'의 뜻을 더하는 '접미사'이므로 ③은 옳지 않다.

오답풀이 ≪표준국어대사전≫에서는 2음절 한자어의 형태소를 분석하고 있지 않다. 하지만, '7차 고등학교 문법 교과서'에서는 '학–교'와 같이 형태소를 분석하고, 이 낱말을 합성어로 제시하고 있다. 이 문제에서는 표준국어대사전의 관점으로 한자어 '선생(先生), 숙제(宿題)'를 아예 하나의 형태소로 취급하고 있으므로 이에 따라 형태소를 분석하면 다음과 같다.

+ 형태소 분석

구분	선생	–님	께서
자립 / 의존	자립	의존	의존
실질 / 형식	실질	형식	형식

구분	우리	–들	에게
자립 / 의존	자립	의존	의존
실질 / 형식	실질	형식	형식

구분	숙제	를
자립 / 의존	자립	의존
실질 / 형식	실질	형식

구분	주–	–시–	–ㄴ–	–다
자립 / 의존	의존	의존	의존	의존
실질 / 형식	실질	형식	형식	형식

08 〈보기〉의 ㉠과 ㉡에 해당하는 단어로 적절한 것은?

2019. 기상직 9급

┌─〔보기〕─────────────
㉠ : 어간과 어근이 일치하는 경우
㉡ : 어간과 어근이 일치하지 않는 경우
└──────────────────────

① ㉠ : 기르다 ㉡ : 먹히다
② ㉠ : 비우다 ㉡ : 먹었다
③ ㉠ : 정답다 ㉡ : 귀엽다
④ ㉠ : 앳되다 ㉡ : 드높다

정답풀이 어간은 어근과 접사를 결합한 것이다. 따라서 '㉠: 어간과 어근이 일치하는 경우'는 접사가 없는 단일어에 해당한다. '㉡: 어간과 어근이 일치하지 않는 경우'는 접사가 존재하는 파생어에 해당한다. '기르다'는 단일어이므로 ㉠에 해당한다. '먹히다'는 파생어로, ㉡에 해당한다.(어미)

오답풀이 ② ㉠: 비 + 우(사동 접미사) + 다(어미) : 파생어이므로 ㉠이 아니라 ㉡에 해당한다.

㉡: 먹 + 었(어미) + 다(어미) : 접사가 없는 단일어이므로 ㉡이 아니라 ㉠에 해당한다.

③ ㉠: 정 + 답(형용사 파생 접미사) + 다(어미) : 파생어이므로 ㉠이 아니라 ㉡에 해당한다.

㉡: 귀엽 : 접사가 없는 단일어이므로 ㉡이 아니라 ㉠에 해당한다.

④ ㉠: 애 + 되(형용사 파생 접미사) + 다(어미) : 파생어이므로 ㉠이 아니라 ㉡에 해당한다.

㉡: 드(접두사) + 높 + 다(어미) : 파생어이므로 ㉡에 해당한다.

09 ( ) 안에 들어갈 말로 적절한 것은?

2015. 국가직 9급

> '개살구', '잠', '새파랗다' 등은 어휘 형태소인 '살구', '자-', '파랗'에 '개 -', '-ㅁ' '새 -'와 같은 접사가 덧붙어서 파생된 단어들이다. 이처럼 직접 구성 요소 중 접사가 확인되는 단어들을 '파생어'라고 한다. 반면, (   )등은 각각 실질적 의미를 지닌 두 요소가 결합하여 한 단어가 된 경우인데, 이를 '파생어'와 구분하여 '합성어'라고 한다.

① 고추장, 놀이터, 손짓, 장군감

② 면도칼, 서릿발, 쉰둥이, 장난기

③ 깍두기, 선생님, 작은형, 핫바지

④ 김치찌개, 돌다리, 시나브로, 암탉

정답풀이 고추(어근) + 장(醬)(어근)＝합성어
놀이(어근) + 터(어근)＝합성어
손(어근) + 짓(어근)＝합성어
→ '짓'이 '행위'를 나타내는 말 뒤에 결합하면 명사로 쓰인 것이다.
장군(어근) + 감(어근)＝합성어
→ 감(명사) − 옷감 / 재료 / 자격을 갖춘 사람, 도구, 사물
예 옷감 / 신랑감 / 안줏감

10 다음 중 단어의 짜임이 〈보기〉와 같은 것은?

2016. 서울시 9급

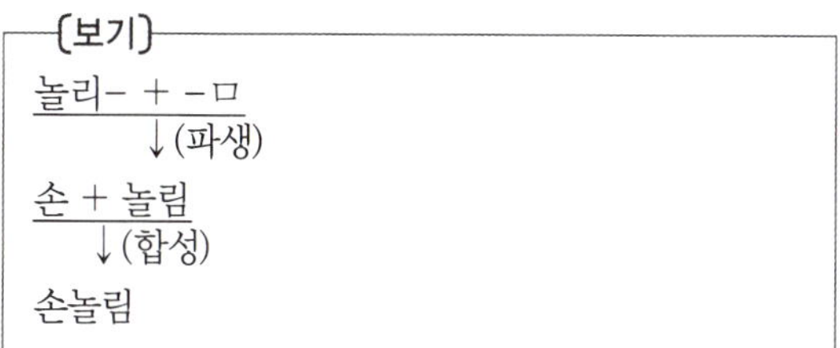

① 책꽂이   ② 헛소리

③ 가리개   ④ 흔들림

정답풀이 〈보기〉는 파생어와 어근이 결합되어 합성어가 된 것을 보여 준다. '꽂- + -이'로 파생되어 마지막에 어근 '책'이 결합되어 합성어 '책꽂이'가 된 것이므로 〈보기〉와 단어의 짜임이 같다고 볼 수 있다.

오답풀이 ② 헛소리 : 접두사 '헛-' + 어근 '소리'＝파생어
③ 가리개 : 동사 어근 '가리-' + 명사 파생 접미사 '-개'＝파생어
☞ 명사 파생 접미사 '-개'로 인해 동사가 명사로 품사가 바뀌었다.
④ 흔들림 : [동사 어근 '흔들-' + 피동 접미사 '-리'] + 명사형 어미 '-ㅁ'＝파생어
☞ '흔들림'이 사전에 등재되어 있지 않으므로 '-ㅁ'은 명사형 어미라고 볼 수 있다.

11 밑줄 친 부분이 ㉠의 예에 해당하는 것은?

2019. 국가직 7급

> 어근의 앞이나 뒤에 파생 접사가 결합된 것을 파생어라 한다. 파생 접사는 그 위치에 따라 접두사와 접미사로 나누는데 접두사는 어근의 품사를 바꿀 수 없지만, ㉠ 접미사는 어근의 품사를 바꾸기도 한다.

① 황금을 보기를 돌같이 하라.

② 세 자매가 정답게 앉아 있다.

③ 옥수수 알이 크기에는 안 좋은 날씨이다.

④ 그곳은 낚시질하기에 가장 좋은 자리였다.

정답풀이 명사 어근 '정'에 형용사 파생 접미사 '-답-'이 결합하여 형용사 '정답다'가 된 것이다. 따라서 접미사 '-답-'이 명사에서 형용사로 품사를 바꾸었다고 볼 수 있다.

오답풀이 ① '황금을 보다'로 목적어-서술어의 구성으로 '보기'가 서술성을 가지므로 '기'는 '명사 파생 접미사'가 아니라 '명사형 어미'이다. 명사형 어미는 품사를 바꿀 수 없다.
③ '옥수수 알이 크다'로 주어-서술어의 구성으로 '크기'가 서술성을 가지므로 '기'는 '명사 파생 접미사'가 아니라 '명사형 어미'이다. 명사형 어미는 품사를 바꿀 수 없다.
④ '낚시질'에서 '낚시'는 명사이고 '-질'은 접미사이다. 그런데 접미사 '-질'이 붙어도 품사는 그대로 명사이므로 품사를 바꾸는 예로 볼 수 없다.

Answer
07 ③ 08 ① 09 ① 10 ① 11 ②

품사의 이해와 체언

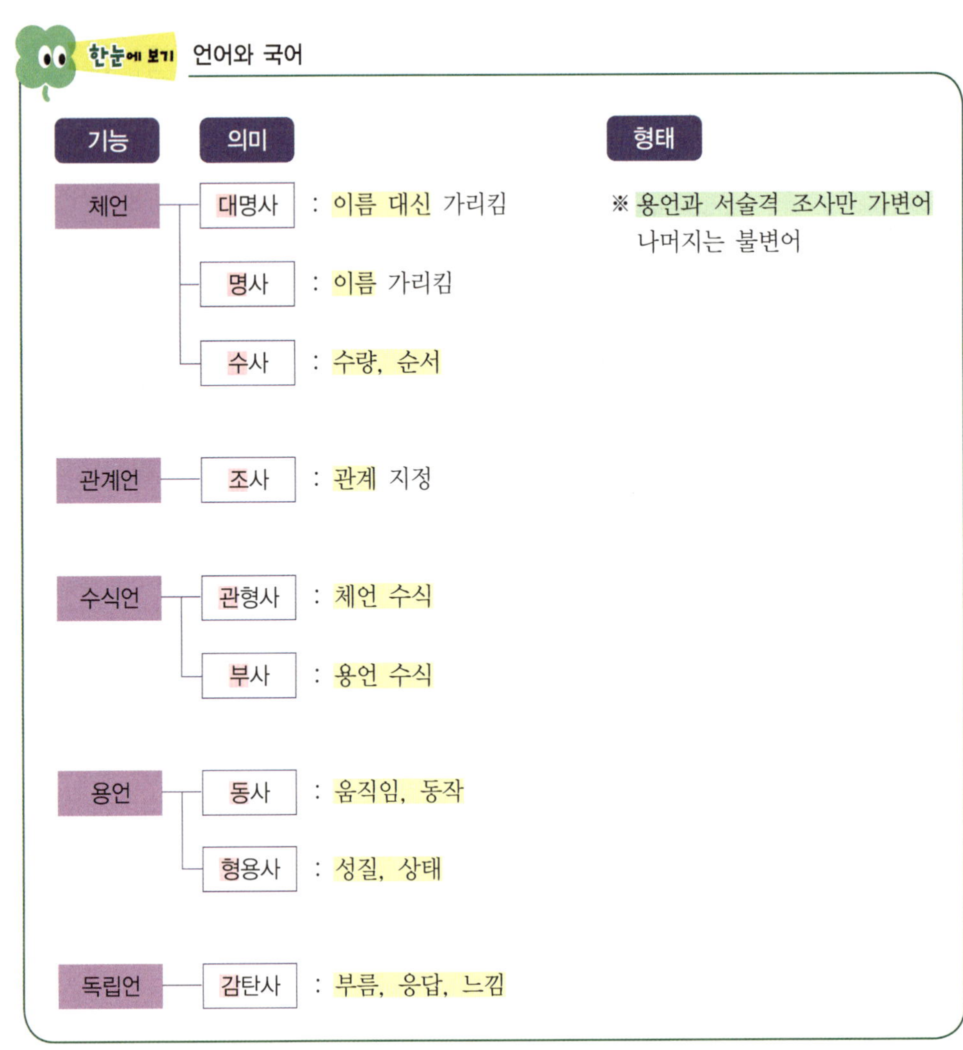

1 품사의 이해

01 품사(品詞)의 본질

1. 품사의 개념

일정한 기준(공통된 성질의 단어)에 따라 나눈 단어의 갈래

2 체언(體言) : 명사, 대명사, 수사

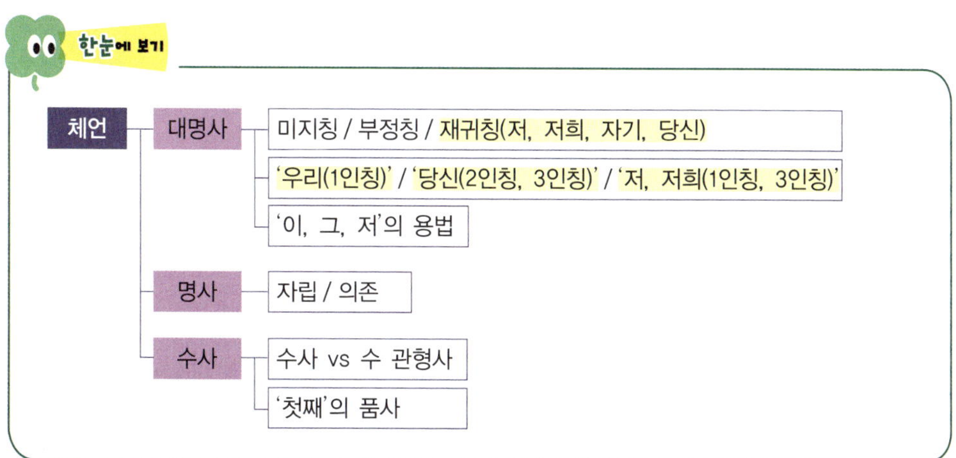

체언(體言)은 문장에서 주로 주어, 목적어, 보어 등의 역할을 하는데, 이 외에도 조사와 결합하여 다양한 성분이 될 수 있다. 명사, 대명사, 수사가 이에 속하며, 관형어의 꾸밈을 받고 형태가 변하지 않는 것이 특징이다.

훈련용 콤단문으로 보는 기출문제

다음 글에서 추론한 내용으로 가장 적절한 것은?

> 체언은 문장에서 주로 주어, 목적어, 부사어로 기능할 수 있는 단어의 유형으로, 불변어에 속한다. 체언에 속하는 품사로 대명사가 있는데, 대명사는 앞에 언급되었던 명사를 대신 지칭할 때 사용하는 말이다. 대명사의 종류로는 지시 대명사가 있으며, 지시 대명사의 예시로는 '이것', '저것', '그것', '여기', '저기', '거기' 등이 있다. 체언의 가장 큰 특징은 뒤에 조사가 결합할 수 있다는 것인데, 이를 통해 체언과 다른 품사의 구별이 가능하다.
>
> 지시 대명사의 경우, 품사는 다르지만 비슷한 형태를 지닌 지시 관형사와의 구별이 필요하다. 지시 관형사는 특정한 대상을 한정하여 가리키는 관형사로, '이', '그', '저' 등이 있다. 지시 대명사와 지시 관형사를 구별하기 위해서는 체언에 조사가 결합 가능하다는 성질을 이용해야 한다. 예를 들어, '저것은 내 책이다'와 '저 책은 내 책이다'에서 '저것'과 '저'의 차이를 살펴보자. '저것'의 경우 그 뒤에 '은'이라는 조사가 결합 가능하다. 따라서 '저것은'의 형태로 쓸 수 있다. 하지만 '저 책'에서 '저'의 경우, 조사의 결합이 불가능하다. '저는 책', 혹은 '저를 책' 등의 형태로 쓸 수 없기 때문이다.

① '이 사람은 우리 학교 학생이 아니다'에서 '이'는 뒤에 나오는 '학생'을 지칭하므로 지시 대명사이다.

② '이를 오늘 이 자리에서 논의하고자 한다.'에서 '이'는 조사 '를'이 결합하였기 때문에 지시 대명사이다.

③ '여기 길을 잃어버린 아이가 있어.'에서 '여기'는 조사가 결합할 수 없기 때문에 지시 관형사이다.

④ '그 가족은 팔 년 동안 거기에서 살았다.'에서 '그'와 '거기'는 품사가 같다.

---

1. 대명사의 종류 파악하기
2. 수사와 관형사 구별하기

해설

본문에서 "체언의 가장 큰 특징은 뒤에 조사가 결합할 수 있다는 것인데, 이를 통해 체언과 다른 품사의 구별이 가능하다"라고 언급하고 있기 때문에, '이' 뒤에 조사 '를'이 결합하였다는 것은 '이'가 체언임을 의미한다. 따라서 '이'는 지시 대명사이다.

오답풀이 ① 본문에서 "체언의 가장 큰 특징은 뒤에 조사가 결합할 수 있다는 것인데, 이를 통해 체언과 다른 품사의 구별이 가능하다"라고 언급하고 있기 때문에, '이 사람은 우리 학교 학생이 아니다'에서 '이' 뒤에 조사가 결합할 수 있는지 여부를 살펴야 한다. '이는 사람', 혹은 '이를 사람' 등이 불가능하기 때문에 해당 문장에서 '이'는 지시 대명사가 아닌 지시 관형사인 것을 알 수 있다.

③ 본문에서 "체언의 가장 큰 특징은 뒤에 조사가 결합할 수 있다는 것인데, 이를 통해 체언과 다른 품사의 구별이 가능하다"라고 언급하고 있기 때문에, '여기'에 조사가 결합할 수 있는지 여부를 살펴야 한다. '여기에 길을 잃어버린 아이가 있어' 등과 같이 '여기'에 부사격 조사 '에'를 결합시킬 수 있기 때문에 이는 지시 관형사가 아니라 지시 대명사로 보아야 한다.

④ '그 가족은 팔 년 동안 거기에서 살았다'에서 '그'와 '거기'의 품사는 본문에 따라 각각 조사를 결합시켜 보면 알 수 있다. '그'에 조사를 결합하여 '그는 가족', '그에 가족' 등으로 쓸 경우 어색하기 때문에 '그'는 지시 관형사임을 알 수 있다. 하지만 '거기에서'는 '거기'에 부사격 조사 '에서'가 결합한 형태이기 때문에 조사 결합이 가능하여 지시 대명사라는 것을 알 수 있다. 따라서 이 둘은 품사가 같지 않다. ▶ ②

01 명사(名詞): 사물의 이름을 나타내는 품사

1. 특징

① 활용하지 않는 불변어 ② 관형어의 꾸밈 ③ 조사와 결합

2. 종류

(1) 분류 기준: 자립성 유무

자립 명사	다른 말에 의존하지 않고 혼자 쓰일 수 있는 명사 예 책의 주제는 사랑이다.
의존 명사	다른 말에 의존해야만 말이 되는 명사 예 것, 분, 바, 데 / 사과 네 개, 만 원, 사람 세 명, 신발 두 켤레

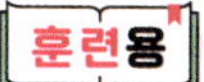 **콤단문으로 보는 기출문제**

밑줄 친 부분 중 다음 글의 ㉠의 사례가 포함된 것은?

> 한국어에서 ㉠ <u>3인칭 재귀 대명사</u>는 주로 3인칭 주어를 다시 가리키는 대명사로 사용된다. 재귀 대명사 "저", "저희", "자기", "당신"을 예로 들 수 있다. 하지만 이들은 문맥에 따라 다른 인칭으로도 쓰일 수 있다. 예를 들어, '저와 저희'는 자신을 낮추어 표현할 때 사용되는 1인칭 대명사로 쓰이기도 한다. "저는 저를 믿습니다."와 "저는 저를 믿습니다."에서는 1인칭으로, "철수는 저를 보며 자기 행동을 반성했다."와 "그들은 저희가 잘했다고 생각했다."에서는 3인칭으로 쓰인다. "당신"은 상대방을 가리키는 2인칭 대명사로 쓰이기도 한다. "당신의 문제를 해결해야 합니다."에서는 2인칭으로 "할아버지는 당신의 유언을 남기셨다"에서는 높임의 3인칭으로 쓰이기도 한다.

① <u>저희</u>는 이번 프로젝트를 성공적으로 마쳤습니다.

② 뭐? <u>당신</u>? 얻다대고 <u>당신</u>이야?

③ <u>저</u>는 오늘부터 새로운 계획을 시작합니다.

④ 회장님은 <u>당신</u>이 옳았다고 생각하며 스스로를 되돌아보았다.

02 대명사(代名詞) : 대상의 이름을 대신하여 가리키는 말

1. 특징

① 활용하지 않는 <u>불변어</u> ② 관형어의 꾸밈 ③ 조사와 결합

2. 종류

인칭 대명사	1인칭		화자를 대신 가리킴. 예 나, 저 / 우리, 저희 / 짐, 소인		
	2인칭		청자를 대신 가리킴. 예 너, 자네, 그대, 당신, 너희, 여러분		
	3인칭	개념	제3자를 대신 가리킴. 예 그, 그녀, 그들, 이분(이이)		
		종류	미지칭(未知稱) 대명사	특정 대상을 지시하지만 누군지 모름. 예 너는 누구를 좋아하니? 혜선이요.	
			부정칭(不定稱) 대명사	특정 대상을 지시하지 않음. 아무나 지시 가능함. 예 누구든 나를 도와줘. 아무도 좋아하지 않아.	
			★ 재귀칭(再歸稱) 대명사	저, 저희, 자기, 당신(높임의 의미) 이미 나온 "3인칭" 주어를 한번 더 가리킬 때 씀. 예 고슴도치도 저(자기)의 새끼는 이뻐한다. 그들은 저희의 잘못인지도 모른다. 할머니는 당신의 인생을 회고하였다.	
지시 대명사	사물		이것, 그것, 저것 / 무엇		
	처소		여기, 거기, 저기, 이곳, 그곳, 저곳 / 어디		
	시간		언제		

 **해설**

'당신'은 3인칭 주어인 '회장님'을 가리키는 높임의 재귀 대명사이므로 ㉠ 3인칭 재귀 대명사에 해당된다.

오답풀이 ① '저희'는 '우리'의 낮춤말이므로 1인칭 대명사이다.

② '당신'은 상대방을 낮추는 2인칭 대명사이다.

③ '저'는 '나'를 낮추는 1인칭 대명사이다. ▶ ④

출좋포 ② 상황에 따라 달리 쓰이는 대명사

우리		① 화자 자신과 청자, 또는 화자 자신과 청자와 여러 사람을 가리키는 1인칭 대명사 ② 청자를 제외한 1·3인칭만 포함 예 **우리** 오늘 파티할 건데 너도 올래? ③ 화자 자신만 지칭하면서 어떤 대상이 자기와 친밀한 관계임을 나타낼 때 쓰는 말 　예 **우리** 남편이 잘생겼지 뭐야~
당신	2인칭	청자를 단순히 가리키는 경우 예 그날 범인이 **당신**입니까? 청자를 높이는 경우 예 **당신**의 꿈이 그립습니다. 청자를 낮추는 경우 예 뭘 째려봐 **당신**!!!
	3인칭	3인칭 재귀 대명사 (재귀칭 '저(자기)'의 높임) 예 할아버지는 **당신**의 꿈을 이루고 갔다.
저희	1인칭	'우리'의 낮춤말 예 **저희**의 책임입니다.
	3인칭	3인칭 재귀 대명사 (재귀칭 '저'의 복수형) 예 고슴도치들도 **저희** 새끼는 이뻐한다.

출좋포 ③ 지시 대명사의 담화론적 성격 : 지시 관형사, 지시 부사도 마찬가지임.

이것 여기 이리 이	1. 말하는 이에게 가까이 있거나 말하는 이가 생각하고 있는 사물을 가리킴. 　예 철수야 **이것**이 내가 저번에 말한 옷이야. 　　철수야 **이리** 와 봐. 　　**이** 옷의 색깔이 예쁘지? 2. 바로 앞에서 이야기한 대상을 가리키는 지시 대명사 　예 오늘 내가 고백한 거... **이것**을 잘 기억해 줬으면 해.
그것 거기 그리 그	1. 듣는 이에게 가까이 있거나 듣는 이가 생각하고 있는 사물을 가리키는 지시 대명사 　예 네 옆에 있는 **그것**이 무엇이냐? 　　그것은 **거기**다 내려놓고 빈손으로 이리 오게. 　　응. **그리**로 가렴. 2. 앞에서 이미 이야기한 대상을 가리키는 지시 대명사 　예 나무를 해서 팔아 봤자 나무 한 짐에 쌀 두 되 값 받기가 어려우니, **그것** 가지고 　　는 다섯 식구 입에 풀칠하기조차 힘들었다.
저것 저리 저	1. 말하는 이나 듣는 이로부터 멀리 있는 사물을 가리키는 지시 대명사 　예 **저것**을 좀 보십시오.

적중용 콤단문으로 보는 기출문제

○~○에 대한 설명으로 적절하지 않은 것은? 2017. 지방직 9급 추가

- 형님은 ㉠ 자기 자신을 애국자라고 생각했다.
- 형님은 ㉡ 당신 스스로 애국자라고 생각했다.
- 형님은 ㉢ 그의 선물을 나에게 주었다.

① ㉠과 ㉡은 모두 형님을 가리킨다.
② ㉠은 1인칭이고 ㉡은 2인칭이다.
③ ㉡은 ㉠보다 높임 표현이다.
④ ㉢은 ㉠과 달리 형님 이외의 다른 대상을 가리킬 수 있다.

03 수사(數詞) : 사물의 수량이나 순서를 가리키는 단어

1. 특징

① 형태가 변하지 않는 불변어 ② 관형어의 꾸밈 × ③ 조사와 결합

2. 종류

양수사 (量數詞)	개념	사물의 수량을 가리킴.
	예	일, 이, 삼, 사 / 하나, 둘, 셋, 넷
서수사 (序數詞)	개념	사물의 순서를 가리킴.
	예	첫째, 둘째, 셋째 / 제일, 제이, 제삼

출졸포 4 수사와 수 관형사의 구별

수사	구분법	체언 뒤에는 조사가 결합됨.
	적용	나는 배 하나를 먹었다.
수 관형사	구분법	체언이 아니므로 조사가 결합하지 못함. 수 관형사 뒤에는 꾸밈을 받는 명사가 옴.
	적용	난 배 한 개를 먹었다.

출졸포 5 '첫째'의 품사

수사	순서가 가장 먼저인 차례 예 라면을 끓일 때에는 첫째, 물을 끓인다. 둘째, 스프를 넣는다.
수 관형사	순서가 가장 먼저인 차례의 예 우리 동네 목욕탕은 매월 첫째 주 화요일에 쉰다.
★ 명사	① ((주로 '첫째로' 꼴로 쓰여)) 무엇보다도 앞서는 것 예 신발은 첫째로 발이 편안해야 한다. 　　휴식이 첫째가 되어야 한다. ② 여러 형제자매 가운데서 제일 손위인 사람 = 맏이 예 김 선생네는 첫째가 벌써 초등학교 5학년이다.

출졷포 亦功 문제 훈련은 '만점 출졷포 문제 훈련' 강의에서 꼭 해설 강의를 참고해 주세요.

적중용 亦功 최빈출

01 다음 밑줄 친 단어에 대한 설명으로 가장 적절하지 않은 것은?

2018. 경찰 1차

> ㉠ 당신은 누구시오?
> ㉡ 당신, 요즘 직장에서 피곤하시죠?
> ㉢ 뭐? 당신? 누구한테 당신이야!
> ㉣ 할아버지께서는 생전에 당신의 장서를 소중히 다루셨다.

① ㉠에서 '당신'은 청자를 가리키는 2인칭 대명사이다.
② ㉡에서 '당신'은 부부 사이에서 상대편을 높여 이르는 2인칭 대명사이다.
③ ㉢에서 '당신'은 맞서 싸울 때 상대편을 낮잡아 이르는 2인칭 대명사이다.
④ ㉣에서 '당신'은 상대방을 높여 부르는 2인칭 대명사이다.

정답풀이 ㉣에서 '당신'은 '자기(앞에서 이미 말하였거나 나온 바 있는 사람을 도로 가리키는 삼인칭 대명사)'를 아주 높여 이르는 말이다.

02 다음 대화문에서 대명사 '우리'의 용법이 나머지와 다른 하나는?

2014. 지방직 9급

① A : 어제는 너한테 미안했어. 우리가 너무 심하게 한 것 같아.
　 B : 아니야, 내가 잘못했어. 너희 잘못이 아니야.
② A : 어제는 정말 좋았어. 우리가 언제 또 그런 기회를 가질 수 있겠니?
　 B : 그래, 나도 좋았어. 우리 다음에도 또 그런 자리 마련해 보자.
③ A : 우리는 점심에 스파게티를 자주 먹어.
　 B : 그래? 우리는 촌스러워서 그런지 스파게티 같은 건 잘 못 먹어.
④ A : 정말 미안하지만 우리 입장도 좀 생각해 줘.
　 B : 알겠어. 다음에 기회가 되면 도와주길 바랄게.

정답풀이 ①, ③, ④는 모두 청자를 배제하고 쓰이는 '우리'이지만, ②의 '우리'는 청자도 포함하는 용법이다.

03 다음 중 수사(數詞)가 쓰이지 않은 것은? 2022. 군무원 7급

① 사과 하나를 집었다.
② 열의 세 곱은 서른이다.
③ 한 사람도 오지 않았다.
④ 영희가 첫째로 도착하였다.

정답풀이 '한'은 뒤의 명사 '사람'을 꾸미는 수 관형사이므로 이 문장은 수사가 쓰이지 않았음을 알 수 있다.

04 밑줄 친 단어의 품사가 나머지 셋과 다른 것은?

2023. 서울시 9급

① 여기에 <u>다섯</u> 명이 있다.
② 하나에 하나를 더하면 <u>둘</u>이다.
③ 선생님께서 <u>세</u> 번이나 말씀하셨다.
④ <u>열</u> 사람이 할 일을 그 혼자 해냈다.

[정답풀이] 나머지는 뒤의 명사를 꾸미는 '수 관형사'이지만 '둘'은 뒤에 서술격 조사가 결합하고 있으므로 수사이다.

05 밑줄 친 부분의 품사가 다른 하나는?

2016. 서울시 9급

① 그 가방에 소설책 <u>한</u> 권이 들어 있었다.
② 넓은 들판에는 농부가 <u>한둘</u> 눈에 띌 뿐 한적했다.
③ <u>두</u> 사람은 다투다가 화해했다.
④ 석류가 <u>두세</u> 개 굴러 나왔다.

[정답풀이] '수사와 관형사의 구별'은 조사의 결합 여부로 판단하는 것이 좋다. 수사는 체언이라서 조사와 결합이 가능하다. 하지만 관형사는 조사와 결합할 수 없다. '한둘'은 "한둘(이) 눈에 띌 뿐"처럼 조사가 결합할 수 있는 수사이다.

[오답풀이] ① 수사 '한'은 명사 '권'을 수식하는 관형사이다.
③ '두'는 명사 '사람'을 수식하는 관형사이다.
④ '두세'는 명사 '개'를 수식하는 관형사이다.

06 ⊙~㉣에 대한 설명으로 옳지 않은 것은?

2019. 지방직 7급 변형

- 현주가 취직이 되었대. ⊙ <u>이</u>는 참으로 잘된 일이야.
- 지금 사는 ⓒ <u>그</u> 집이 싫으면 다른 집을 알아보자.
- 쟤는 우리가 싫어했던 ⓒ <u>저것</u>이 마음에 든대.
- 어르신. ㉣ <u>저리</u> 가시면 안됩니다.

① ⊙ : 지시 대명사로 가까운 것을 가리킬 때 쓴다.
② ⓒ : 뒤의 명사를 수식하는 지시 관형사이다.
③ ⓒ : 뒤에 조사가 붙은 사물 대명사이다.
④ ㉣ : 화자와 멀리 있는 대상을 가리키는 지시 대명사이다.

[정답풀이] ㉣ '저리'는 뒤의 용언 '가시면'을 꾸미는 지시 부사이다. '이리, 그리'도 마찬가지로 지시 부사이다.

[오답풀이] ① 뒤에 조사가 붙었으므로 지시 대명사라고 볼 수 있다.
② 뒤의 명사 '집'을 수식하는 지시 관형사라고 볼 수 있다.
③ '이것, 저것, 그것'은 뒤에 조사 '이'가 결합되므로 사물 대명사이다.

Answer

01 ④ 02 ② 03 ③ 04 ② 05 ② 06 ④

적중용 亦功 중간빈출

07 문장의 밑줄 친 부분 중 품사가 다른 것은?

2017. 기상직 9급

① 어머니는 <u>당신</u>께서 기른 채소를 종종 드셨어.
② 벌써 거기까지 갔을 <u>리</u>가 없지 않니?
③ 우리가 다니는 <u>학교</u>는 참 시설이 좋아.
④ 대영아, 조기 한 <u>두름</u>만 사오너라.

정답풀이 '당신'은 3인칭 재귀 대명사이다.

오답풀이 ② '리'는 '갔을'의 수식을 받는 의존 명사이다.
③ '학교'는 자립 명사이다.
④ '두름'은 단위성 명사이다.

08 다음 중 밑줄 친 단어의 품사가 나머지 셋과 다른 하나는?

2015. 서울시 7급

① 오늘은 비가 올 <u>듯하다</u>.
② 당신 좋을 <u>대로</u> 하십시오.
③ 아기는 아버지를 빼다 박은 <u>듯</u> 닮았다.
④ 자기가 아는 <u>만큼</u> 보인다.

정답풀이 '듯하다'는 ((동사나 형용사, 또는 '이다'의 관형사형 뒤에 쓰여)) 앞말이 뜻하는 사건이나 상태 따위를 짐작하거나 추측함을 나타내는 말로, 보조 형용사이다. 즉, 품사는 형용사이다.

오답풀이 ②, ③, ④ 모두 관형어의 수식을 받는 의존 명사이다. 즉, 품사는 명사이다.

09 밑줄 친 단어 중 명사를 모두 고른 것은?

2014. 지방직 9급

> ㉠ 십 년 만에 그 친구를 <u>만남</u>으로써 갈등이 다소 해결되었다.
> ㉡ 가능한 <u>한</u> 깨끗하게 청소하여라.
> ㉢ 그녀는 웃을 <u>뿐</u> 말이 없었다.
> ㉣ 나를 <u>보기</u> 위해 왔니?

① 만남, 한, 뿐   ② 한, 뿐
③ 한, 뿐, 보기   ④ 만남, 보기

정답풀이 ㉡ '한'은 관형어 '가능한'의 꾸밈을 받는 명사이다. '한'은 조건이나 상황, 경우의 뜻을 나타낸다.
㉢ '뿐'은 '웃을'의 꾸밈을 받는 의존 명사이다.

오답풀이 ㉠ '만남'은 '그 친구를 만나다.'처럼 서술성이 있으므로 명사가 아니라 동사이다. '목적어-서술어'의 구성은 서술성이 있다고 볼 수 있다.
㉣ '보기'는 '나를 보다'처럼 서술성이 있으므로 명사가 아니라 동사이다. 목적어-서술어의 구성은 서술성이 있다고 볼 수 있다.

Answer

07 ① **08** ① **09** ②

한눈에 보기 용언 : 동사, 형용사

1. 동사, 형용사의 구별 기준
2. 용언의 활용 양상
3. 본용언과 보조 용언

훈련용 **콤단문으로 보는 기출문제**

다음 글에서 추론한 내용으로 적절하지 않은 것은?

동사와 형용사는 국어에서 매우 중요한 품사로 둘 다 용언에 속하지만 그 기능과 의미는 다르다. 동사는 주로 동작이나 행위를 나타내며 시간의 흐름에 따라 변화할 수 있는 특징을 설명한다. 그리고 주로 주어와 연결되어 그 주어가 어떤 동작을 하는지를 나타낸다. 형용사는 주로 사물의 상태나 성질을 나타내며 시간의 흐름에 상관없이 지속되는 특징을 설명한다. 그리고 주로 주어와 연결되어 그 주어의 상태나 성질을 서술한다. 동사와 형용사는 이렇게 근본적인 특징이 다르지만 둘 다 활용을 하는 용언이라는 점에서 구분이 모호할 때가 있다. 이럴 때 동사와 형용사를 구분하는 방법으로 크게 세 가지가 있다. 첫째, 어간에 현재 시제 선어말 어미 '-는-', '-ㄴ-', 혹은 현재 시제를 나타내는 관형사형 전성 어미 '-는'이 결합할 수 있으면 동사, 결합할 수 없으면 형용사이다. 이는 동사가 시간의 흐름에 따라 변화할 수 있는 특징을, 형용사가 시간의 흐름에 상관없이 지속되는 특징을 설명한다는 점에서 기인한다. 둘째, 의도를 뜻하는 어미 '-려'나 목적을 뜻하는 어미 '-러'와 함께 쓰일 수 있으면 동사, 그렇지 못하면 형용사이다. 형용사는 사물의 상태나 성질을 나타내기 때문에 의도나 목적을 나타낼 수 없기 때문이다. 마지막으로 동사는 명령형 어미 '-어라/-아라'나 청유형 어미 '-자'와 결합할 수 있지만 형용사는 그렇지 않다. 이 또한 사물의 상태나 성질을 나타내는 형용사의 특징 때문이다. 이와 같이 동사와 형용사의 근본적인 성질의 차이로 인해 결합할 수 있는 어미의 종류가 달라지며 이를 통해 동사와 형용사를 구분하는 것이 가능하다.

① '아름답다'는 어간 '아름답-'에 명령형 어미 '-어라'를 결합하여 '아름다워라'로 활용할 수 없기 때문에 형용사이다.

② '예쁘다'는 어간 '예쁘-'에 관형사형 전성 어미 '-ㄴ'이 결합하여 '예쁜'으로 활용할 수 있기 때문에 동사이다.

③ '일어나다'는 어간 '일어나-'에 현재 시제 선어말 어미 '-ㄴ-'을 결합하여 '일어난다'로 활용할 수 있기 때문에 동사이다.

④ '착하다'는 어간 '착하-'에 의도를 뜻하는 어미 '-려'를 결합하여 '착하려'로 활용할 수 없기 때문에 형용사이다.

해설

'예쁜'은 현재 시제 선어말 어미 '-ㄴ-'이 결합한 것이 아니라 관형사형 전성 어미 '-ㄴ'이 결합하여 '예쁜'으로 활용한 것이다. 현재 시제를 나타내는 어미가 결합한 것이 아니므로 적절하지 않다. '예쁜'은 따라서 동사가 아니라 형용사이다.

오답풀이 ① '아름답다'는 명령형으로 활용할 수 없으므로 동사가 아닌 형용사이다.

③ '일어나다'는 동작을 나타내며 현재 시제 선어말 어미 '-ㄴ-'을 결합하여 일어나고 있다는 것을 표현하는 '일어난다'로 활용할 수 있기 때문에 동사이다.

④ '착하다'는 의도를 뜻하는 어미와 결합하여 의도를 나타낼 수 없으므로 동사가 아닌 형용사임을 알 수 있다. ▶ ②

1 ▶ 용언(用言) : 동사, 형용사

용언(用言)은 동사, 형용사를 통틀어 이르는 말로, 용언은 어간과 어미로 결합되어 있는 말이다. 문장에서 서술어의 기능을 하며 쓰임에 따라 본용언과 보조 용언으로 나뉜다.

① 활용하는 가변어　② 부사어의 꾸밈　③ 조사와 결합

01 동사(動詞) : 사물의 동작이나 작용을 나타내는 품사

자동사	목적어가 없는 동사 예 가다, 놀다, 살다, 달리다, 잡히다, 날다, 예상되다
타동사	목적어가 있는 동사 예 먹다, 잡다, 누르다, 태우다, 키우다, 안다

02 형용사(形容詞) : 사물의 성질이나 상태를 나타내는 품사

성상 형용사	사물의 성질이나 상태를 나타내는 형용사 예 고요하다, 달다, 예쁘다, 향기롭다
지시 형용사	사물의 성질, 시간, 수량 따위가 어떠하다는 것을 형식적으로 나타내는 형용사 예 이러하다, 그러하다, 저러하다, 어떠하다, 아무러하다

출종포 6 어미로 파악하는 동사와 형용사의 구별

기준	동사	형용사
현재 시제 선어말 어미 '-는-(받침 뒤)/-ㄴ-(모음 뒤)'	(○) 빵을 먹는다. 집에 간다.	(×) * 손이 참 곱는다. * 하늘이 참 푸른다.
현재 관형사형 어말 어미 '-는'	(○) 빵을 먹는 여자	(×) * 푸르는 하늘
명령형, 청유형 어미	(○) 빵을 먹어라. 빵을 먹자.	(×) * 너는 착해라. 너는 착하자.
목적, 의도의 어미 '-러, -려'	(○) 학교에 공부하러 간다. 학교에 공부하려고 간다.	(×) * 착하러 간다. 지금 착하려 한다.
'-고 있다'	(○) 신발을 신고 있다.	(×) * 너는 착하고 있다.

💬 조심해야 하는 현재 관형사형
어미 '는'
→ 있는 집안 없는 집안
: 밑줄 친 '있다, 없다'는 예외적으로 '-는'이 붙어도 형용사이다.

출졸포 7 의미로 파악하는 동사와 형용사의 구별

1 '동사'로만 등재된 단어

늙다, 낡다, 틀리다, 모자라다, 조심하다, 중시하다,
잘생기다(못생기다), 잘나다(못나다), −어지다, −어하다, 가물다

2 '형용사'로만 등재된 단어

없다, 많다, 젊다, 알맞다, 걸맞다, 부족하다, 칠칠하다

3 동사와 형용사 통용

크다	동사	자라다, 성장하다 (시간의 흐름)
	형용사	'자라다, 성장하다' 이외의 의미
길다 (동음이의어)	동사	머리카락, 수염 따위가 자라다.(시간의 흐름)
	형용사	'자라다' 이외의 의미
밝다	동사	밤이 지나고 환해지며 새날이 오다.(시간의 흐름)
	형용사	'새날이 오다' 이외의 의미
있다	동사	예 그는 내일 집에 있는다고 했다. 예 딴 데 한눈팔지 말고 그 직장에 그냥 있어라. 예 떠들지 말고 얌전하게 있자. 예 앞으로 사흘만 있으면 추석이다.
	형용사	예 나는 신이 있다고 믿는다. 기회가 있다, 모임이 있다, 예 그는 있는 집 자손이다, 그는 서울에 있다, 예 그는 철도청에 있다, 합격자 명단에는 내 이름도 있었다.
늦다	동사	예 그는 약속 시간에 항상 늦는다, 그는 버스 시간에 늦어 못 갔다.
	형용사	예 시계가 오 분 늦게 간다. 예 우리 일행은 예정보다 늦게 도착했다.

적중용 콤단문으로 보는 기출문제

밑줄 친 단어의 품사가 나머지 셋과 다른 것은? 2017. 국가직 7급 생활 안전 분야

① 노장은 결코 <u>늙지</u> 않는다는 말이 있다.

② 노인들은 꽃나무를 잘들 <u>키우신다</u>.

③ 곧 날이 <u>밝으면</u> 출발할 수 있다.

④ 노력했지만 아직 부족함이 <u>많다</u>.

조심해야 하는 잘못된 활용형

① 건강하세요(×)
→ 건강하게 사세요(○)
성실해라(×)
→ 성실하게 살아라(○)

▶ '건강하다, 성실하다'는 형용사이므로 명령형 어미 '−세요, −어라'와 결합할 수 없다.

② 행복하자(×)
→ 행복하게 살자(○)
행복합시다(×)
→ 행복하게 삽시다(○)

▶ '행복하다'는 형용사이므로 청유형 어미 '−자, −ㅂ시다'와 결합할 수 없다.

③ 알맞는 답(×) → 알맞은 답(○)
걸맞는 배우자(×)
→ 걸맞은 배우자(○)

▶ '알맞다, 걸맞다'는 형용사이므로 현재 관형사형 어미 '−는'과 결합할 수 없다.

해설

나머지는 '동사'이지만 '많다'는 형용사이다. '많다'는 언제나 형용사이다.

오답풀이 ① '늙다'는 언제나 동사이다.

② '키우신다.'에서 현재 시제 선어말 어미 '−ㄴ'이 있으므로 기본형 '키우다'는 동사이다.

③ 여기에서 '밝다'는 '날이 밝아오다'의 의미이므로 동사이다.

▶ ④

2 ▶ 용언(用言)의 활용(活用)

01 활용(活用) : 용언의 어간에 여러 어미가 번갈아 결합하는 현상

<table>
<tr><td>어간 어미</td><td>어간 어미</td></tr>
<tr><td>먹 + 니</td><td>예쁘 + 다</td></tr>
<tr><td> + 고</td><td> + 냐</td></tr>
<tr><td> + 자</td><td> + 게</td></tr>
<tr><td> + 냐</td><td> + 지</td></tr>
</table>

1. 용언의 어간 : 활용할 때 변하지 않는 부분

2. 용언의 어미 : 활용할 때 변하는 부분

(1) 어미의 종류

① 선어말 어미(先語末語尾) : 어말 어미 앞에 나타나는 어미

종류	내용		예
시제 선어말 어미	현재	−는−/−ㄴ−	먹는다, 간다
	과거	−았−/−었−	먹었다, 갔다
	미래(추측)	−겠−, −리−	먹겠다, 가리다
	과거(회상)	−더−	먹더라, 가더라
높임 선어말 어미	주체 높임	−(으)시−	가시고, 가신다
공손 선어말 어미	−옵−, −오−		가시옵고, 가오리다

② 어말 어미(語末語尾) : 용언의 맨 뒤에 결합하는 어미

종류		내용	예
종결 어미	평서형	−다, −네, −오, −ㅂ니다, −습니다	역공녀가 갔습니다.
	감탄형	−는구나, −는가, −오, −나	눈이 오는구나.
	의문형	−느냐, −는가, −오(소), −(으)ㅂ니까, −나	어디 가느냐?
	명령형	−어라, −게, −(으)오, −(으)십시오	어서 먹게.
	청유형	−자, −세, −(으)ㅂ시다	어서 가세.
연결 어미	대등적	−고(−며) −으나(−지만) −거나(−든지)	꽃이 피고 새가 운다.
	종속적	−으면, −아서/어서, −려고	비가 오면 땅이 질다.
	보조적	−아/−어, −게, −지, −고	의자에 앉아 있다.
★ 전성 어미	명사형	−(으)ㅁ, −기	행복하게 삶. 밥을 먹기 싫다.
	관형사형	는, −(으)ㄴ, −(으)ㄹ, −던	가는 세월, 먹을 사람
	부사형	−게, −(아)서, −도록	빠르게 가다.

02 활용 양상

"자음 어미"를 붙이는 경우에는 보통 어간과 어미의 원형이 그대로 결합되므로 의미가 없다.
따라서 "모음 어미"를 붙였을 때를 기준으로 활용 양상을 판단해야 한다.

❶ 규칙 활용

종류	내용	예
일반적 규칙 활용	용언이 활용할 때 어간이나 어미의 모습이 바뀌지 않음.	• 좋다 : 좋고, 좋아, 좋으니
'一' 탈락	어간의 끝이 '一' 모음일 때 모음으로 시작하는 어미와 결합하면서 '一'가 탈락함.	• 쓰다 : 써(쓰 + 어), 썼다(쓰 + 었 + 다) • 들르다 : 들러(들르 + 어), 들렀다(들르 + 었 + 다) • 치르다 : 치러(치르 + 어), 치렀다(치르 + 었 + 다) • 잠그다 : 잠가(잠그 + 아), 잠갔다(잠그 + 았 + 다) • 담그다 : 담가(담그 + 아), 담갔다(담그 + 았 + 다)
'ㄹ' 탈락	어간의 'ㄹ' 받침이 'ㅂ, ㅅ, ㄴ, ㄹ, 오' 등 특정 자음으로 시작하는 어미와 결합하면서 탈락함.	• 울다 : 웁니다(울 + ㅂ니다), 우시니(울 + 시 + 니), 우는(울 + 는), 울수록(울 + ㄹ수록), 우오(울 + 오)
동음 탈락	어간의 끝과 어미의 처음이 동음인 경우 하나가 탈락함.	• 파다 : 파(파 + 아), 파서(파 + 아서), 파도(파 + 아도) • 모자라다 : 모자라(모자라 + 아), 모자라서(모자라 + 아서) • 바라다 : 바라(바라 + 아), 바라서(바라 + 아서), 바라도(바라 + 아도)

❷ 불규칙 활용

종류		내용	불규칙 용언	규칙 용언
어간 바뀜	'ㅅ' 불규칙	모음 어미 앞에서 'ㅅ' 탈락	• 붓 + 어 → 부어 • 짓 + 어 → 지어 • 낫다(勝, 癒), 잇다, 긋다	벗어, 씻어, 빗어, 웃어
	'ㅂ' 불규칙	모음 어미 앞에서 '오/우'로 변함.	• 굽(炙) + 어 → 구워 • 눕 + 어 → 누워 • 줍 + 어 → 주워 • 돕다, 덥다, 깁다, 춥다	잡아, 뽑아, 좁아, 씹어
	'ㄷ' 불규칙	모음 어미 앞에서 'ㄹ'로 변함.	• 싣 + 어 → 실어 • 붇 + 어 → 불어 • 걷(步) + 어 → 걸어 • 묻다(問), 듣다, 깨닫다, 눈다	묻어(埋), 얻어, 걷어
	'ㄹ' 불규칙	모음 어미 앞에서 'ㄹㄹ'로 변함.	• 빠르 + 아 → 빨라 • 이르 + 어 → 일러(謂, 早) • 부르다, 오르다, 바르다, 곧(올)바르다, 가파르다, 불사르다	따라, 치러
	'우' 불규칙	모음 어미 앞에서 'ㅜ' 탈락함.	• 푸 + 어 → 퍼 ('푸다'만 '우' 불규칙)	주어, 누어

어미 바뀜	'여' 불규칙	모음 어미 '-아'가 '-여'로 변함.	• 공부하 + 아 → 공부하여 • '하다'와 '-하다'가 붙는 모든 용언	파 + 아 → 파
	'러' 불규칙	어미 '-어'가 '-러'로 변함.	• 푸르 + 어 → 푸르러 • 노르 + 어 → 노르러 • 누르 + 어 → 누르러 • 이르(至) + 어 → 이르러	치르 + 어 → 치러
어간 어미 바뀜	'ㅎ' 불규칙	'ㅎ'으로 끝나는 형용사 어간에 '-아/-어'가 오면 어간의 일부인 'ㅎ'이 없어지고 어미는 'ㅣ'로 변함.	• 하얗 + 아서 → 하얘서 • 파랗 + 아 → 파래 • 누렇 + 어지다 → 누레지다	좋 + 아서 → 좋아서 낳 + 은 → 낳은

훈련용 콤단문으로 보는 기출문제

다음 글에 따라 판단할 때, 옳지 않은 것은?

> 불규칙 활용은 ㉠ 어간의 변화가 불규칙한 것, ㉡ 어미의 변화가 불규칙한 것, ㉢ 어간과 어미가 모두 불규칙하게 변하는 것의 세 가지 유형으로 나누어 볼 수 있다. 먼저 어간의 변화가 불규칙한 것을 살펴보기로 하자. '짓-'의 활용을 보면, '짓다, 짓지'처럼 자음으로 시작하는 어미 앞에서는 '짓-'이 유지되지만. '지어, 지으니'처럼 모음으로 시작하는 어미 앞에서는 'ㅅ'이 탈락하여 '지-'로 나타난다. 이것은 모든 어미 앞에서 'ㅅ'이 유지되는 규칙 활용을 하는 '웃-'과는 다른 모습이다.
>
> 다음으로 어미의 변화가 불규칙한 것을 살펴보기로 하자. '하다'의 활용을 보면 자음으로 시작하는 어미와 결합하면 어미가 변하지 않으나, 모음으로 시작하는 어미와 결합하면 불규칙적으로 변한다. 즉 '하-'는 어간의 끝소리가 '아'이므로 규칙 활용을 한다면 '가-'처럼 '가, 가라, 갔다' 등으로 나타나야 하는데 실제로는 '하여, 하여라, 하였다'처럼 나타나는 것이다.
>
> 마지막으로 어간과 어미가 모두 불규칙하게 변하는 예를 들기로 하자. '파랗-'은 자음으로 시작하는 어미 앞에서는 국어의 일반적인 규칙인 'ㅎ' 축약이 일어나지만 모음으로 시작하는 어미 앞에서는 '파란, 파라면'처럼 'ㅎ'이 탈락하는 어간의 불규칙 현상과 '파래서, 파랬다'처럼 어미 '-아서', '-았-'이 '-에서', '-앴-'으로 변하는 어미의 불규칙 현상을 동시에 보여 준다.

① ㉠ '바르다'는 모음 어미 '-어' 앞에서 'ㅡ'가 탈락하고 'ㄹ'이 새롭게 들어가는 불규칙 활용을 보인다.

② ㉠ '붇다'는 모음 어미 앞에서 'ㄷ'이 'ㄹ'로 바뀌는 불규칙 활용을 보인다.

③ ㉡ '노랗다'는 모음 어미 앞에서 '노래, 노래서'로 바뀌는 불규칙 활용을 보인다.

④ ㉢ '동그랗다'는 모음 어미 앞에서 'ㅎ'이 탈락되고 '어'가 'ㅣ'로 교체되는 불규칙 활용을 보인다.

3 ▶ 본용언과 보조 용언

01 개념

> 철수가 **추운가 보다**.   날이 **밝아 왔다**.   비가 **올 듯하다**.   편지를 **부쳐 주었다**.
>   본   보조   본   보조   본   보조   본   보조

본용언	머릿속으로 **실질적인 뜻**을 생각할 수 있는 자립성이 있는 용언
보조 용언	본용언과 연결되어 **문법적 의미를 보충**하는 역할 (∴ 생략되어도 괜찮음.)

출졸포 9 '본용언 + 본용언 / 본용언 + 보조 용언'의 구별

1 2개의 문장으로 분리되는가?

- 그는 나를 **놀려 대곤 했다**. : 분리될 수 없으므로 '대곤, 했다'는 보조 용언이다.

2 뒤의 용언이 정말 중심적인 의미를 가지는가?

- 날이 **밝아 왔다**. : '오다'는 중심적 의미인 '다리로 걸어오다'의 의미가 아니므로 '왔다'는 보조 용언이다.

적중용 콤단문으로 보는 기출문제

밑줄 친 부분 중 보조 용언이 결합되지 않은 것은? 2015. 국가직 9급

① 창문 너머로 날이 <u>밝아 온다</u>.
② 동생이 내 과자를 <u>먹어 버렸다</u>.
③ 우체국에 들러 선배의 편지를 <u>부쳐 주었다</u>.
④ 그는 환갑이 지났지만 40대처럼 <u>젊어 보인다</u>.

해설

'보조 용언'이 결합되지 않은 것을 고르라는 것은 '본용언 + 본용언'으로 쓰인 것을 고르라는 말이다. '보조 용언'은 '본용언과 연결되어 그것의 뜻을 보충하는 역할'을 하는 용언으로 실질적인 의미가 적다. 그런데 ④는 '그는 40대처럼 젊다. + (그는 40대처럼) 보이다.'가 합쳐진 말이므로 본용언 '젊다'와 본용언 '보이다'가 합쳐진 것이다. 따라서 보조 용언이 결합되지 않은 것이라고 볼 수 있다.

보조 용언은 문장에서 생략해도 문맥의 뜻에 큰 영향을 끼치지 않는다.

[오답풀이] ① '오다'는 '진행'의 뜻을 가진 보조 용언이다.
② '버리다'는 '종결, 완료'의 뜻을 가진 보조 용언이다.
③ '주다'는 '다른 사람을 위하여 어떤 행동을 함(봉사)'의 뜻을 가진 보조 용언이다. ▶ ④

출종포 10 보조 용언이 본용언의 품사를 따라가는 경우

(TIP) 보조 용언이 자신의 앞에 있는 본용언의 품사를 따라가는 경우이다.

1 '-지 아니하다(= 지 않다), -지 못하다'

1. 집에 가**지** 않다. 2. 공부를 하**지** 못하였다.
   (   )   (   )

3. 따뜻하**지** 않았다. 4. 돈이 많**지** 못하다.
   (   )   (   )

예외) 울**다 못해** 쓰러지다.
» 주로 '—다가 못하여,'의 구성으로 쓰여. 극에 달해 더 이상 유지할 수 없음을 나타내는
말일 경우에는 보조 형용사로 본다.

2 시인이나 강조를 뜻하는 '-기는/-기도/-기나 하다'

1. 역공녀가 많이 먹**기**는 한다. 2. 역공녀가 예쁘**기**도 하다.
   (   )   (   )

적중용 콤단문으로 보는 기출문제

밑줄 친 단어의 품사가 나머지 셋과 다른 것은? 2016. 교육행정직 9급

① 그는 믿을 <u>만한</u> 사람이다.
② 누가 볼까 <u>싶어</u> 가슴이 두근거렸다.
③ 그는 말이 많기는 <u>하지만</u> 부지런하다.
④ 그는 이유도 묻지 <u>않고</u> 부탁을 들어주었다.

출좋포 亦功 문제 훈련은 '만점 출좋포 문제 훈련' 강의에서 꼭 해설 강의를 참고해 주세요.

적중용 亦功 최빈출

01 밑줄 친 부분이 〈보기〉의 ㉠에 해당하지 않는 것은?

2019. 서울시 7급

> 국어의 '있다'는 경우에 따라 ㉠ 동사적인 모습을 보여주기도 하고 형용사적인 모습을 보여 주기도 한다.

① 나는 오늘 집에 <u>있는다</u>.
② 할아버지는 재산이 많이 <u>있으시다</u>.
③ 눈이 그칠 때까지 가만히 <u>있어라</u>.
④ 비도 오니 그냥 집에 <u>있자</u>.

[정답풀이] '있다'는 동사와 형용사로 둘 다 쓰이는데, 의미상 동작의 움직임이나 과정을 나타내면 동사이고, 상태를 나타내면 형용사이다. ②는 "어떤 물체를 소유하거나 자격이나 능력 따위를 가진 상태이다."라는 뜻을 가진 형용사이다.

[오답풀이] ① "사람이나 동물이 어느 곳에서 떠나거나 벗어나지 아니하고 머물다."라는 뜻을 가진 동사이다.
③ "사람이나 동물이 어떤 상태를 계속 유지하다."라는 뜻을 가진 동사이다.
④ "사람이나 동물이 어느 곳에서 떠나거나 벗어나지 아니하고 머물다."라는 뜻을 가진 동사이다.

02 다음 중 밑줄 친 단어의 품사가 다른 것은?

2017. 국회직 9급

① 아무런 증세가 <u>없어서</u> 조기 발견이 어렵다.
② 키가 몰라보게 <u>컸구나</u>.
③ 앞으로 사흘만 <u>있으면</u> 추석이다.
④ 내일 아침이 <u>밝으면</u> 떠나겠다.
⑤ 사람은 <u>늙거나</u> 병들면 죽는다.

[정답풀이] '없다'는 어떤 문장에서 쓰이든지 항상 형용사이다. ①의 '없어서(없다)'의 품사만 형용사고, 나머지 단어의 품사는 동사다.

[오답풀이] ② '크다'가 '자라다'를 의미할 때에 품사는 동사이다. '크다'는 형용사로도 쓰이므로 주의하여야 한다.
③ '있다'가 '(시간이) 경과하다'를 의미할 때에 품사는 동사다. '없다'의 반의어 '있다'는 의미에 따라 품사가 달라진다. 즉 '머물다. (계속) 다니다. (상태를) 유지하다, (시간이) 경과하다'의 의미일 때는 동사이지만 '소유하다, 존재하는 상태이다'의 의미일 때는 형용사이다.
④ '밝다'가 '새날이 오다'를 의미할 때에는 품사가 동사이다.
⑤ '늙다'의 품사는 항상 동사다. 반면, 반의어인 '젊다'의 품사는 언제나 형용사이다.

03 ㉠, ㉡의 사례로 옳은 것만을 짝지은 것은?

2021. 국가직 9급

> 용언의 불규칙 활용은 크게 ㉠ 어간만 불규칙하게 바뀌는 부류, ㉡ 어미만 불규칙하게 바뀌는 부류, 어간과 어미 둘 다 불규칙하게 바뀌는 부류로 나눌 수 있다.

	㉠	㉡
①	걸음이 <u>빠름</u>	꽃이 <u>노람</u>
②	잔치를 <u>치름</u>	공부를 <u>함</u>
③	라면이 <u>불음</u>	합격을 <u>바람</u>
④	우물물을 <u>품</u>	목적지에 <u>이름</u>

[정답풀이] '푸다'는 'ㅜ' 불규칙 용언으로 ㉠에 속한다. '이르다'는 '러' 불규칙 용언이므로 ㉡에 속한다.

[오답풀이] ① '노랗다'는 'ㅎ' 불규칙 용언이므로 ㉡에 속하지 않는다. 어간 어미가 모두 바뀌는 경우이다.
② '치르다'는 'ㅡ' 탈락 규칙 용언이므로 ㉠에 속하지 않는다.
③ '바라다'는 동음 탈락 규칙 용언이므로 ㉡에 속하지 않는다.

Answer

01 ② **02** ① **03** ④

04 밑줄 친 말의 기본형이 옳지 않은 것은? 2017. 국가직 9급

① 무를 강판에 <u>가니</u> 즙이 나온다. (기본형 : 갈다)
② 오래되어 <u>불은</u> 국수는 맛이 없다. (기본형 : 불다)
③ 아이들에게 위험한 데서 놀지 말라고 <u>일렀다</u>.
　(기본형 : 이르다)
④ 퇴근하는 길에 포장마차에 <u>들렀다가</u> 친구를 만났다.
　(기본형 : 들르다)

[정답풀이] '불은'은 기본형은 '붇다'이다. '붇다'는 'ㄷ' 불규칙 활용을 하는 용언으로 모음 어미가 올 때 'ㄷ'이 'ㄹ'로 바뀐다.

[오답풀이] ① '갈+니' : 'ㄹ' 탈락 규칙 활용
③ '이르+었다' : '르' 불규칙 활용
④ '들르+었다가' : 'ㅡ' 탈락 규칙 활용

05 밑줄 친 단어의 기본형이 옳지 않은 것은? 2019. 국가직 7급

① 아침이면 얼굴이 <u>부어서</u> 늘 고생이다. (→ 붓다)
② 개울물이 <u>불어서</u> 징검다리가 안 보인다. (→ 불다)
③ 은행에 <u>부은</u> 적금만도 벌써 천만 원이다. (→ 붓다)
④ 물속에 오래 있었더니 손과 발이 퉁퉁 <u>불었다</u>.
　(→ 붇다)

[정답풀이] 물이 '붇다'가 기본형이다. '붇다'는 '분량이나 수효가 많아지다.'의 의미를 갖는 'ㄷ' 불규칙 용언이다. 'ㄷ' 불규칙 용언이기 때문에 어미 '어서'가 오니 '불어서'로 형태가 바뀐 것이다. 기본형은 '붇다'가 맞다.

[오답풀이] ① '붓다¹'는 '얼굴이 붓다'는 의미를 가진 'ㅅ' 불규칙 용언이다. 그래서 어미 '어서'가 오니 'ㅅ'이 탈락하여 '부어서'로 형태가 바뀐 것이다.
③ '붓다²'는 '곗돈·납입금 등을 기한마다 치르다'는 의미를 가진 'ㅅ' 불규칙 용언이다. 그래서 어미 '-(으)ㄴ'이 오니 'ㅅ'이 탈락하여 '부은'으로 형태가 바뀐 것이다.
④ '붇다'는 '물에 젖어 부피가 커지다'로 ②의 '붇다'와 사전에 함께 수록된 같은 단어이다. ('붇다'는 다의어이다.) 'ㄷ' 불규칙 용언이기 때문에 어미 '었'이 오니 '불었다'로 활용된 것이다.

06 〈보기〉의 설명 중 밑줄 친 부분에 해당하는 사례가 아닌 것은? 2023. 서울시 9급

[보기]
　　용언이 문장 속에 쓰일 때에는 어간에 어미가 붙어서 활용함으로써 다양한 문법적인 기능을 나타낸다. 대부분의 용언은 활용할 때에 어간이나 어미의 기본 형태가 그대로 유지되거나 혹은 다른 형태로 바뀌어도 그 현상을 일정한 규칙으로 설명할 수 있지만, 일부의 용언 가운데에는 활용할 때 '<u>어간의 형태가 불규칙하게 활용하는 것</u>', '어미의 형태가 불규칙하게 활용하는 것', '어간과 어미가 불규칙하게 활용하는 것'이 있다.

① 잇다 → 이으니
② 묻다(問) → 물어서
③ 이르다(至) → 이르러
④ 낫다 → 나으니

[정답풀이] '이르다'는 '러' 불규칙 활용으로 '어미의 형태가 불규칙하게 활용하는 것'이므로 밑줄 친 부분에 해당하는 사례가 아니다.

07 국어의 불규칙 활용에 대한 〈보기〉의 설명과 그 예를 가장 바르게 짝지은 것은?
2018. 서울시 7급

> (가) 불규칙 용언 가운데는 어간의 일부가 탈락되는 경우가 있다.
> (나) 불규칙 용언 가운데는 어간의 일부가 다른 것으로 바뀌는 경우가 있다.
> (다) 불규칙 용언 가운데는 어미가 다른 것으로 바뀌는 경우가 있다.
> (라) 불규칙 용언 가운데는 어간과 어미가 함께 바뀌는 경우가 있다.

① (가) - 짓다, 푸다, 눕다
② (나) - 깨닫다, 춥다, 씻다
③ (다) - 푸르다, 하다, 노르다
④ (라) - 좋다, 파랗다, 부옇다

정답풀이 활용 문제는 빈출 문제이므로 완벽하게 알아야 한다.
1 '푸르다'는 어간 '푸르-'에 모음 어미 '-어'가 결합되면 모음 어미가 '러'로 바뀌어 '푸르러'가 되는 '러' 불규칙 용언이다.
2 '하다'는 어간 '하-'에 모음 어미 '-어/아'가 결합되면 모음 어미가 '여'로 바뀌어 '하여'가 되는 '여' 불규칙 용언이다.
3 '노르다'는 어간 '노르-'에 모음 어미 '-어'가 결합되면 모음 어미가 '러'로 바뀌어 '노르러'가 되는 '러' 불규칙 용언이다.

오답풀이 ① '눕다'가 (나)의 예에 해당하므로 (가)의 예로 적절하지 않다. 나머지 '짓다'와 '푸다'는 어간의 일부가 탈락되는 (가)의 예이다.
  1 (가) : '짓다'는 어간 '짓-'에 모음 어미 '-어'가 결합되면 어간 '짓-'의 'ㅅ'이 탈락하여 '지어'가 되는 'ㅅ' 불규칙 용언이다.
  2 (가) : '푸다'는 어간 '푸-'에 모음 어미 '-어'가 결합되면 어간 '푸-'의 '우'가 탈락하여 '퍼'가 되는 '우' 불규칙 용언이다.
  3 (나) : '눕다'는 어간 '눕-'에 모음 어미 '-어'가 결합되면 어간 '눕-'의 'ㅂ'이 '우'로 바뀌어 '누워'가 되는 'ㅂ' 불규칙 용언이다. '눕다'는 어간의 일부가 다른 것으로 바뀌는 (나)의 예이다.
② '씻다'는 규칙 용언이므로 (나)의 예가 아니다.
  1 (나) : '깨닫다'는 어간 '깨닫-'에 모음 어미 '-어'가 결합되면 어간 '깨닫-'의 'ㄷ'이 'ㄹ'로 바뀌어 '깨달아'가 되는 'ㄷ' 불규칙 용언이다.
  2 (나) : '춥다'는 어간 '춥-'에 모음 어미 '-어'가 결합되면 어간 '춥-'의 'ㅂ'이 '우'로 바뀌어 '추워'가 되는 'ㅂ' 불규칙 용언이다.
  3 규칙 활용 : '씻다'는 모음 어미 '-어'가 결합되면 어간이나 어미가 바뀌지 않고 '씻어'가 되는 용언이다. 이는 규칙 활용이다.
④ '좋다'는 규칙 용언이므로 (라)의 예가 아니다.
  1 규칙 활용 : '좋다'는 모음 어미 '-아'가 결합되면 어간이나 어미가 바뀌지 않고 '좋아'가 되는 규칙 용언이다.

2 (라) : '파랗다'는 어간 '파랗-'에 모음 어미 '-아'가 결합되면 어간의 일부인 'ㅎ'이 없어지고 어미도 바뀌어 '파래'가 되는 'ㅎ' 불규칙 용언이다.
3 (라) : '부옇다'는 어간 '부옇-'에 모음 어미 '-어'가 결합되면 어간의 일부인 'ㅎ'이 없어지고 어미도 바뀌어 '부예'가 되는 'ㅎ' 불규칙 용언이다.

08 밑줄 친 단어의 불규칙 활용 유형이 같은 것은?
2017. 국가직 9급 추가

① • 나뭇잎이 <u>누르니</u> 가을이 왔다.
  • 나무가 높아 <u>오르기</u> 힘들다.
② • 목적지에 <u>이르기</u>는 아직 멀었다.
  • 앞으로 <u>구르기</u>를 잘한다.
③ • 주먹을 <u>휘두르지</u> 마라.
  • 머리를 짧게 <u>자른다</u>.
④ • 그를 불운한 천재라 <u>부른다</u>.
  • 색깔이 아주 <u>푸르다</u>.

정답풀이 기본형 '휘두르다'와 '자르다'에 모음으로 시작하는 어미 '아/어'를 결합해보자. '휘두르 + 어' '자르 + 아'를 보면, '으'가 탈락되면서 ㄹ이 덧생겨서 둘다 '휘둘러'와 '잘라'가 된다. 이는 '르' 불규칙 활용임을 알 수 있다.

오답풀이 ① 형용사 '누르다[黃, '누렇다'의 의미]'는 어미가 교체되는 '러' 불규칙 용언(누르다 - 누르고 - 누르지 - 누르러)이고, '오르다(오르다 - 오르고 - 오르지 - 올라)'는 어간이 교체되는 '르' 불규칙 용언이다.
  ✓ 동사 '누르다'(press)는 '르' 불규칙 용언이다. (머리를) 누르다 - 누르니 - 누르지 - 눌러
② '도착하다'의 의미를 갖는 동사 '이르다(이르다 - 이르고 - 이르지 - 이르러)'는 어미가 교체되는 '러' 불규칙 용언이고, '구르다(구르다 - 구르고 - 구르지 - 굴러)'는 어간이 교체되는 '르' 불규칙 용언이다.
  ✓ 형용사 '이르다(early)'와 동사 '이르다(tell)'는 '르' 불규칙 용언이다. 이르다 - 이르고 - 이르지 - 일러
④ '부르다(부르다 - 부르고 - 부르지 - 불러)'는 어간이 교체되는 '르' 불규칙 용언이고, '푸르다(푸르다 - 푸르고 - 푸르지 - 푸르러)'는 어미가 교체되는 '러' 불규칙 용언이다.

Answer

04 ② **05** ② **06** ③ **07** ③ **08** ③

09 밑줄 친 단어의 품사가 적절하지 않은 것은?

2016. 교육행정직 7급

① ㉠ 방 안이 <u>밝아서</u> 독서하기가 좋다. (형용사)
　㉡ 그는 날이 <u>밝기</u>가 무섭게 집을 나섰다. (동사)
② ㉠ 밤이 깊어지자 길거리에 <u>아무</u>도 없었다. (대명사)
　㉡ 그는 <u>아무</u> 말도 없이 그냥 고개만 끄덕이고 있
　　었다. (관형사)
③ ㉠ 동생네는 <u>첫째</u>가 벌써 고등학교 3학년이다. (수사)
　㉡ 우리 동네 도서관은 매월 <u>첫째</u> 주 월요일에 쉰다.
　　(관형사)
④ ㉠ 제 <u>딴</u>에는 열심히 했는데 실력이 조금 부족했
　　나 봐요. (명사)
　㉡ 버스 안에서 <u>딴</u> 생각을 하느라고 정류장을 지
　　나쳤다. (관형사)

정답풀이 ㉠의 '첫째'는 수사(순서, 양)가 아니라 '맏이(사람)'라는
의미의 명사이고, ㉡의 '첫째'는 뒤에 오는 명사 '주'를 수식하고
있으므로 관형사가 맞다.

오답풀이 ① ㉠ '방 안이 밝아서'의 '밝다'는 '환하다'는 의미의
　　형용사이고, ㉡ '날이 밝기가'의 '밝다'는 '새날이 오다'는 의
　　미의 '동사'이다.
② ㉠의 '아무'는 부정칭 대명사로 조사 '도'와 결합하였고, ㉡의
　　'아무'는 관형사로 뒤에 오는 명사 '말'을 수식하고 있다.
④ ㉠의 '딴'은 명사로 조사 '에는'과 결합하였고, ㉡의 '딴'은 관
　　형사로 뒤에 오는 명사 '생각'을 수식하고 있다.

10 밑줄 친 용언의 활용형 중 가장 옳지 않은 것은?

2018. 서울시 7급

① 아주 <u>곤혹스런</u> 상황에 빠졌다.
② 할아버지께 <u>여쭤워</u> 보시면 됩니다.
③ 라면이 <u>붇기</u> 전에 빨리 먹어라.
④ 내 처지가 너무 <u>설워서</u> 눈물만 나온다.

정답풀이 '곤혹스럽다'는 'ㅂ' 불규칙 활용 용언이다. 따라서 어간
의 끝음 'ㅂ'이 '우'로 변하므로 '곤혹스러운'으로 활용해야 한다.
'곤혹스런'은 옳지 않은 활용이다.

오답풀이 ② '여쭙다'와 '여쭈다'는 복수 표준어이다. 하지만 활
　　용 양상은 다르다. '여쭙다'는 'ㅂ' 불규칙 활용 용언으로 '여
　　쭙-'에 '-어'가 결합되면 어간의 끝음 'ㅂ'이 '우'로 변하므로
　　'여쭤워'가 된다. 하지만 '여쭈다'는 규칙 활용 용언이므로 '여
　　쭈-'에 '-어'가 결합되면 '여쭈어'가 된다.
③ '물에 젖어서 부피가 커지다.'는 뜻의 동사는 '붇다'이다. '붇
　　다'는 모음 어미와 결합할 때에는 'ㄷ' 불규칙 활용하여 '불어'
　　가 되지만, 명사형 전성 어미 '-기'가 오면 어간이나 어미의
　　변형 없이 '붇기'로 활용한다.
④ '서럽다'와 '섧다'는 복수 표준어로서 둘 다 'ㅂ' 불규칙 용언
　　이다. 먼저 '서럽다'는 'ㅂ' 불규칙 활용 용언이므로 모음 어
　　미 '-어서'가 오면 '서러워서'가 되고 복수 표준어인 '섧다'도
　　마찬가지로 'ㅂ' 불규칙 활용을 하는 용언이므로, 모음 어미
　　가 오면 '설워서'로 활용한다.

적중용 亦功 중간빈출

11 밑줄 친 단어의 형태가 옳지 않은 것은?

2019. 서울시 9급 추가

① 멀리서 보기와 달리 산이 <u>가팔라서</u> 여러 번 쉬었다.

② 예산이 100만 원 이상 <u>모잘라서</u> 구입을 포기해야 했다.

③ 영혼을 <u>불살라서</u> 이룬 깨달음이니 더욱 소중하다.

④ 말이며 행동이 모두 <u>올발라서</u> 흠잡을 데 없는 사람 이다.

12 ㉠~㉣ 중 다음 밑줄 친 '먹기'와 품사가 같은 것을 모 두 고른 것은?

2015. 기상직 9급

> 나는 배가 고파 더 많이 <u>먹기</u> 시작했다.
> - 그는 밤새 믿기지 않는 ㉠ <u>꿈</u>을 꾸었다.
> - 그는 '초상화를 잘 ㉡ <u>그림</u>'이라고 썼다.
> - 그의 ㉢ <u>바람</u>은 내가 건강해지는 것이었다.
> - 그는 빙그레 ㉣ <u>웃음</u>으로써 마음을 전했다.

① ㉠, ㉡   ② ㉠, ㉣

③ ㉡, ㉢   ④ ㉡, ㉣

정답풀이 '양이나 정도에 미치지 못하다.'의 의미로 쓰이는 용언 의 기본형이 '모자라다'인데, 어간 '모자라-' 뒤에 어미 '-아서' 가 결합하면 '모자라아서'가 되고, 동음 탈락이 일어나 '모자라 서'가 된다.

오답풀이 ① '가파르다'의 어간 '가파르-'에 어미 '-아서'가 결합 하면 '르' 불규칙 활용을 하여 어간의 '르'가 'ㄹㄹ'의 형태로 변하여 결합되므로 '가팔라서'가 된다.

③ '불사르다'의 어간 '불사르-'에 어미 '-아서'가 결합하면 '르' 가 'ㄹㄹ'의 형태로 변하여 결합되는 '르' 불규칙 활용을 하여 '불살라서'가 된다.

④ '올바르다'의 어간 '올바르-'에 어미 '-아서'가 결합하면 '르' 가 'ㄹㄹ'의 형태로 변하여 결합되는 '르' 불규칙 활용을 하여 '올발라서'가 된다.

정답풀이 '먹기'는 부사어 '많이'의 수식을 받으면서 '배가 고파 더 많이 먹다'와 같이 서술성이 있기 때문에 품사가 동사임을 알 수 있다.

㉡ '그림'은 부사어 '잘'의 수식을 받으면서 '초상화를 잘 ㉡ 그 렸다'와 같이 서술성이 있기 때문에 품사가 동사임을 알 수 있다.

㉣ '웃음'은 부사어 '빙그레'의 수식을 받으면서 '그는 빙그레 ㉣ 웃었다'와 같이 서술성이 있기 때문에 품사가 동사임을 알 수 있다.

오답풀이 ㉠ 관형어 '않는'의 꾸밈을 받으므로 '꿈(꾸 + ㅁ(명사 화 접미사))'은 명사이다.

㉢ 관형어 '그의'의 꾸밈을 받으므로 '바람(바라 + ㅁ(명사화 접 미사))'은 명사이다.

Answer

09 ③   **10** ①   **11** ②   **12** ④

관계언 / 수식언 / 독립언

1 ▶ **관계언(關係言) : 조사**

품사에서 관계언은 **조사**를 이르는 말로, 문장에 쓰인 단어들의 **관계를 나타내는 기능**을 한다. 조사는 체언이나 부사, 어미에 붙어 그 말과 다른 말과의 문법적 관계를 표시하거나 그 말의 뜻을 더해 주는 품사로, 크게 **격 조사**, **접속 조사**, **보조사**로 나뉜다.

01 조사(助詞)

1. 개념

주로 체언 뒤에 붙어, **다른 말과의 문법적 관계를 나타내거나 그 말의 뜻을 더하는** 품사이다.
격 조사, 접속 조사　　　　　　　　보조사

2. 특징

(1) 서술격 조사 '이다'만 형태가 변하는 가변어이다.

(2) 주로 체언 뒤에 붙는다.
　　(부사, 어미 따위의 뒤에 붙기도 함. 단, 관형사 뒤에는 결합이 불가능함.)

출종포 11 격 조사 vs 접속 조사 vs 보조사

격 조사	앞말에 **자격을 부여해 주는** 조사 ① 주격(**이/가***, 께서, **에서***, 서) ② 목적격(을/를) ③ 보격(**이/가***) ④ 서술격(이다) ⑤ 관형격(의) ⑥ 부사격(에, **에서***, 에게, 으로, **와/과***) ⑦ 호격(아/야)
접속 조사	체언과 체언을 **동등하게 연결하는** 조사 **와/과***, 랑, 하고, 며, 에
보조사	**특별한 의미를 더해 주는** 조사 요*, 은/는, 도, **만**, 부터, 까지

출졸포 12 대칭 서술어: 접속 조사 '와/과' VS 부사격 조사 '와/과'

✦ 대칭 서술어란?

반드시 두 대상을 필요로 하는 서술어

예 닮다, 같다, 다르다, 비슷하다, 친구이다, 부부이다, 싸우다, 만나다, 마주치다 등등

1 무조건 부사격 조사인 경우: 체언과 체언이 동등하게 연결되지 ✕

예 포돌이가 포순이(와) 닮았다.

2 나머지 선택지에 따라 봐야 하는 경우

체언과 체언이 동등하게 연결 + 대칭 서술어

예 포돌이(와) 포순이가 닮았다.

견해 1) 체언과 체언을 연결하는 관점으로 보면 → 접속 조사
견해 2) '포돌이와'를 생략할 수 없는 필수 부사어라는 관점으로 보면 → 부사격 조사

---

2 ▶ **수식언(修飾言): 관형사, 부사**

뒤에 오는 말을 한정하는(= 꾸미는) 기능을 갖는 말

훈련용 콤단문으로 보는 기출문제

다음 글의 ㉠~㉣의 사례를 추론한 내용으로 적절하지 않은 것은?

단어를 공통된 성질에 따라 분류한 것을 '품사'라 한다. 품사 분류의 기준으로는 일반적으로 '형태, 기능, 의미'가 있다. '형태'는 단어가 활용하느냐 활용하지 않느냐에 관한 것이고 '기능'은 단어가 문장에서 하는 역할과 관련된다. '의미'는 단어의 구체적인 의미가 아니라 단어 부류가 가지는 추상적인 의미를 말한다.

이러한 기준의 전체 혹은 일부를 적용하여 ㉠ 활용하지 않으며 사물의 이름을 나타내는 말, ㉡ 활용하고 사물의 동작이나 작용을 나타내는 말, ㉢ 활용하지 않으며 수량이나 순서를 나타내는 말, 활용하지 않으며 주로 체언에 붙어 체언과 다른 말의 문법적 관계를 나타내거나 특수한 의미를 덧붙이는 말, ㉣ 활용하지 않으며 뒤에 오는 체언을 수식하는 말 등으로 개별 품사를 분류할 수 있다. 예를 들어 '옛날 사진'의 '옛날, 사진'은 사물의 이름을 나타내는 말, '보다, 가다'는 사물의 동작이나 작용을 나타내는 말, '하나, 둘, 첫째, 둘째'는 수량이나 순서를 나타내는 말, '이/가, 을/를'은 앞말에 붙어 앞말과 다른 말의 문법적 관계를 나타내거나 특수한 의미를 덧붙이는 말, '온갖, 허튼'은 뒤에 오는 체언을 수식하는 말이다.

① '기억, 사과, 사실'은 ㉠에 해당하고 명사이다.
② '(날이) 밝다, (얼굴이) 늙다'는 ㉡에 해당하고 동사이다.
③ '다섯이 모였다'의 '다섯'은 ㉢에 해당하고 수사이다.
④ '예쁜 소녀, 따뜻한 마음'의 '예쁜, 따뜻한'은 ㉣에 해당하고 관형사이다.

亦功 포인트

1. 관형사와 다른 품사 구별하기
2. 부사와 다른 품사 구별하기
3. 문장 부사와 성분 부사, 성분 부사와 필수 부사 구별하기

해설

㉣의 '활용하지 않으며 뒤에 오는 체언을 수식하는 말'은 관형사를 가리킨다. 하지만 '예쁜, 따뜻한'은 '예쁘다, 따뜻하다'라는 형용사 어간 '예쁘–, 따뜻하–'에 관형사형 어미 '–ㄴ'이 결합된 것으로 활용이 가능하므로 '활용하지 않으며'라는 ㉣의 조건에 부합하지 않는다. '예쁜, 따뜻한'은 ㉣에 해당하지 않은 '형용사'이다.

오답풀이 ① 제시문에서 언급한 것처럼 '기억, 사과, 사실'은 활용하지 않으며 사물의 이름을 나타내는 말이므로 ㉠에 해당하고 명사이다.
② 제시문에서 언급한 것처럼 '(날이) 밝다, (얼굴이) 늙다'는 '밝는다, 늙는다'로 활용이 가능하며 사물의 동작이나 작용을 나타내므로 ㉡에 해당하고 동사이다.
③ 제시문에서 언급한 것처럼 '다섯' 뒤에 주격 조사 '이'가 결합하였으므로 '다섯'은 ㉢에 해당하고 수사이다. ▶ ④

01 관형사(冠形詞) : 체언(주로 명사)을 수식

1. 특징

① 활용하지 않는 **불변어** ② **뒤의 명사를 꾸밈**(수사는 못 꾸밈) ③ **조사와 결합** ×

출종포 13 관형사

온갖(= 갖은) 나비, **허튼** 말, **여남은** 사람. **외딴** 학교, **고얀** 녀석, **긴긴** 세월, **한다하는** 선비, **오랜** 시간, **어느** 책

1 무조건 나오는 "–적(的)"

> **비교적**인 관점에서 보자. **비교적** 관점에서 보자.
> 　명사　　　　　　　　　　관형사
>
> 우리 사무실은 도심에 위치하고 있어 **비교적** 교통이 편리하다.
> 　　　　　　　　　　　　　　　　　　부사

2 무조건 나오는 "수 관형사 vs 수사"

> **셋째** 학생이 사과 **하나**를 먹었다.
> 수 관형사　　　　　　　수사

3 무조건 나오는 "관형사 vs 대명사"

> **이** 옷은 이쁘다. **이**는 시장에서 샀다.
> 관형사　　　　　　　대명사

4 무조건 나오는 "관형사 vs 용언의 관형사형"

> **다른** 사람과 비교하지 말아라. 너와 나는 **다른** 사람이다.
> 관형사　　　　　　　　　　　　　　　　　　형용사

02 **부사(副詞)** : 주로 용언을 꾸밈(수식언, 체언도 꾸밀 때가 있음).

1. 특징

① 활용하지 않는 **불변어**　　② 주로 **용언을 꾸밈**　　③ **보조사와 결합 가능**

종류		예
성분 부사 (한 성분 수식)		**바로***, 매우, 아주, 이리, 그리, 저리, 빙그레, 칙칙폭폭
문장 부사 (문장 전체 수식)	양태 부사	**설마**, **과연**, **제발**, **결코**, **정말**, **모름지기**, 응당, 만약, 의외로, **확실히**, **아무리**
	접속 부사	**및***, 그리고, 그러나, 그런데, 그래서, 하지만

출졸포 14 부사 vs 부사 외의 품사

1 부사 vs 용언

> (TIP) 부사 : 형태가 변하지 않는 불변어이다.
> 　　　용언 : 품사가 동사, 형용사이므로 형태가 변하는 가변어이다.

예 비행기가 **빨리(높이)** 날았다. / 비행기가 **빠르게(높게)** 날았다.
　　　　　부사　　　　　　　　　　　　　형용사

2 부사 vs 명사

> (TIP) 부사 : 뒤의 용언을 꾸밈. / 명사 : 뒤에 조사가 옴.

예 **내일(오늘)** 보자. / **내일** 시험은 잘 준비하고 있어? / 시험이 벌써 **내일(오늘)**이다.
　　　부사　　　　　　명사　　　　　　　　　　　　　　　　　　명사

예 **스스로** 공부하는 습관을 들여라. / **스스로**를 얽매어서는 안 된다.
　　　부사　　　　　　　　　　　　　명사

3 부사 vs 조사

> (TIP) 부사 : 뒤의 용언을 꾸밈. / 비교 부사격 조사 '같이'와 '보다'

예 **같이** 놀자. / 너**같이** 예쁜 여자는 처음이야!
　　부사　　　　조사

예 **보다** 아름다운 사람이 있어! / 역공녀**보다** 아름다워!
　　부사　　　　　　　　　　　　　조사

4 부사 vs 대명사

> (TIP) 부사 : 뒤의 용언을 꾸밈. / 대명사 : 뒤에 조사가 옴.

예 **언제** 놀러올 거야? / **언제**까지 가면 돼?
　　부사　　　　　　　대명사

5 명사를 수식하는 부사

*'**바로**, 오직, 겨우, 고작, 다만, 단지, 유독, 무려, 제일, 가장'

예 **바로** 너 / **오직** 너 / **겨우(고작)** 하루 / **다만(단지)** 꿈 / **유독(제일, 가장)** 미인

💬 부사형 어미 '-게'는 품사를 부사로 만들 수 없다.

💬 접사 '-이'는 부사 파생 접미사이므로 부사로 만든다.

亦功 포인트

감탄사와 '명사 + 호격 조사'
구별하기

3 ▶ **독립언(獨立言) : 감탄사**

문장 속의 다른 성분에 얽매이지 않고 독립성이 있는 말

01 **감탄사(感歎詞)** : 감동·응답·부름·놀람 따위의 느낌을 나타내는 품사

1. 특징

① 활용하지 않는 불변어 ② 위치 자유로움 ③ 조사와 결합 ×

출종포 15 '아니, 어디'의 품사 통용

1 아니

부사	「1」 ((용언 앞에 쓰여)) 부정이나 반대의 뜻을 나타내는 말. 예 혜선 쌤은 밥을 아니 먹었다. 「2」 ((명사와 명사 사이에 쓰이거나, 문장과 문장 사이에 쓰여)) 어떤 사실을 더 강조할 때 쓰는 말. 예 나의 양심은 천만금, 아니 억만금을 준다 해도 버릴 수 없다.
감탄사	「1」 아랫사람이나 대등한 관계에 있는 사람의 묻는 말에 부정하여 대답할 때 쓰는 말. 예 "잠자니?" "아니, 안 자." 「2」 놀라거나 감탄스러울 때, 또는 의아스러울 때 하는 말. 예 아니, 그럴 수가 있니? 아니, 이게 어떻게 된 일이냐.

2 어디

대명사	「1」 ((의문문에 쓰여)) 잘 모르는 어느 곳을 가리키는 지시 대명사. 예 학교가 어디냐? 어디가 이장 댁이오? 「2」 가리키는 곳을 굳이 밝혀서 말하지 아니할 때 쓰는 지시 대명사. 예 어디 가 볼 데가 있다.
감탄사	「1」 남의 주의를 끌 때 쓰는 말. 예 어디, 네가 이번 시험에서 일 등을 한 학생이냐? 「2」 마음대로 되지 아니하여 딱한 사정이 있는 형편을 강조할 때 쓰는 말. 예 받기 싫어서가 아니라 어디 내 마음대로 되나요.

출종포 亦功 문제 훈련은 '만점 출종포 문제 훈련' 강의에서 꼭 해설 강의를 참고해 주세요.

적중용 亦功 최빈출

01 밑줄 친 단어 중 품사가 다른 것은?
2013. 국가직 7급

① 쌍둥이도 성격이 <u>다른</u> 경우가 많다.
② 그 사람은 <u>허튼</u> 말을 하고 다닐 사람이 아니다.
③ 그는 <u>갖은</u> 양념을 넣어 정성껏 음식을 만들었다.
④ 사람의 그림자조차 보이지 않는 <u>외딴</u> 집이 나타났다.

[정답풀이] '다른'은 형용사이고 나머지는 모두 관형사이다. ①만 활용이 가능하여 '다른, 다르니, 다르고, 다르다'로 형태가 변한다.

02 다음 예문의 밑줄 친 단어 가운데 품사가 다른 하나는?
2014. 서울시 9급

> 봄 여름 가을 겨울, <u>두루</u> 사시(四時)를 두고 자연이 우리에게 내리는 혜택에는 제한이 없다. 그러나 그중에도 그 혜택을 <u>가장</u> <u>풍성히</u> <u>아낌없이</u> 내리는 시절은 봄과 여름이요, 그중에도 그 혜택이 가장 <u>아름답게</u> 나타나는 것은 봄, 봄 가운데도 만산(萬山)에 녹엽(綠葉)이 우거진 이때일 것이다.
> − 이양하, 〈신록예찬〉 중에서 −

① 두루
② 가장
③ 풍성히
④ 아낌없이
⑤ 아름답게

[정답풀이] '아름답게'는 '아름답다'의 어간에 부사형 전성 어미 '−게'가 결합된 것이다. 어미는 접사와는 달리 품사를 바꾸는 기능은 없으므로 '아름답게'는 '아름답다'와 마찬가지로 '형용사'이다.

[오답풀이] 나머지는 모두 부사이다.
① '두루'는 '빠짐없이 골고루'라는 뜻의 부사이다.
② '가장'은 '여럿 가운데 어느 것보다 정도가 높거나 세게'라는 뜻의 부사이다.
③ 명사 어근에 '풍성'에 부사 파생 접미사 '−히'가 붙어 '풍성히'는 부사가 되었으므로 품사는 '부사'이다.
④ '아낌없다'는 형용사로서, 형용사 어간 '아낌없−'에 부사 파생 접미사 '−이'가 붙어 '아낌없이'는 부사가 되었으므로 품사는 '부사'이다.

03 밑줄 친 단어의 품사로 가장 옳지 않은 것은?
2018. 서울시 9급

① 나도 참을 <u>만큼</u> 참았다. (의존 명사)
　나도 그 사람<u>만큼</u> 한다. (조사)
② 오늘은 바람이 <u>아니</u> 분다. (부사)
　<u>아니</u>, 이럴 수가 있나? (감탄사)
③ 열을 배우면 <u>백</u>을 안다. (명사)
　열 사람이 <u>백</u> 말을 한다. (관형사)
④ 그는 <u>이지적</u>이다. (명사)
　그는 <u>이지적</u> 인간이다. (관형사)

[정답풀이] '열을 배우면 백을 안다'의 '백'의 품사는 뒤의 조사가 붙은 것을 보면 수사이다. '백 말을 한다'에서 '백'이 직접 체언을 꾸미므로 '백'은 수 관형사이다.

[오답풀이] ① • 참을 만큼 : '만큼'이 용언의 관형사형 어미 다음에 오면 의존 명사이다.
　• 그 사람만큼 : '만큼'이 체언 다음에 붙으면 조사이다.
② • 아니 분다 : '아니'는 용언 앞에 쓰여 부정이나 반대의 뜻을 나타내는 말로 쓰인 부사이다.
　• 아니, 이럴 수가 있단 말인가? : '아니'는 놀라거나 감탄스러울 때, 또는 의아스러울 때 하는 감탄사이다.
④ • 이지적이다 : 접미사 '−적(的)'이 붙는 말의 경우, 뒤에 조사가 오면 명사이다.
　• 이지적 인간이다 : 접미사 '−적(的)'이 붙는 말이 체언 앞에 단독으로 오면 관형사이다.

Answer

01 ① **02** ⑤ **03** ③

04 밑줄 친 단어가 같은 품사로 묶인 것은? 2017. 국가직 7급

① 이것 말고 <u>다른</u> 물건을 보여 주세요.
　질소는 산소와 성질이 <u>다른</u> 원소이다.
② 나 <u>보기</u>가 역겨워 가실 때에는 말없이 보내 드리겠습니다.
　철수는 떡국을 떠먹어 <u>보았다</u>.
③ 그 사과는 <u>크고</u> 빨개서 먹음직스럽다.
　아이가 <u>크면서</u> 점점 총명해졌다.
④ 김홍도의 그림은 <u>한국적</u>이다.
　이 그림은 <u>한국적</u> 정취가 물씬 풍긴다.

05 밑줄 친 단어의 품사가 같은 것은? 2017. 국가직 9급

① 모두 제 <u>잘못</u>입니다.
　심판은 규칙을 <u>잘못</u> 적용하여 비난을 받았다.
② 집에 도착하는 <u>대로</u> 편지를 쓰다.
　큰 것은 큰 <u>것대로</u> 따로 모아 두다.
③ <u>비교적</u> 교통이 편리한 곳에 사무실이 있다.
　우리나라의 출산율은 <u>비교적</u> 낮은 편이다.
④ <u>이</u> 사과가 맛있게 생겼다.
　<u>이</u>보다 더 좋을수는 없다.

정답풀이 첫째 문장에서 용언의 활용형인 '보기'는 〈동사 어간 '보-' + 명사형 어미 '-기'〉의 구성이다. 접사가 아니라 '어미'가 붙었으므로 품사가 달라지지 않아 '보기'는 그대로 '동사'이다. '나를 보다'처럼 서술성도 있기 때문이다. 둘째 문장에서 '떠먹어 보았다'의 '보았다'도 보조 동사이므로 둘다 품사가 동사로 같다.

오답풀이 ① 각각 관형사, 형용사이므로 품사가 다르다. 첫째 문장에서 '다른'은 '他'의 의미인 관형사이다. 둘째 문장에서 '다른'은 '산소와 성질이 다르다'처럼 서술성이 있으므로 형용사 '다르다'가 활용한 형태이다.
③ 각각 형용사, 동사이므로 품사가 다르다. 첫째 문장에서 '크고'는 '크기가 크다'의 의미이므로 성질과 상태를 나타내는 '형용사'이다. 둘째 문장에서 '크면서'는 '자라다, 성장하다'의 의미이므로 움직임과 시간의 변화가 있는 '동사'이다.
④ 각각 명사, 관형사이므로 품사가 다르다. 첫째 문장에서 '한국적'은 '명사'이다. 뒤에 서술격 조사 '이다'가 붙기 때문이다. 둘째 문장에서 '한국적'은 뒤의 명사 '정취'를 수식하는 기능을 하므로 관형사이다.

정답풀이 명사 '비교'에 접미사 적(的)이 붙은 파생어 '비교적'은 문장에서의 쓰임에 따라 부사, 관형사, 명사의 3가지의 품사를 갖는다. ③의 첫 번째 '비교적'은 후행하는 '교통'을 수식하는 것이 아니라 서술어 '편리하다'를 수식하므로 부사이다. 두 번째 '비교적'은 뒤의 '낮다'를 수식하므로 '부사'로 동일하다.
⊙ 접미사 적(的)이 붙은 낱말이 조사를 취하면 '명사', 뒤의 체언을 꾸미면 '관형사', 부사나 용언을 꾸미면 '부사'이다.

오답풀이 ① 첫 번째 문장의 '잘못'은 서술격 조사 '이다' ('입니다'는 '이다'의 활용형)와 결합했으므로 '명사'이다. 두 번째 '잘못'은 서술어 '적용하다'를 수식하므로 '부사'이다.
⊙ '잘못'은 조사를 취하면 '명사', 부사나 용언을 꾸미면 '부사'이다.
② 첫 번째 문장의 '대로'는 관형어 '도착하는'의 수식을 받는 '의존 명사'이고, 두 번째 '대로'는 명사 '것' 뒤에 왔기 때문에 '조사'이다.
⊙ '대로, 만큼, 뿐' 앞에서 관형어가 수식하고 있으면 앞말과 띄어 써야 하는 '의존 명사'이지만 앞에 체언이 있는 경우에는 체언에 붙여 써야 하는 '조사'이다.
④ 첫 번째 문장의 '이'는 체언 '사과'를 수식하므로 '관형사'이고, 두 번째 '이'는 조사 '보다'와 결합했기 때문에 '대명사'이다.
⊙ '이, 그, 저'가 체언을 수식하면 '관형사', 조사를 취하면 '대명사'이다.

06 〈보기〉의 밑줄 친 표현들 중에서 주어를 구성하는 주격 조사가 아닌 것은?

2014. 경찰 2차

> ㉠ 철수는 학생이 아니다.
> ㉡ 정부에서 학생들에게 장학금을 주었다.
> ㉢ 영수가 물을 마신다.
> ㉣ 할아버지께서 집에 오셨다.

① ㉠의 '이'
② ㉡의 '에서'
③ ㉢의 '가'
④ ㉣의 '께서'

정답풀이〉 서술어 '되다, 아니다'의 앞에 있는 '이/가'는 보격 조사이므로 ㉠의 '이'는 보격 조사이다.

오답풀이〉 ② '에서'는 주격 조사이다. 단체 무정 명사(정부)에는 주격 조사 '에서'가 쓰인다. 이 자리에 주격 조사를 넣어 '정부가'로 고쳐서 읽었을 때 의미가 자연스럽다면 '에서'는 주격 조사인 것이다.
③ 주격 조사 '이/가'이다.
④ 높임의 주격 조사 '께서'이다.

07 국어의 조사에 대한 설명으로 가장 옳지 않은 것은?

2018. 서울시 7급

① '에서'는 '집에서 가져 왔다.'의 경우에는 부사격 조사이지만 '우리 학교에서 우승을 차지했다.'의 경우에는 주격 조사이다.
② '는'은 '그는 학교에 갔다.'의 경우에는 주격 조사이지만 '일을 빨리는 한다.'의 경우에는 보조사이다.
③ '가'는 '아이가 운동장에서 놀고 있다.'의 경우에는 주격 조사이지만 '그것은 종이가 아니다.'의 경우에는 보격 조사이다.
④ '과'는 '눈과 같이 하얗다.'의 경우에는 부사격 조사이지만 '책과 연필이 있다.'의 경우에는 접속 조사이다.

정답풀이〉 보조사 '는'은 어떤 격 조사의 자리에 대신 들어가도 보조사라는 사실이 변치 않는다. 따라서 ② '그는 학교에 갔다.'의 주어 자리에 들어간 '는'도 보조사이고, '일을 빨리는 한다.'의 부사어와 결합한 '는'도 보조사이다.

오답풀이〉 ① '에서'는 장소를 나타내는 말과 결합하면 부사격 조사이고, 단체 주어와 결합하면 주격 조사이다.
③ '가'는 주어와 결합했을 때는 주격 조사이고, '되다, 아니다'의 앞에서 보어와 결합하면 보격 조사이다.
④ '과'는 주어와의 비교 대상이나 주어의 동반자, 상대방 등을 나타내는 말과 결합하면 부사격 조사이고, 단순히 두 대상을 대등하게 연결하는 역할로 쓰일 때는 접속 조사이다.

08 밑줄 친 조사의 성격이 다른 하나는?

2019. 서울시 7급

① 인생은 과연 뜬구름과 같은 것일까?
② 누구나 영수하고 친하게 지낸다.
③ 고등학교 때 수학과 영어를 무척 좋아했다.
④ 나와 그 친구는 서로 의지하는 사이다.

정답풀이〉 '고등학교 때 수학을 무척 좋아했다. 또한 영어를 무척 좋아했다.'로 문장을 두 개로 나눌 수 있으므로 여기에서의 '과'는 접속 조사이다.

오답풀이〉 ① '~가 ~와 같다'에서 '~와'는 문장에서 생략이 불가능한 필수적 부사어이다. '같다'는 대상이 2개 필요한 대칭 서술어이기 때문이다. 따라서 '~와'는 부사격 조사이다.
② '~가 ~와(하고) 친하게 지내다.'는 문장에서 '~와(하고)'는 생략이 불가능한 필수적 부사어이다. '친하게 지내다'는 대상이 2개 필요한 대칭 서술어이기 때문이다. 따라서 '하고'는 부사격 조사이다.
④ '~와 ~는 서로 의지한다.'는 문장에서 대상이 2개 필요하므로. ~와'는 생략이 불가능한 필수적 부사어이다. 따라서 '와'는 부사격 조사이다.

Answer

04 ② **05** ③ **06** ① **07** ② **08** ③

09 밑줄 친 말의 품사를 잘못 밝힌 것은? 2014. 국가직 9급

① 그는 하루에 책 <u>다섯</u> 권을 읽었다. – 수사
② 나도 좋은 시를 많이 읽고 <u>싶다</u>. – 형용사
③ 노래를 배웠어<u>요</u>. – 조사
④ 정치, 경제 <u>및</u> 문화 – 부사

---

10 다음 예의 밑줄 친 부분에 대한 설명으로 가장 적절한 것은? 2019. 경찰 1차

> ㉠ 포돌이가 웃는다. <u>그리고</u> 포순이가 웃는다.
> ㉡ 포돌이<u>와</u> 포순이가 웃는다.
> ㉢ 포돌이<u>와</u> 포순이가 서로 닮았다.
> ㉣ 포돌이 <u>및</u> 포순이가 웃는다.

① ㉠의 '그리고'는 문장의 다른 성분을 수식하지 않고 독립적으로 기능하므로 감탄사이다.
② ㉡의 '와'는 그 앞말이 필수적인 부사어임을 나타내는 부사격 조사이다.
③ ㉢의 '와'는 두 문장이 결합되었음을 뜻하는 접속 조사이다.
④ ㉣의 '및'은 두 문장이 결합될 때 쓰이는 접속 부사(문장 부사)이다.

정답풀이 뒤에 단위성 의존 명사 '권'이 있기 때문에 '다섯'은 수사가 아니라 수 관형사이다. '다섯' 뒤에 조사가 붙지 못하는 것을 통해서도 수사가 아님을 알 수 있다.

오답풀이 ② '싶다'는 대표적인 보조 형용사이므로 기억해 두자.
③ '요'는 높임의 보조사로서 거의 모든 성분에 붙을 수 있다.
   예 제가요, 국어를요, 좋아하는데요.
④ '및'은 접속 부사이므로 '부사'이다.

정답풀이 '및'은 '그리고, 그래서, 하지만, 따라서'처럼 문장과 문장을 접속해 주는 문장 부사이므로 적절하다.

오답풀이 ① ㉠의 '그리고'는 문장과 문장을 접속해 주는 문장 부사이므로 감탄사가 아니다.
② ㉡의 '와'를 생략하여 '포순이가 웃는다'가 되어도 문장이 자연스러우므로 여기에서 '와'는 그 앞말이 필수적인 부사어임을 나타내는 부사격 조사라고 볼 수 없다.
③ ㉢의 '와'가 두 문장이 결합되었음을 뜻하는 접속 조사라면 '포돌이가 서로 닮았다. 포순이가 서로 닮았다.'처럼 두 문장이 자연스러워야 하는데 혼자 닮을 수는 없는 것이므로 자연스러운 의미로 볼 수 없다. 따라서 여기에서 '와'가 두 문장을 결합했다고 볼 수는 없다.

Answer

09 ① **10** ④

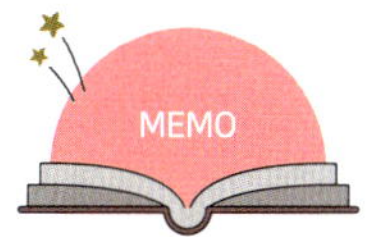

박혜선 국어
출좋포 문법·어휘 All In One

02

통사론

한눈에 보기 문장 성분의 이해

1. 보조사로 가린 문장 성분 파악하기
2. 주성분, 부속 성분, 독립 성분 구별하기

훈련용 콤단문으로 보는 기출문제

다음 글에서 추론한 내용으로 적절하지 않은 것은?

> 국어 문장에서 문장 성분은 주성분과 부속 성분, 독립 성분으로 나눌 수 있다. 주성분에는 주어, 목적어, 보어, 서술어가 있으며, 이들은 문장의 골격을 이루는 필수적인 요소들이다. 주어는 문장에서 행위나 동작의 주체를 나타내며, 주로 명사나 대명사, 수사가 주어의 역할을 한다. 주어는 대개 주격 조사 '-이/가'와 결합하여 사용된다. 예를 들어, "철수가 책을 읽는다"에서 '철수가'가 주어이다. 목적어는 동작이나 행위의 대상을 나타내며 주로 명사나 대명사, 수사가 목적어의 역할을 한다. 목적어는 대개 목적격 조사 '-을/를'과 결합하여 사용된다. 예를 들어, "철수가 책을 읽는다"에서 '책을'이 목적어이다. 보어는 '되다', '아니다'와 같은 서술어 앞에서 서술어를 보충하여 설명하는 성분으로, 주로 명사나 대명사, 수사가 보어의 역할을 한다. 보어는 보격 조사 '-이/가'와 결합하여 사용된다. 예를 들어, "철수가 선생님이 되었다"에서 '선생님이'가 보어이다. 서술어는 주어의 동작, 상태, 성질 등을 서술하는 문장 성분으로, 주로 동사나 형용사가 서술어의 역할을 한다. 서술어는 주로 어미와 결합하여 다양한 형태로 활용된다. 예를 들어, "철수가 책을 읽는다"에서 '읽는다'가 서술어이다. 부속 성분에는 관형어와 부사어가 있으며, 이들은 주성분을 꾸며주는 역할을 한다. '푸른'이 '하늘'을 수식한다면 이는 명사를 꾸미므로 관형어이다. '아주'가 '예쁘다'를 꾸미는 것처럼 주로 용언을 수식한다면 부사어이다.

① "역공이가 공무원이 되었다"에서 '공무원이'는 보어로 주성분이다.
② '예쁜'은 형용사 '예쁘다'가 활용하여 명사 '소녀'를 수식하고 있는 관형어로 부속 성분에 해당한다.
③ '철수는'은 명사 '철수'에 주격 조사 '-는'이 결합하여 주어로 쓰이고 있으며 주성분에 해당한다.
④ '매우'는 부사로 서술어 '외롭다'를 수식하는 부사어로 쓰이고 있으며 부속 성분에 해당한다.

해설

'-는'은 주격 조사가 아니라 보조사이다. 주격 조사는 지문에 나와 있는 것과 같이 '-이/가'이다.

오답풀이 ① 제시문에서 언급하듯 '보어는 '되다', '아니다'와 같은 서술어 앞에서 서술어를 보충하여 설명하는 성분이므로 '공무원이'는 보어로 주성분이라고 볼 수 있다.

② 제시문에서 언급한 '푸른'의 예시를 통해 이 선지는 옳음을 알 수 있다. 형용사 어간 '예쁘-'에 관형사형 전성 어미 '-ㄴ'이 결합하여 '예쁜'으로 활용하며 이는 관형어로 사용되어 명사 '소녀'를 수식하기 때문이다.

④ '매우'는 제시문에 나타난 '아주'라는 예시처럼 서술어 '외롭다'를 수식하는 부사어이므로 이 선지는 적절하다.

▶ ③

1 문장이란?

01 문장이란? : 주어 + 서술어

02 문장 성분 : 문장에서 일정한 문법적인 기능을 하는 부분. 단위는 어절

주성분	개념	문장을 이루는 주된 골격이 되는 부분(생략 힘듦)
	종류	주어, 목적어, 보어, 서술어
부속 성분	개념	주로 주성분을 수식하는 성분(생략 가능. 그러나 일부는 생략 불가)
	종류	관형어, 부사어
독립성분	개념	다른 문장 성분과 직접적인 관련이 없음. (생략 가능)
	종류	독립어

출종포 ❶ 품사와 문장 성분은 아예 차원이 다르다.

품사(-사)와 문장 성분(-어)의 차이점

① 품사는 구분 기준이 '의미'이지만 문장 성분은 '역할'이다.
② 품사는 '단어('어절'로 나눈 후 '조사'를 따로 나눈 것)'로 나눈 후 품사를 판별한다.
   반면 문장 성분은 '어절'로만 나눈 후 문장 성분을 판별한다.

품사	어머나	운동하는	철수	가	젊은	마음	을	매우	사랑하였다.
단어 9개	감탄사	동사	명사	주격 조사	형용사	명사	목적격 조사	부사	동사

문장 성분	어머나	운동하는	철수가	젊은	마음을	매우	사랑하였다.
어절 7개	독립어	관형어	주어	관형어	목적어	부사어	서술어

2 ▶ 문장 성분의 종류와 특성

01 주어(主語) : 동작 또는 상태나 성질의 주체가 되는 문장 성분

표지	주격 조사(이/가, 께서, ★에서, 서)	예 역공녀가 밥을 먹는다. 정부에서 노인 복지의 비중을 늘렸다.
	보조사	예 역공녀는 밥을 먹는다.

02 목적어(目的語) : 동작의 대상 (타동사의 대상)

표지	목적격 조사 '을/를'	예 역공녀가 밥을 먹는다.
	보조사	예 역공녀는 밥만 먹는다.

03 보어(補語) : 서술어 '되다, 아니다'를 보충해 주는 성분

표지	보격 조사 ★'이/가'(헷갈리지 말기)	예 철수가 아빠가 되었다.
	보조사	예 역공녀는 미인도 아니다.

04 관형어(冠形語) : 체언을 수식하는 문장 성분을 말한다. 관형어는 반드시 뒤에 체언이 와야 한다.

표지	관형사 단독	예 새/헌/옛/온갖/모든/이/그/저 건물
	관형격 조사(의)	예 역공녀의 그림
	관형사형 어미 (-는, -ㄴ(은), -ㄹ(을), -턴)	예 그녀는 동그란 안경을 썼다.

05 부사어(副詞語) : 주로 용언을 꾸며 주는 성분으로, 부사어나 관형어, 때로는 문장 전체를 수식

표지	부사 단독	예 그는 노래를 굉장히 잘한다.
	부사격 조사	예 승기가 군대에서 돌아왔다.
	보조사	예 빨리만 먹지 마라.
	부사형 어미 (-게, -아서, -도록) 부사 파생 접사 (-이)	예 얼굴이 빛이 나게 잘생겼다.

출종포 2 특이한 쓰임의 '필수 부사어'

필수적 부사어	개념	서술어의 성격에 따라 문장에서 생략이 불가능한 부사어
	예	그녀는 그와 닮았다. 그녀는 예쁘게 생겼다. 역공녀가 조카에게 편지를 주었다.
수의적 부사어	개념	문장에서 생략 가능한 부사어
	예	그는 밥을 잘 먹었다.

출종포

보조사만 드러나도 문장 성분은 '주어'이다.

예 국어는 쉽다.
떡볶이만 맛있다.

→ 주격 조사가 보조사에 의해 생략된 것일 뿐이므로 문장 성분은 주어이다.

출종포

보조사만 드러나도 문장 성분은 '목적어'이다.

예 그녀는 밥만 먹었다.
그녀는 춤까지 추었다.

→ 목적격 조사가 보조사에 의해 생략된 것일 뿐이므로 문장 성분은 목적어이다.

출종포

보조사만 드러나도 문장 성분은 '보어'이다.

예 그녀는 얼굴이 반쪽이나 되었다.
그녀는 사람도 아니다.

→ 보격 조사가 보조사에 의해 생략된 것일 뿐이므로 문장 성분은 보어이다.

💬 관형사형 어미가 붙는 용언의 관형사형은 관형절이다.

💬 부사형 어미가 붙는 용언의 부사형은 부사절일 수 있다

06 서술어(敍述語): 주어의 동작 또는 상태나 성질

표지	동사, 형용사, 서술격 조사 '이다'	예 역공녀가 밥을 먹는다. 역공녀는 착하다. 역공녀는 인간이다.

출종포 ❸ 서술어의 자릿수: 서술어가 필요로 하는 필수 성분의 수

구분	필요한 성분	서술어의 종류	예시
한 자리 서술어	주어	자동사, 형용사	예 꽃이 피었다. 꽃이 아름답다.
두 자리 서술어	주어, 목적어	타동사	예 그녀는 노래를 불렀다.
	주어, 보어	되다, 아니다	예 상익이는 공무원이 되었다.
	주어, 필수 부사어	대칭 서술어	예 영희는 철수와 닮았다. 이 책은 수험생들에게 적합하다.
세 자리 서술어	주어, 목적어, 필수 부사어	주다, 삼다, 넣다, 드리다, 바치다, 가르치다, 얹다, 간주하다, 여기다 등	예 역공녀가 필통에 연필을 넣었다. 아버지께서 나에게 편지를 주셨다. 그녀는 그를 범인으로 여겼다.

적중용 콤단문으로 보는 기출문제

㉠~㉣을 설명한 내용으로 적절하지 않은 것은? 2023. 지방직 9급

- ㉠지원은 자는 동생을 깨웠다.
- 유선은 도자기를 ㉡만들었다.
- 물이 ㉢얼음이 되었다.
- ㉣어머나, 현지가 언제 이렇게 컸지?

① ㉠: 동작의 주체를 나타내는 주어이다.
② ㉡: 주어와 목적어를 요구하는 서술어이다.
③ ㉢: 서술어를 꾸며주는 부사어이다.
④ ㉣: 문장의 다른 성분과 직접적으로 관련을 맺지 않는 독립어이다.

07 독립어

개념	다른 성분과 직접적인 관계가 없는 말로, 생략해도 문장이 성립한다.
표지	감탄사 단독 예 와, 이게 사실이냐.
	체언 + 호격 조사 예 혜선아, 쉬는 시간이다!
	문장의 제시어 예 인생, 그것은 무엇일까?

해설

'되다/아니다' 앞에 조사 '−이'를 취하는 문장 성분은 보어이다. 이때의 조사 '−이'는 보격 조사이며 주어와 서술어만으로는 불완전한 의미를 갖는 문장에서 불완전한 곳을 보충하는 역할을 한다.

✓ 만약 '물이 얼음으로 되었다'처럼 보격 조사 '−이/가'가 아닌 부사격 조사 '−으로'를 사용했다면 '얼음으로'는 부사어이다.

오답풀이 ① 주격 조사를 붙인 '지원이 자는 동생을 깨웠다'가 성립되므로 주어이다.

② '만들다'는 '누가(주어) 무엇을(목적어)'이라는 성분을 요구하는 두 자리 서술어이다.

④ 감탄사는 다른 성분과 직접적 관련이 없는 독립어이다. ▶ ③

출종포 **亦功** 문제 훈련은 '**만점 출종포 문제 훈련**' 강의에서 꼭 해설 강의를 참고해 주세요.

적중용 亦功 최빈출

01 밑줄 친 부분의 문장 성분이 나머지 셋과 다른 것은?

2022. 서울시 9급(2월)

① 입은 비뚤어져도 <u>말은</u> 바로 해라.
② <u>호랑이도</u> 제 말 하면 온다.
③ 아니 땐 굴뚝에 <u>연기</u> 날까?
④ <u>꿀도</u> 약이라면 쓰다.

[정답풀이] "입은 비뚤어져도 '말을' 바로 해라."로 '말을'은 목적어이다. 하지만 나머지는 '호랑이가, 연기가, 꿀이'로 주격 조사가 붙기 때문에 조사이다.

02 밑줄 친 부분이 주성분이 아닌 것은? 2015. 교육행정직 9급

① 그는 나에게 <u>맹물만</u> 주었다.
② 그 사람 말은 <u>사실도</u> 아니었다.
③ 우리가 사고를 <u>미연에</u> 방지하지 못했다.
④ <u>정부에서</u> 그 일을 적극적으로 추진하고 있다.

[정답풀이] '미연에'는 부사격 조사가 결합한 부사어이므로 주성분이 아니라 부속 성분이다. 부속 성분에는 부사어와 관형어가 있다. (참고로 필수 부사어는 주성분이 아니라 부속 성분이다.)

[오답풀이] 주성분은 '주어, 목적어, 보어, 서술어'이다. 격조사로 문장 성분을 파악할 수 있지만, 격조사가 아니라 보조사가 결합된 경우에는 자연스러운 격조사를 넣어서 파악해야 한다.
① 그는(주어) 나에게(부사어) 맹물만(목적어) 주었다.(서술어)
: '맹물만'을 '맹물을'로 고치면 자연스럽다. 따라서 '맹물만'은 목적어이므로 주성분이다.
② 그(관형어) 사람(관형어) 말은(주어) 사실도(보어) 아니었다.(서술어) : '사실도'를 '사실이'로 고치면 자연스럽다. 뒤에 '되다, 아니다'가 오는 경우에는 앞이 보어가 된다. 따라서 '사실도'는 보어이므로 주성분이다.
④ 정부에서(주어) 그(관형어) 일을(목적어) 적극적으로(부사어) 추진하고 있다.(서술어) : 주격 조사 '에서'가 쓰였으므로 '정부에서'는 주어이므로 주성분이다.

03 밑줄 친 부분의 문장 성분이 다른 것은? 2021. 국회직 9급

① <u>정부에서</u> 실시한 조사 결과가 발표되었다.
② <u>우리 회사에서</u> 수소 자동차가 개발되었다.
③ <u>할아버지께서</u> 지금 막 돌아오셨다.
④ 이번 춘계 대회는 <u>우리 학교에서</u> 전국을 제패하였다.
⑤ <u>우리 학교가</u> 운동장이 좁다.

[정답풀이] '에서'는 주격 조사와 부사격 조사가 있다. 이를 구분하는 방법은 '에서' 대신에 주격조사 '이/가'를 넣어보는 것이다. 자연스러우면 '에서'는 주격 조사이고, 부자연스러우면 '에서'는 부사격 조사이다. 그런데 '우리 회사가 수소 자동차가 개발되었다.'는 부자연스러우므로 '우리 회사에서'의 '에서'는 부사격조사이므로 '우리 회사에서'는 문장 성분이 부사어이다.

[오답풀이] ① '정부가 실시한 조사 결과가 발표되었다.'는 자연스러우므로 '정부에서'의 '에서'는 주격 조사이다. 따라서 '정부에서'는 주어이다.
③ '께서'는 높임의 주격 조사이므로 '할아버지께서'는 주어이다.
④ '우리 학교가 전국을 제패하였다.'는 자연스러우므로 '에서'는 주격 조사이다. 따라서 '우리 학교에서'는 주어이다.
⑤ '가'는 주격 조사이므로 '우리 학교가'는 주어이다. (참고로 이 문장은 서술절을 안은 문장이다.)

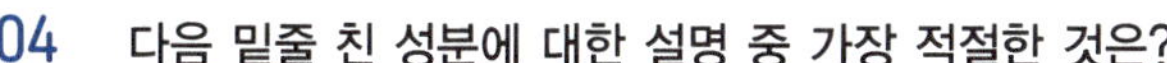

04 다음 밑줄 친 성분에 대한 설명 중 가장 적절한 것은?

2018. 경찰직 1차

> ㉠ 영선이가 <u>참</u> 아름답다.
> ㉡ <u>과연</u> 영선이는 똑똑하구나.
> ㉢ 영선이는 <u>엄마와</u> 닮았다.
> ㉣ <u>그러나</u> 영선이는 역경을 이겨냈다.

① ㉠과 ㉡의 밑줄 친 부분은 문장 내의 다른 성분을 수식하는 성분 부사어이다.
② ㉡과 ㉢의 밑줄 친 부분은 문장 전체를 수식하는 문장 부사어이다.
③ ㉢과 ㉣의 밑줄 친 부분은 앞뒤를 연결해 주는 접속 부사어이다.
④ ㉠부터 ㉣까지 밑줄 친 부분은 모두 부사어이다.

[정답풀이] ㉠의 '참'은 형용사 '아름답다'를 수식하는 성분 부사어이다. ㉡의 '과연'은 '영선이는 똑똑하구나'라는 문장 전체를 수식하는 '문장 부사어'이다. ㉢은 '엄마(체언) + 와(부사격 조사)'의 구성을 가진 부사어이다. 부사격 조사가 결합되어 있기 때문이다. 뒤의 형용사 '닮았다'를 수식하므로 '성분 부사어'이다. ㉣의 '그러나'는 '문장 접속 부사'이므로 '문장 부사어'이다. 따라서 ㉠부터 ㉣까지 밑줄 친 부분은 모두 부사어이다.

[오답풀이] ① ㉠은 성분 부사어가 맞지만 ㉡은 '영선이는 똑똑하구나'라는 문장 전체를 수식하는 '문장 부사어'이다.
② ㉡은 문장 부사어가 맞지만 ㉢'엄마와'는 형용사 '닮았다'를 수식하므로 '성분 부사어'이다.
③ 앞뒤를 연결해 주는 접속 부사어는 ㉣뿐이다.

05 다음 문장 중 밑줄 친 서술어의 자릿수가 다른 것은?

2016. 경찰 1차

① 어제 만났던 그는 이제 선생님이 <u>아니다</u>.
② 군대에 가는 민수는 후배들에게 책을 <u>주었다</u>.
③ 배가 많이 고팠던 철수는 라면을 맛있게 <u>먹었다</u>.
④ 삶에 관심이 많은 학생들이 도서관에서 책을 <u>읽는다</u>.

[정답풀이] '주다'는 '주어(민수는) − 필수 부사어(후배들에게) − 목적어(책을)'를 필수적으로 요구하는 세 자리 서술어이다.

[오답풀이] ① '아니다'는 '주어(그는), 보어(선생님이)'를 필수적으로 요구하는 두 자리 서술어이다.
③ '먹었다.'는 '주어(철수는), 목적어(라면을)'를 필수적으로 요구하는 두 자리 서술어이다.
④ '읽는다.'는 '주어(학생들이), 목적어(책을)'를 필수적으로 요구하는 두 자리 서술어이다.

06 다음 중 서술어의 자릿수를 잘못 제시한 것은?

2016. 서울시 7급

① 우정은 마치 보석과도 <u>같단다</u>.
  → 두 자리 서술어
② 나 엊저녁에 시험 공부로 녹초가 <u>됐어</u>.
  → 두 자리 서술어
③ 철수의 생각은 나와는 아주 <u>달라</u>.
  → 세 자리 서술어
④ 원영이가 길가 우체통에 편지를 <u>넣었어</u>.
  → 세 자리 서술어

[정답풀이] '달라.'는 '주어(생각은), 필수 부사어(나와는)'를 필수적으로 요구하므로 세자리가 아니라 두 자리 서술어이다.

[오답풀이] ① '같단다'는 '주어(우정은), 필수 부사어(보석과도)'를 필수적으로 요구하는 두 자리 서술어이다.
② '됐어'는 '주어(나), 보어(녹초가)'를 필수적으로 요구하는 두 자리 서술어이다.
④ '넣었어.'는 '주어(원영이가), 필수 부사어(우체통에), 목적어(편지를)'를 필수적으로 요구하는 세 자리 서술어이다.

Answer

01 ① **02** ③ **03** ② **04** ④ **05** ② **06** ③

적중용 亦功 중간 빈출

07 밑줄 친 부분 중에서 목적어가 아닌 것은?

2018. 서울시 9급

① 우리는 <u>그의 제안을 수용할지를</u> 결정하지 못했다.
② 사공들은 <u>바람이 불기를</u> 기다렸다.
③ 아이들이 <u>건강하지를</u> 않아 걱정이다.
④ 나는 <u>일이 어렵고 쉽고를</u> 가리지 않는다.

08 〈보기〉를 바탕으로 '필요한 문장 성분'에 대해 판단한 내용으로 적절한 것은?

2019. 기상직 9급

┌─〔보기〕─────────────────────┐
㉠ 벤치에 앉은 그녀는 너무 예뻤다.
㉡ 경찰이는 TV에서 만화를 보았다.
㉢ 할아버지께서 우리들에게 세뱃돈을 주셨다.
㉣ 우리도 경전철이 언제 개통될지 모른다.
└──────────────────────────┘

① ㉠에는 문장 성분이 여러 개 있지만 필수적인 것은 주어와 부사어와 서술어이다.
② ㉡에서 필수적인 문장 성분은 4개이다.
③ ㉢을 보면 문장의 부속 성분인 부사어 '우리들에게'도 필수적인 문장 성분이 될 수 있다.
④ ㉣에는 서술어 '개통되다'의 주어가 2개이므로 중복되는 주어를 생략해야 한다.

정답풀이 '건강하지를'에서 목적격 조사 '를'이 쓰였지만 '건강하지를'은 목적어가 아니다. '아이들이'라는 주체의 상태를 서술해 주는 기능을 하므로 '건강하지를 않아'라는 서술어의 일부인 뿐이다. 이 문장에서의 '를'은 목적격 조사가 아니라 강조의 뜻을 더하는 보조사이다.

오답풀이 나머지 '를'은 목적격 조사에 해당하므로 모두 목적어이다.
① '결정하다'는 목적어를 요구하는 서술어이다. '그의 제안을 수용할지'는 '결정하다'의 목적어에 해당한다. 보통 명사절은 '-음/기'가 결합되는 것이 일반적이지만 이렇게 어미 '-ㄹ지'가 쓰여 명사절의 형태가 되는 경우가 있다.
② '기다리다'는 목적어를 요구하는 서술어이다. '바람이 불기'는 '기다리다'의 목적어에 해당한다. '바람이 불기'는 명사형 어미 '기'가 결합된 명사절이다.
④ '가리다'는 목적어를 요구하는 서술어이다. '일이 어렵고 쉽고'는 '가리다'의 목적어에 해당한다. 보통 명사절은 '-음/기'가 결합되는 것이 일반적이지만 이렇게 '-고'가 쓰여 명사절의 형태가 되는 경우가 있다.

정답풀이 '주다'는 세 자리 서술어로서, 부사어를 꼭 필요로 하므로 '우리들에게'도 필수적인 문장 성분이 될 수 있다.

오답풀이 ① '예쁘다'는 형용사로서, 주어만 필요한 한 자리 서술어이다.
② '보다'는 주어와 목적어를 요구하는 두 자리 서술어이므로 ㉡에서 필수적인 문장 성분은 '주어, 목적어, 서술어'의 3개이다.
④ '개통되다'의 주어는 '경전철이' 하나뿐이다. '우리도'의 서술어는 '모른다'이다.

Answer

07 ③ **08** ③

Chapter 02

문장의 짜임새

Part 02 통사론

한눈에 보기

1. 홑문장과 겹문장 구별하기
2. 이어진문장과 안은문장 구별하기
3. 이어진문장의 종류 구별하기
4. 안은문장의 종류 구별하기

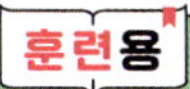 **콤단문으로 보는 기출문제**

다음 글에서 추론한 내용으로 적절하지 않은 것은?

겹문장이란 주어와 서술어의 관계가 두 번 이상 이어진 문장으로 크게 안은문장과 이어진문장으로 분류된다. 그중 이어진문장은 문장 두 개 이상이 나란히 이어져서 이루어진 문장을 말하며 크게 대등적으로 이어진 문장과 종속적으로 이어진 문장으로 분류된다. 대등적으로 이어진 문장은 앞과 뒤의 문장이 대조, 나열, 선택의 관계를 가지며 앞에 오는 문장의 서술어에 '-고', '-(으)며', '-(으)나', '-지만' 등의 대등적 연결 어미가 사용된다. 종속적으로 이어진 문장은 앞과 뒤의 문장이 원인, 조건, 의도 등의 관계로 종속적으로 연결되며 앞에 오는 문장의 서술어에 '-고', '-(아/어)서', '-면', '-니(까)', '-려고' 등의 종속적 연결 어미가 사용된다. 대등적으로 이어진 문장은 앞뒤 문장의 순서를 교체할 수 있지만 종속적으로 이어진 문장은 순서를 교체하면 의미가 변화되므로 순서를 교체할 수 없다. 예를 들어 '어제 비가 오고 오늘 눈이 왔다.'는 '오늘 눈이 오고 어제 비가 왔다'로 바꾸어도 의미의 변화가 없으므로 대등적으로 이어진 문장이며 '철수가 밥을 먹어서 배가 불렀다'는 '철수가 배가 불러서 밥을 먹었다'는 의미의 변화가 있으므로 종속적으로 이어진 문장이다.

① '혜선이가 예쁘니 웃음이 났다.'는 종속적으로 이어진 문장이다.
② '비가 올지라도 너에게 가겠다.'는 종속적으로 이어진 문장이다.
③ '철수는 학교에 가고 숙제를 했다.'는 대등적으로 이어진 문장이다.
④ '제니는 예쁘고 뷔는 멋있다.'는 대등적으로 이어진 문장이다.

해설

제시문에서 종속적으로 이어진 문장은 문장의 순서를 교체할 수 없다고 언급되어 있다. 그런데 '철수는 학교에 가고 숙제를 했다.'에서 '-고'를 기준으로 앞뒤 문장의 순서를 교체(철수는 숙제를 하고 학교에 갔다)하면 일이 일어난 선후 관계에 의미 변화가 생기므로 이는 종속적으로 이어진 문장이 된다.

오답풀이 ① '혜선이가 예쁘니 웃음이 났다.'에서 '-니'를 기준으로 앞뒤 문장의 순서를 교체(웃음이 나니 혜선이가 예뻤다)하면 의미 변화가 생기므로 이는 종속적으로 이어진 문장이 된다.

② '비가 올지라도 너에게 가겠다.'에서 '-지라도'를 기준으로 앞뒤 문장의 순서를 교체(너에게 갈지라도 비가 오겠다)하면 의미 변화가 생기므로 이는 종속적으로 이어진 문장이 된다.

④ '제니는 예쁘고 뷔는 멋있다.'는 '-고'를 기준으로 앞뒤 문장의 순서를 교체(뷔는 멋있고 제니는 예쁘다)하면 의미 변화가 없으므로 이는 대등적으로 이어진 문장이 된다. ▶ ③

1 ▶ 문장의 짜임새

01 홑문장

주어와 서술어의 관계가 한 번만 이루어지는 문장

02 겹문장(문장의 확대)

① 주어와 서술어의 관계가 두 번 이상 이루어지는 문장을 말한다.
② 종류에는 이어진문장과 안은문장이 있다.

03 문장의 확대(겹문장의 종류)

1. 이어진문장의 종류

(I) 이어진문장 (연결 어미가 핵심!!! 무조건 외우기)

① 대등하게 이어진 문장

개념	두 홑문장의 힘이 대등한 관계로 이어져 순서를 교체해도 원래의 의미와 동일함.	
종류	나열	산은 산이고(산이며) 물은 물이다.
	대조	국어는 재밌지만(재밌으나) 게임은 재미없다.
	선택	밥을 먹든지(먹거나) 반찬을 먹든지(먹거나) 네 맘대로 해라.

② 종속적으로 이어진 문장

개념	두 홑문장이 종속적인 관계로 이어져 순서를 교체하면 원래의 뜻과 달라짐.	
종류	이유 (-아서/-어서, -므로, -니까)	산은 산이어서 마음이 편하다.
	조건 (-면, -거든, -더라면)	내가 너한테 지면 사람이 아니다!
	의도 (-려고, -고자)	밥을 먹으려고 집에 갔다.

> **출종포 ❹** 연결 어미 '-고'의 쓰임
>
> • 어제는 비가 왔고 내일은 눈이 왔다. → 대등하게 이어진 문장
>
> • 민수는 집에 가고 철수는 학교에 갔다. → 대등하게 이어진 문장
>
> • 저분들이 너를 이리로 데려 오고 너를 떠나보냈지. → 종속적으로 이어진 문장
>
> • 민수는 밥을 먹고 학교에 갔다. → 종속적으로 이어진 문장

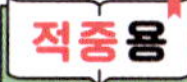 **콤단문으로 보는 기출문제**

다음 밑줄 친 부분에 해당하는 예로 가장 적절하지 않은 것은? 2017. 경찰 1차

> 문장은 홑문장과 겹문장으로 나뉘며, 겹문장은 다시 이어진문장과 안은문장으로 나뉜다. 이어진문장은 두 개의 홑문장이 대등한 자격으로 이어지는 ⊙ 대등하게 이어진 문장과 앞의 홑문장이 뒤의 홑문장에 종속적으로 연결되는 ⓛ 종속적으로 이어진 문장으로 나눌 수 있다. (이하 생략)

① ⊙: 나는 밥을 먹고 학교에 갔다.

② ⊙: 어제는 눈이 왔고 오늘은 비가 온다.

③ ⓛ: 가을이 되면 단풍이 든다.

④ ⓛ: 공원에 갔는데 사람들이 많았다.

해설

앞뒤 문장의 순서를 교체하면 '나는 학교에 가고 밥을 먹었다.'와 같이 그 의미가 아예 달라진다. 따라서 '−고'가 붙긴 했으나 '대등하게 이어진 문장'이 아니라 '종속적으로 이어진 문장'으로 봐야 한다.

오답풀이 ② '오늘은 비가 오고 어제는 눈이 왔다.'와 같이 앞뒤 문장의 순서를 바꿔도 원래의 의미가 대등하게 유지되므로 ⊙으로 볼 수 있다.

③ '단풍이 들면 가을이 된다.'와 같이 앞뒤 문장의 순서를 바꾸면 원래의 의미가 유지되지 않는다. 따라서 ⓛ의 예로 적절하다.

④ '사람들이 많아서 공원에 갔다.'와 같이 앞뒤 문장의 순서를 바꾸면 원래의 의미와 달라진다. 따라서 ⓛ에 해당한다. ▶ ①

(2) 안은문장 (전성 어미가 핵심!!!!)

① 명사절을 안은 문장: 명사형 전성 어미 '-(으)ㅁ'이나 '기'

개념	전체 문장 속에서 명사형 문장이 하나의 문장으로 주어, 목적어, 보어, 부사어의 기능을 하는 문장이다.	
예시	주어	[그가 범인임]이 밝혀졌다. ('이'=주격 조사)
	목적어	역공녀는 [공시생이 많이 오기]를 바란다. ('를'=목적격 조사)
	부사어	모두들 [역공녀가 미인임]에 놀랐다. ('에'=부사격 조사)

☞ 명사절의 문장 성분은 명사절 뒤에 붙은 격 조사에 의해 결정된다.

② 관형절을 안은 문장: 관형사형 전성 어미 '-는, -ㄴ(은), -ㄹ(을), -던'

개념	전체 문장 속에서 관형사형 문장이 관형어의 기능을 하는 문장이다.	
종류	관계 관형절	관형절 내에 생략된 성분이 있음.
		그건 [내가 먹은] 피자야. [예쁜] 장미가 한 송이 피었다. (피자를) 생략　　　(장미가) 생략
	동격 관형절	관형절 내에 생략된 성분이 없음.
		[비가 오는] 소리가 예쁘다. 피아노 친다=소리 요즘 [역공녀가 1타가 되었다는] 소문이 전국에 돌았다. 역공녀가 1타가 되었다=소문

③ 부사절을 안은 문장: 부사형 어미 '-게', '-아서', '-도록', 부사 파생 접사 '-이'

개념	전체 문장 속에서 부사형 문장이 부사어의 기능을 하는 문장이다.
예시	민수는 [너가 예뻐서] 계속 웃었다. 그는 [밤이 새도록] 공부에 전념했다. 비가 [소리도 없이] 내린다.

④ 서술절을 안은 문장: ★ 절 표지 없음.

개념	전체 문장 속에서 서술어의 기능을 하는 문장이다.
예시	토끼가 [귀가 길다.] 집이 [거실이 넓다.]

⑤ 인용절을 안은 문장: ★ 직접 인용 '라고', 간접 인용 '고' (모두 격 조사)

개념	다른 사람의 말을 인용하는 기능을 하는 문장이다.
예시	그가 ["당신이 제일 아름답습니다"]라고 했다. (직접 인용) 그가 [내가 제일 아름답다]고 했다. (간접 인용)

😀 인용절의 종류 구별하기

	표지	조사
직접 인용절	" "	라고
간접 인용절	' ' 혹은 ' ' 없음	고

출좋포 亦功 문제 훈련은 '만점 출좋포 문제 훈련' 강의에서 꼭 해설 강의를 참고해 주세요.

적중용 亦功 최빈출

01 대등하게 이어진 문장인 것은?

2018. 소방

① 까마귀 날자 배 떨어진다.
② 사공이 많으면 배가 산으로 간다.
③ 가는 말이 고와야 오는 말이 곱다.
④ 낮말은 새가 듣고 밤말은 쥐가 듣는다.

정답풀이 '밤말은 쥐가 듣고 낮말은 새가 듣는다.'로 문장의 앞뒤 순서를 바꾸어도 의미가 바뀌지 않으므로 대등하게 이어진 문장이다.

오답풀이 ① → 배 떨어지자 까마귀 난다.
② → 배가 산으로 가면 사공이 많다.
③ → 오는 말이 고와야 가는 말이 곱다
위의 문장들은 문장의 앞뒤 순서를 바꾸면 의미가 바뀌므로 종속적으로 이어진 문장들에 해당한다.

02 〈보기〉의 ㉠~㉢에 들어갈 내용으로 가장 적절한 것은?

2024. 법원직 9급

〔보기〕
• 학습 활동
  주어와 서술어의 관계가 두 번 이상 나타난 문장을 겹문장이라고 한다. 홑문장보다 복잡한 겹문장의 구조를 잘 파악하려면 각 절의 주어와 서술어를 잘 파악하는 것이 중요하다.
  이를 바탕으로 아래 문장의 구조를 파악해 보자.

  형이 저지른 잘못이 빌미가 되었음을 동생이 밝혔다.

• 학습 활동 수행 결과
  문장 전체에 주어와 서술어의 구조는 3회 나타난다. 먼저 문장 전체의 서술어는 '밝혔다'이고, 이에 해당하는 주어는 (㉠)이다. 명사절의 서술어는 '되었음'이고, 이에 해당하는 주어는 (㉡)이다. 관형사절의 서술어는 '저지른'이고, 이에 해당하는 주어는 (㉢)이다.

	㉠	㉡	㉢
①	동생이	잘못이	형이
②	동생이	빌미가	형이
③	형이	잘못이	빌미가
④	형이	빌미가	잘못이

정답풀이 ㉠: '형이 저지른 잘못이 빌미가 되었음을 동생이 밝혔다.'에서 문장 전체 서술어인 '밝혔다'의 주체는 '동생이'이므로 이에 해당하는 주어는 '동생이'이다.
㉡: '되었음'의 주어는 '잘못이'이다. '빌미가'가 주어가 될 수 없는 이유는 '되다, 아니다' 바로 앞의 문장 성분은 보어로 보는데 '빌미가'가 '되었음' 바로 앞에 있으므로 '빌미가'는 보어에 해당하기 때문이다.
㉢: 관형사절의 '저지른'의 주체는 '형이'이므로 이에 해당하는 주어는 '형이'이다.

Answer

01 ④ 02 ①

03 ㉠에 해당하는 예를 포함하고 있는 문장으로 옳은 것은?

2021. 의무소방원

> 다른 문장 속에 들어가 하나의 성분처럼 쓰이는 문장을 안긴문장이라고 하며, 안긴문장을 포함한 문장을 안은문장이라고 한다. 안긴문장은 하나의 '절'이 되는데, 이는 명사절, ㉠ <u>관형절</u>, 부사절, 서술절, 인용절의 다섯 가지로 나뉜다.

① 그 친구는 마음이 참 예쁘다.
② 나는 그 문제가 해결되었음에 기뻐했다.
③ 나는 그가 착한 사람이라는 생각이 들었다.
④ 그분은 나에게 희망을 가지라고 말씀하셨다.

정답풀이 용언의 관형사형은 100% 관형절이다. 그런데 '착한'은 어간 '착하–'에 관형사형 어미 '–ㄴ'이 결합된 용언의 관형사형이므로 관형절이다. '나는 [그가 착한] 사람이라는 생각이 들었다.'

오답풀이 ① 그 친구는 [마음이 참 예쁘다.]
　　→ 서술절(서술어 역할)
② 나는 [그 문제가 해결되었음]에 기뻐했다.
　　→ 명사절(부사어 역할)
④ 그분은 나에게 [희망을 가지라]고 말씀하셨다.
　　→ 인용절 (간접 인용절)

04 안긴문장이 주성분으로 쓰이지 않은 것은?

2016. 국가직 9급

① 그 학교는 교정이 넓다.
② 농부들은 비가 오기를 학수고대했다.
③ 아이들이 놀다 간 자리는 항상 어지럽다.
④ 대화가 어디로 튈지 아무도 몰랐다.

정답풀이 [아이들이 놀다 간] 자리는 항상 어지럽다. → [아이들이 놀다 간]은 관형어의 역할을 하는 관형절이므로 주성분으로 쓰이지 않았다. 주성분은 서술어, 주어, 목적어, 보어이다.

오답풀이 ① 그 학교는 [교정이 넓다.]
　　→ 안긴문장 : 서술절이므로 문장 성분은 서술어 (절 표지 : 없음)
② 농부들은 [비가 오기]를 학수고대했다.
　　→ 안긴문장 : 명사절이며, 뒤에 목적격 조사 '를'이 결합했으므로 문장 성분은 목적어 (절 표지 : 명사형 어미 '–기')
④ [대화가 어디로 튈지](를) 아무도 몰랐다.
　　→ 안긴문장 : '–ㄹ지'는 명사절의 형태를 띤다. '모르다'는 목적어를 필수적으로 요구하는 서술어이므로 [대화가 어디로 튈지]는 목적어이다.
　　☞ ('–느냐, –(으)냐. –는가, –(은)ㄴ가, –는지, –(은)ㄴ지, –을지/–ㄹ지' 등과 같은 어미로 끝난 문장은 뒤의 서술어의 성격에 따라서 명사절로 쓰일 수 있다.
　　예 그녀를 사랑했는가(를) 생각해 보았다.
　　　　얼마나 예쁜지(를) 알 수 없었다.

05 밑줄 친 안긴문장과 같은 기능을 하는 안긴문장을 포함한 것은?

2017. 교육행정직 9급

> <u>내가 바라던</u> 합격이 현실이 되었다.

① 내 마음이 바뀌기는 어렵다.
② 하늘이 눈이 부시게 푸르다.
③ 나는 그 사람이 잡은 손을 놓지 않았다.
④ 우리의 싸움은 내가 항복함으로써 끝났다.

정답풀이 '[내가 (합격을) 바라던] 합격이 현실이 되었다.'에서 '내가 바라던'은 끝에 관형사형 어미가 결합된 관형절이다. 안은문장의 피수식어 '합격'이 안긴문장에서 목적어 '합격을'로 생략되었다. '나는 [그 사람이 (손을) 잡은] 손을 놓지 않았다.'도 관형절을 안은 문장이면서 목적어 '손을'이 생략된 관계 관형절이다.

오답풀이 ① [내 마음이 바뀌기]는 어렵다.
　　→ 안긴문장 : 명사절 (절 표지 : 명사형 어미 '–기')
② 하늘이 [눈이 부시게] 푸르다.
　　→ 안긴문장 : 부사절 (절 표지 : 부사형 어미 '–게')
④ 우리의 싸움은 [내가 항복함]으로써 끝났다.
　　→ 안긴문장 : 명사절 (절 표지 : 명사형 어미 '–ㅁ')
　　☞ '–(으)로써'는 부사격 조사이므로 '내가 항복함으로써'는 부사어가 된다. 하지만 부사형 어미가 결합한 것이 아니므로 부사절은 아님에 유의해야 한다.

적중용 亦功 **중간** 빈출

06 〈보기〉의 ㉠~㉣에 대해 탐구한 것으로 적절하지 않은 것은?

2018. 기상직 9급

─〔보기〕─
㉠ 아버지는 마음이 넓다.
㉡ 그 아이는 집으로 갔다.
㉢ 우리는 그가 담임 선생님임을 알았다.
㉣ 나는 어머니가 선물로 주신 가방을 멨다.

① ㉠에서 안은문장의 주어와 안긴문장의 주어는 다르다.
② ㉡은 주어와 서술어의 관계가 한 번 나타나므로 홑문장이다.
③ ㉢에는 목적어의 기능을 하는 안긴문장이 있고, ㉣에는 관형어의 기능을 하는 안긴문장이 있다.
④ ㉣에서 안긴문장의 목적어는 안은문장의 목적어와 다르므로 생략되지 않았다.

정답풀이 ㉣의 안은문장의 목적어인 '가방을'과 '어머니가 선물로 (가방을) 주신'에서의 목적어 '가방을'은 동일하다. 그래서 안긴문장의 '가방을'이 생략된 것이므로 이 선택지는 옳지 않다. (참고로, ㉣에는 안긴문장(어머니가 선물로 주신)이 뒤의 '가방'이라는 체언을 꾸미므로 관형어의 기능을 한다고 볼 수 있다.)

㉠ 아버지는 [마음이 넓다].
　→ 서술절을 안은 문장 (절 표지: 없음)
㉡ 그 아이는 집으로 갔다.
　→ 홑문장
㉢ 우리는 [그가 담임 선생님임]을 알았다.
　→ 명사절을 안은 문장 (절 표지: 명사형 어미 –ㅁ)
㉣ 나는 [어머니가 선물로 (가방을) 주신] 가방을 멨다.
　→ 관형절을 안은 문장 (절 표지: 관형사형 어미 –ㄴ)

오답풀이 ① ㉠에서 안은문장의 주어는 '아버지는'이고, '안긴문장'의 주어는 '마음이'이므로 다르다는 설명은 옳다.
② '그(관형어) 아이는(주어) 집으로(부사어) 갔다(서술어)'로서 주어와 서술어가 한 번씩만 나오므로 홑문장이다.
③ ㉢에는 안긴문장(그가 담임 선생님임) 뒤에 목적격 조사 '을'이 결합되어 있으므로 안긴문장이 목적어 기능을 한다고 볼 수 있다.

07 밑줄 친 관형절의 성격이 다른 것은?

2021 국회직 8급

① 우리는 급히 학교로 돌아오라는 연락을 받았다.
② 내가 어제 책을 산 서점은 바로 우리 집 앞에 있다.
③ 충무공이 만든 거북선은 세계 최초의 철갑선이었다.
④ 우리는 사람이 살지 않는 그 섬에서 하룻밤을 지냈다.
⑤ 수양버들이 서 있는 돌각담에 올라가 아득히 먼 수평선을 바라본다.

정답풀이 동격 관형절은 피수식 명사가 관형절 내부에서 생략되지 않는 절이다. 동격 관형절의 경우, 피수식 명사의 내용이 관형절 그 자체가 된다. 보통 피수식 명사는 '소리, 소문, 사실, 기억, 일, 생각, 제안' 등이 있다. '급히 학교로 돌아오라는'이라는 관형절 내부에서 피수식 명사인 '연락'이 생략되지 않고 있으며 '연락'의 내용 자체가 '급히 학교로 돌아오라'이므로 동격 관형절에 해당한다.

오답풀이 관계 관형절은 피수식 명사가 관형절 내부에서 생략되는 절이다. 관형절의 피수식 명사가 관형절에서 '주어, 목적어, 부사어' 등으로 나타나 생략되는 절이다. 나머지는 모두 관계 관형절이다.
② [내가 (서점에서) 어제 책을 산] 서점은 바로 우리 집 앞에 있다. → 부사어 '서점에서'가 생략된 관계 관형절이다.
③ [충무공이 (거북선을) 만든] 거북선은 세계 최초의 철갑선이었다. → 목적어 '거북선을'이 생략된 관계 관형절이다.
④ 우리는 [사람이 (섬에서) 살지 않는] 그 섬에서 하룻밤을 지냈다. → 부사어 '섬에서'가 생략된 관계 관형절이다.
⑤ [(돌각담에서) 수양버들이 서 있는] 돌각담에 올라가 아득히 먼 수평선을 바라본다. → 부사어 '돌각담에서'가 생략된 관계 관형절이다.

Answer

03 ③　**04** ③　**05** ③　**06** ④　**07** ①

亦功 포인트

1. 높임법의 종류 파악하기
2. 잘못된 높임 표현 고치기

한눈에 보기 높임법의 종류 판단하기

1. 높임 요소 찾기
2. 잘못된 높임 표현 찾기

훈련용 콤단문으로 보는 기출문제

다음 글의 빈칸에 들어갈 사례로 적절한 것은?

국어의 높임법에는 말하는 이가 듣는 이에 대하여 높이거나 낮추어 말하는 상대 높임법, 서술어의 주체를 높이는 주체 높임법, 서술어의 객체를 높이는 객체 높임법 등이 있다. 이러한 높임 표현은 한 문장에서 복합적으로 실현되기도 하는데, (   )의 경우 대화의 상대, 서술어의 주체, 서술어의 객체를 모두 높인 표현이다.

상대 높임법은 문장의 종결 어미에 반영되어 청자를 높이면 [+상대], 청자를 낮추면 [−상대]로 표현이 된다. 예를 들어 '밥을 먹었습니다. 밥을 먹었소. 밥을 먹었어요'는 [+상대], '밥을 먹게, 밥을 먹어라, 밥을 먹어'는 [−상대]로 볼 수 있다. 주체 높임법은 '할아버지께서 댁에 가셨습니다'처럼 주격 조사 '께서'나 주체 높임 선어말 어미 '−시−', 특수 어휘 '계시다, 잡수시다, 편찮으시다' 등으로 실현된다. 객체 높임법은 '철수가 할아버지께 선물을 드렸다'처럼 목적어나 부사어를 높이는 특수 어휘를 쓰거나 부사격 조사 '께'를 통해 실현된다.

① 고객님께서는 제 말씀을 따라주시길 바랍니다.
② 철수가 할아버지께 좋은 말씀을 부탁드린다고 했어.
③ 어머니께서 선생님께 날짜를 여쭈어보라고 하셨습니다.
④ 삼촌께서 회장님을 모시고 댁에 보내셨다.

해설

[상대+], [주체+], [객체+]를 만족시켜야 한다.
'어머니께서 선생님께 날짜를 여쭈어보라고 하셨습니다.'는 이 모두를 만족시킨다. 대화의 상대를 높이고 있다(−습니다). 서술어의 주체인 '어머니'도 높임의 주격 조사 '께서'와 높임 선어말 어미 '−시−'로 높이고 있다. 또 서술어의 객체인 '선생님'을 높이기 위해 높임의 부사격 조사 '께'와 객체 높임 특수 어휘 '여쭈다'가 쓰였다.

[오답풀이] ① [상대+], [주체+], [객체−]로 객체를 높이고 있지 않다. '바랍니다'를 통해 [상대+]임을 알 수 있다. '께서' '−시−'를 통해 [주체+]임을 알 수 있다. 객체 높임은 쓰이지 않았다.

② [상대−], [주체−], [객체+]로 대화의 상대, 주체를 높이고 있지 않다. 서술어의 주체인 '철수'를 높이지 않고 있다. 또 서술어의 객체인 '아버지'를 높이기 위해 높임의 부사격 조사 '께', 객체 높임 특수 어휘 '드리다'가 쓰였다.

④ [상대−], [주체+], [객체+]로 대화의 상대를 높이고 있지 않다. 서술어의 주체인 '삼촌'을 높임의 주격 조사 '께서'와 높임 선어말 어미 '−시−'로 높이고 있다. 또 서술어의 객체인 '회장님'을 높이기 위해 객체 높임 특수 어휘 '모시다'가 쓰였다. 하지만 대화의 상대를 높이고 있지 않아서 답이 아니다.

▶ ③

출종포 ❺ 높임 요소 찾기

종류	높임 대상	실현 방법
주체 높임	서술어의 주체 (주어)	★① 선어말 어미 '-시-' (간접 높임의 '-시-' 주의!) ② 주격 조사 '께서' ③ 주체를 높이는 특수 어휘 : 계시다, 잡수시다, 편찮으시다 등
객체 높임	서술어의 객체 (목적어, 부사어)	★① 부사격 조사 '께' ★② 모시다, 드리다, 여쭙다(여쭈다), 뵙다(뵈다)
상대 높임	청자	종결 표현 ★① 하십시오체, 하오체 ★② 해요체

훈련용 콤단문으로 보는 기출문제

다음 글의 ㉠의 사례가 포함되어 있지 않은 것은?

> 존경 표현에는 주어 명사구를 직접 존경하는 '직접존경'이 있고, 존경의 대상과 긴밀한 관련을 가지는 인물이나 사물 등을 높이는 ㉠'간접존경'도 있다. 전자의 예로 "할머니는 직접 용돈을 마련하신다."를 들 수 있고, 후자의 예로는 "할머니는 용돈이 없으시다."를 들 수 있다. 전자에서 용돈을 마련하는 행위를 하는 주어는 할머니이므로 '마련한다'가 아닌 '마련하신다'로 존경 표현을 한 것이다. 후자에서는 용돈이 주어이지만 할머니와 긴밀한 관련을 가진 사물이라서 '없다'가 아니라 '없으시다'로 존경 표현을 한 것이다.

① 고모는 자식이 다섯이나 있으시다.
② 할머니는 다리가 아프셔서 병원에 다니신다.
③ 언니는 아버지가 너무 건강을 염려하신다고 말했다.
④ 할아버지는 젊었을 때부터 수염이 많으셨다고 들었다.

해설

'㉠ 간접 존경'은 '존경의 대상과 긴밀한 관련을 가지는 인물이나 사물 등을 높이는' 표현법이다. 이는 존경의 대상이 아닌 그것과 긴밀한 관련을 가지는 인물이나 사물을 높여야 하는 것이다. 하지만 ③의 '아버지가 너무 건강을 염려하신다'에서 '염려하신다(염려하–+–시–(주체 높임 선어말 어미)+–ㄴ–+–다)'의 주체 높임 선어말 어미 '–시–'는 아버지를 직접 높이는 직접 존경이므로 '㉠ 간접 존경'의 사례가 아님을 알 수 있다.

오답풀이 ① 존경의 대상인 '고모'를 높이는 것이 아니라 '고모'와 긴밀한 관련을 가지는 인물인 '자식'을 간접적으로 높이는 '–시–'이므로 '㉠ 간접 존경'의 사례로 볼 수 있다.
② 존경의 대상인 '할머니'를 높이는 것이 아니라 '할머니'와 긴밀한 관련을 가지는 신체 일부인 '다리'를 간접적으로 높이는 '–시–'이므로 '㉠ 간접 존경'의 사례로 볼 수 있다.
④ 존경의 대상인 '할아버지'를 높이는 것이 아니라 '할아버지'와 긴밀한 관련을 가지는 신체 일부인 '수염'을 간접적으로 높이는 '–시–'이므로 '㉠ 간접 존경'의 사례로 볼 수 있다. ▶ ③

출종포 6 잘못된 높임 표현 고치기

"높임 요소" 말고도 "올바른 높임 표현"으로 고치기도 출제된다.

1 간접 높임의 경우에는 직접 높임의 어휘를 쓸 수 없다.

- 회장님의 말씀이 계시겠습니다.(×) → 있으시겠습니다.(○)

2 간접 높임의 대상이 될 수 없는 경우에는 '–시–'를 쓰면 안 된다.

☞ 상품, 품절, 가격에는 '–시–'를 쓰면 안 된다.

3 높임 대상과 관련된 명사를 높이지 않으면 틀린다.

- 집(×) → 댁(○)
- 밥(×) → 진지(○)
- 술(×) → 약주(○)
- 말(×) → 말씀(○)
- 이름(나이)(×) → 성함(연세, 춘추)(○)
- 저, 자기(×) → 당신(○)

4 겸양 표현을 적절하게 사용하여야 한다.

- '말씀'은 존대어이자 화자를 낮추는 겸양어이다.
- 저희 나라, 저희 겨레(×) → 우리나라, 우리 겨레(○)

5 목적어, 부사어가 높임의 대상이 아니라면 객체 높임 특수 어휘를 쓸 수 없다.

- 어머니께서는 집안의 대소사를 아랫사람들에게 여쭈어보십니다.(×)
  → 아랫사람들에게 물어보십니다.(○)

6 주체 높임 '–시–'를 올바르게 사용해야 한다.

- 선생님이 이따 오래.(×) → 선생님께서 이따 오라셔(오라고 하셔).(○)
- 그 사람 해고해! 하시라면(하시라고 하면) 해야죠.(×)
  → 하라시면(하라고 하시면) 해야죠.(○)
- 곧이어 펜트하우스를 시청하겠습니다.(×) → 시청하시겠습니다.(○)
- 어머님, 아범(아비)이 방금 들어오셨어요.(×) → 들어왔어요.(○)

7 화자가 자기 자신을 높일 수는 없다.

- 저는 고객을 위해 항상 노력 중이세요.(×) → 저는 고객을 위해 항상 노력 중이에요.(○)
  ☞ 화자 자신을 높이는 것은 옳지 않으므로 '저는 고객을 위해 항상 노력 중이에요.'로 바꿔야 한다.

8 화자가 주어일 때만 쓰이는 '-ㄹ게'는 주체 높임의 '-시-'와 함께 쓸 수 없다.

- 손님, 피팅룸으로 들어가실게요.(×) → 손님, 피팅룸으로 들어가시길 바랍니다.(○)

9 지위가 높거나 나이 많은 사람에게 쓰면 안 되는 단어들이 있으니 주의해야 한다.

- (정리하는 선생님께) 수고하셨습니다.(×)→ 노고가 많으십니다, 감사합니다.(○)
- (점원이 할아버지에게) 할아버지, 이러한 부분을 당부 드립니다.(×) → 부탁드립니다.(○)
- 철수는 어머니께 야단을 맞았다.(×) → 꾸중(＝꾸지람, 꾸중)을 들었다.(○)

적중용 콤단문으로 보는 기출문제

높임법의 쓰임이 적절한 것은? 2018. 소방직 하반기

① 고객님이 주문하신 커피 나오셨습니다.
② 할아버지께서 네 방으로 오라고 하셨어.
③ 지금부터 사장님의 말씀이 계시겠습니다.
④ 어머니께서 제게 시간을 여쭈어 보셨어요.

해설

'오다'의 주체는 '너'이므로 높임 표현을 쓰면 안 되므로 옳다. '하다'의 주체는 '할아버지'이므로 '하셨어'로 주체 높임 선어말 어미 '-시-'를 쓰는 것은 옳다.

오답풀이 ① → 고객님이 주문하신 커피 나왔습니다. : '상품'은 높임의 대상인 고객과 관련이 깊지 않으므로 간접 높임의 대상이 아니다. 따라서 주체 높임 선어말 어미 '-시-'를 쓰는 것은 옳지 않다.

③ → 지금부터 사장님의 말씀이 있으시겠습니다. : '계시다'는 직접 높임 어휘이므로 간접 높임의 표현으로 '있으시다'로 고쳐야 한다.

④ → 어머니께서 제게 시간을 물어보셨어요. : '여쭙다'는 부사어나 목적어를 높이는 객체 높임의 어휘이다. 그런데 여기에서 객체는 '제게'이므로 높임의 대상이 아니다. 따라서 '여쭈어'를 '물어'로 고쳐야 한다. 또한 주체인 어머니를 높여야 하므로 보조 용언에 '-시-'를 넣어야 한다.

▶ ② 

亦功 문제 훈련: Ch.3 높임

적중용 亦功 최빈출

01 높임법에 대한 설명으로 옳지 않은 것은?

2017. 국가직 9급 생활 안전 분야

> ㄱ. 할아버지께서 노인정에 가셨습니다.
> ㄴ. 선생님께서는 휴일에는 댁에 계십니다.
> ㄷ. 여러분, 아이들을 자리에 앉혀 주십시오.
> ㄹ. 우리는 할머니를 모시고 산책을 다녀왔다.

① ㄱ, ㄴ: 문장의 주체를 높이고 있다.

② ㄱ, ㄴ, ㄷ: 듣는 이를 높이고 있다.

③ ㄴ, ㄹ: 특수한 어휘를 사용하여 높임을 표현하고 있다.

④ ㄷ, ㄹ: 목적어를 높이고 있으므로 객체를 높이는 표현이다.

정답풀이 ㄷ의 목적어는 '아이들을'이므로 목적어를 높이고 있지 않으므로 적절하지 않다. ㄹ은 목적어 '할머니를'을 높이고 있으므로 객체를 높이는 표현이다.

오답풀이 ① ㄱ의 '-께서', '-시-'에 문장의 주체에 대한 높임이 드러난다. ㄴ의 '-께서'와 '-십니다'의 '-시'에 문장의 주체에 대한 높임이 드러나므로 적절하다.

② ㄱ의 '습니다'에 청자에 대한 높임이 나타난다. ㄴ의 '-ㅂ니다'에 청자에 대한 높임이 나타난다. ㄷ의 '주십시오'의 '-시-'에서 주체 높임, '-ㅂ시오'에서 청자에 대한 높임이 나타난다.

③ ㄴ에는 '집'의 특수 어휘 '댁'과 '있다'의 특수 어휘 '계시다'로 높임을 표현하였다. ㄹ에는 '모시고'라는 특수 어휘가 쓰여 높임을 표현하고 있다.

02 다음 중 객체 높임법을 확인할 수 없는 것은?

2014. 기상직 9급

① 어머니께 이 편지를 전해 드리고 오너라.

② 할머니께서는 잠귀가 매우 밝으신 편입니다.

③ 아버지를 모시고 병원에 좀 다녀오도록 해요.

④ 이번 일요일에는 할아버지를 꼭 뵙고 오도록 해라.

정답풀이 '께서'에 주체 높임의 주격 조사 '께서'가 있다. '밝으신'에 주체 높임 선어말 어미 '-시-'가 있다. ('귀가 매우 밝으신'은 간접 높임 표현이다.) 하지만 객체 높임법은 확인할 수 없다.

오답풀이 ① 객체 높임의 부사격 조사 '께'와 객체 높임 어휘 '드리다'가 쓰였다.

③ 객체 높임 어휘 '모시고'가 쓰였다.

④ 객체 높임 어휘 '뵙고'가 쓰였다.

03 주체, 객체, 상대를 모두 높이고 있는 것은?

2017. 교육행정직 7급

① 사장님도 진지를 드셨습니까?

② 선생님께서 훈화 말씀을 하셨습니다.

③ 삼촌이 할머니를 모시고 공원에 갔습니다.

④ 아버지는 할아버지께 안경을 드리셨습니다.

정답풀이 아버지는 할아버지께 안경을 드리셨습니다.

주체 높임	'드리셨습니다'의 주체 높임 선어말 어미 '-시-'
객체 높임	'할아버지께'의 높임 부사격 조사 '께' '드리셨습니다'의 객체 높임 어휘 '드리-'
상대 높임	'드리셨습니다'의 종결 표현 '-습니다

오답풀이 ① '드셨습니까?: 접미사 '-님', '진지', '드시다'가 주체인 '사장님'을 높이고 있다. 또한 '-습니까?'는 상대를 높이고 있다. 객체 높임은 보이지 않는다.

② 선생님께서: 주체 높임 주격 조사 '께서'

하셨습니다: 주체 높임 선어말 어미 '-시-'와 상대 높임의 '습니다'

③ 모시고: 객체 높임 어휘

갔습니다: 상대 높임의 '습니다'

04 다음 밑줄 친 말 중 경어법이 잘못된 것은? 2015. 법원직

① 어머니를 <u>모시고</u> 장에 갔다 오너라.
② 궁금한 것이 있으시면 저에게 <u>여쭤</u> 보세요.
③ 제가 찾아 뵙고 <u>말씀</u> 드리겠습니다.
④ 할머니께서는 아직 귀가 <u>밝으십니다</u>.

정답풀이) 부사어 '저에게'의 '저'는 1인칭 화자이므로 객체 높임의 대상이 될 수 없다. 따라서 '물어'로 고쳐야 한다.

오답풀이) ① '어머니'는 객체 높임의 대상이므로 객체 높임 어휘인 '모시다'를 쓰는 것은 옳다.
③ '말씀'은 '나(저)'를 낮추는 말이므로 옳다.
④ '할머니의 귀'는 신체이므로 간접 높임의 대상이다. 따라서 '밝으십니다'로 쓰는 것은 옳다.

05 다음 문장 중, 높임법을 올바르게 구사하고 있는 것은? 2021. 의무소방원

① 현재 이 적금의 이율이 제일 높으세요.
② 질문이 있으시면 손을 들고 말씀해 주세요.
③ 미나야, 선생님이 너 지금 바로 교무실로 오시래.
④ 사용 중에 불편한 점이 계시면 언제든 연락하십시오.

정답풀이) 고객님이 한 것이므로 '질문'은 간접 높임의 대상이 된다. 또 간접 높임의 어휘 '있으시다'도 잘 썼다.

오답풀이) ① 높으세요('높으시어요'의 준말) → 높아요 : '적금의 이율'은 고객님과 밀접한 대상이 아니므로 간접 높임의 대상이 아니다. (간접 높임의 대상 : 높임 대상의 신체 일부, 소유물, 가족, 심리 등)
따라서 주체 높임 선어말 어미 '-시-'를 뺀 '높아요.'로 고쳐야 한다.
③ 오시래('오시라고 해'의 준말) → 오라셔 : 오는 것은 '미나'이므로 높이면 안 되고('오라고') 그러라고 하신 것은 선생님이므로 높여야 한다.('하셔') '오라고 하셔'의 준말은 '오라셔'이다.
④ 계시면 → 있으시면 : 간접 높임을 잘못 썼다. 고객님의 불편한 점은 고객님의 심리이므로 고객님과 밀접한 관계가 있다고 볼 수 있으므로 간접 높임의 대상이 된다. 하지만 '계시다'는 직접 높임의 어휘이므로 여기에서 쓸 수 없다. 따라서 간접 높임인 어휘인 '있으시다'로 고쳐야 한다.

06 높임 표현으로 가장 적절한 것은? 2015. 국가직 7급

① 할아버지께서 이제야 집에 가시는군요.
② 당신은 제 말씀에는 전혀 귀를 기울이지 않으시는군요.
③ 이것이 바로 생전에 당신께서 가장 아끼던 벼루입니다.
④ 우리 사장님께서 뵙기를 청한 이유는 고견을 듣기 위함입니다.

정답풀이) 자신의 말을 낮추는 '말씀'을 사용한 것은 옳다. 또한 높임의 대상인 '당신'이 귀를 기울이지 않는 것이므로 주체 높임의 '시-'가 쓰이는 것이므로 옳다.

오답풀이) ① 할아버지의 '집'이 아니라 높임 어휘 '댁'으로 고쳐야 한다.
③ '당신'은 '자기'의 높임 재귀칭 대명사이므로 당신의 행위를 높여야 한다. 따라서 '아끼던'이 아니라 '아끼시던'으로 고쳐야 한다.
④ '청하다'의 주체가 '사장님'이므로 '청한'이 아니라 '청하신'으로 고쳐야 한다. 또한 고견을 듣는 것도 '사장님'이므로 '들으시기'로 고쳐야 한다. (참고로, 객체 높임의 대상인 목적어가 빠져 있으므로 추가해야 한다. 또 청자를 높이기 위해서 '우리'보다는 1인칭의 낮춤 표현인 '저희'를 쓰는 것이 자연스럽다.)

07 높임법이 가장 옳지 않은 것은? 2018. 서울시 7급

① 부장님의 따님은 집에 계신가요?
② 담임 선생님은 키가 굉장히 크시다.
③ 할아버지, 지팡이가 아주 멋지세요.
④ 선생님, 비가 오는데 우산 있으세요?

정답풀이) '부장님'과 밀접한 관련을 갖는다는 점에서 '따님'은 간접 높임의 대상이다. 하지만 '계시다'는 직접 높임의 어휘이므로 쓰면 안 된다. 따라서 간접 높임의 어휘인 '있으시다'로 고쳐야 한다. 또한 '집'도 높임의 어휘인 '댁'으로 고쳐야 한다.

오답풀이) ② '담임 선생님의 키'는 신체 일부분으로 간접 높임의 대상이므로 '크시다'로 표현할 수 있다.
③ '할아버지의 지팡이'는 소유물이므로 간접 높임의 대상이므로 '멋지세요'로 표현할 수 있다. '멋지시어요'의 준말이므로 '-시-'가 쓰인 것이다.
④ '선생님의 우산'은 소유물이므로 간접 높임의 대상이므로 '있으세요'로 표현할 수 있다. '있으시어요'의 준말이므로 '-시-'가 쓰인 것이다.

Answer
01 ④ **02** ② **03** ④ **04** ② **05** ② **06** ② **07** ①

08 다음 중 상대 높임법의 등급이 다른 하나는?

2017. 서울시 7급

① 여보게, 어디 가는가?
② 김 군, 벌써 봄이 왔다네.
③ 오후에 나와 같이 산책 가세.
④ 어느덧 벚꽃이 다 지는구려.

정답풀이 '는구려'는 '하오체'의 종결 어미이다. 나머지 선택지들은 '하게체'의 종결 어미이다. 상대 높임법의 등급은 종결 어미를 통해 알 수 있다.

Answer

08 ④

04 사동 / 피동

한눈에 보기 사동 / 피동

1. 사동과 피동의 요소 파악하기
2. 사동 vs 피동의 구별
3. 사동 접미사 '-이-, -시키-'의 잘못된 쓰임
4. 이중 피동의 잘못된 쓰임

훈련용 **콤단문으로 보는 기출문제**

다음 글에서 추론한 내용으로 적절하지 않은 것은?

> 국어에서 용언에 결합하여 조어 기능을 하는 접미사 중 동사나 형용사에 결합하여 사동의 의미를 더하거나 타동사에 결합하여 피동의 의미를 더하는 접미사가 있다. 예를 들어 '먹이다'의 경우, 어근 '먹-'에 사동의 의미를 나타내는 접미사 '-이-'가 결합하여 주어가 '먹게 하다'라는 사동의 의미를 가지는 동사를 만들어낸다. '안기다'의 경우, 어근 '안-'에 피동의 의미를 나타내는 접미사 '-기-'가 결합하여 주어가 '안김을 당한다'는 의미를 가지는 동사를 만들어낸다. 그런데 사동 접미사와 피동 접미사는 '-이-,-히-,-리,-기-'라는 접미사의 형태가 동일하므로 이 둘을 꼭 구별해야 한다. '철수가 아이에게 책을 읽혔다'와 '책이 많은 학생들에게 읽혔다'는 각각 사동과 피동을 의미하는 문장이다. 여기에서 '책을'이라는 목적어가 있는 문장은 사동사가 있는 문장이지만 목적어가 없는 문장은 피동사가 있는 문장이라고 볼 수 있다. 한편 피동사 중에는 목적어를 가질 수 있는 특별한 경우가 있다. 예를 들어 '철수가 영호에게 돈을 빼앗겼다'에서 '돈을'이라는 목적어가 있지만 '빼앗겼다'에는 피동의 의미가 들어있다.

① '선생님도 학생들에게 책을 읽혔다'는 어근 '읽-'에 사동 접미사 '-히-'가 결합하여 사동사가 된 것이다.

② '엄마가 아이에게 손을 물렸다'는 어근 '물-'에 사동 접미사 '-리-'가 결합하여 사동사가 된 것이다.

③ '사람들이 도로를 넓혔다'는 어근 '넓-'에 사동 접미사 '-히-'가 결합하여 사동사가 된 것이다.

④ '태풍에 가지가 꺾였다'는 어근 '꺾-'에 피동 접미사 '-이-'가 결합하여 피동사가 된 것이다.

해설

"한편 피동사 중에는 목적어를 가질 수 있는 특별한 경우가 있다."라는 제시문에 따라 '엄마가 아이에게 손을 물렸다'는 어근 '물-'에 피동 접미사 '-리-'가 결합하여 피동사가 된 것임을 알 수 있으므로 ②는 적절하지 않다. 여기에서 주어 '엄마가' 물을 당하는 의미가 있기 때문이다.

[오답풀이] ① '책을'이라는 목적어가 있으며, 주어가 책을 읽게 하였다는 의미가 있으므로 어근 '읽-'에 사동 접미사 '-히-'가 결합하여 사동사가 되었다는 것은 적절하다.

③ '도로를'이라는 목적어가 있으며, 주어가 도로를 넓게 하였다는 의미가 있으므로 어근 '넓-'에 사동 접미사 '-히-'가 결합하여 사동사가 되었다는 것은 적절하다.

④ 목적어가 없으며 주어가 꺾음을 당한 의미가 있으므로 어근 '꺾-'에 피동 접미사 '-이-'가 결합하여 피동사가 되었다는 설명은 적절하다. ▶ ②

1 ▶ **사동(使動)**

주어가 남에게 동작을 시키는 것을 말한다.

01 사동(使動)의 종류

파생적 사동 (단형 사동)	용언의 어간 + 사동 접미사 '-이-, -히-, -리-, -기-, -우-, -구-, -추-, -이키-, -으키-, -애-', '-시키-' 이중 사동 접미사 '-이우-' 예 엄마가 아이에게 밥을 먹였다. 역공녀가 학생을 합격시켰다.
통사적 사동 (장형 사동)	본용언에 사동 보조 용언 '-게 하다'가 붙어 실현 예 엄마가 아이에게 밥을 먹게 한다.

출종포 7 '주동문 → 사동문'의 문장 구조 변화

1 주동문의 서술어 : 형용사 혹은 자동사

주동문 : 도로가   넓다.
          주어   형용사

사동문 : 사람들이   도로를   넓힌다.
     새로운 주어   목적어   사동사

2 주동문의 서술어 : 타동사

주동문 : 그가   책을   읽었다.
         주어   목적어   타동사

사동문 : 내가   그에게   책을   읽혔다.
     새로운 주어   부사어   목적어   사동사

출졸포 8 틀린 사동 표현 : '이' '시키'의 남용

1 과도한 사동 접사 '이'의 사용

의미상 필요하지 않다면, 사동 접사 '이'를 남용하면 안 된다.

과도한 사동 접사 '이'의 사용 예시	기본형
그녀는 **목메인** 목소리를 냈다. [목메 + 이 + ㄴ] → **목멘**(○)	목메다
넌 **끼여들지마**. [끼 + 이 + 어 + 들 + 지 + 마] → **끼어들지마**(○)	끼다
습관처럼 중요한 말을 **되뇌이는** 버릇이 있다.[되 + 뇌 + 이 + 는] → **되뇌는**(○)	되뇌다
역공녀를 보면 마음이 **설레였다**. [설레 + 이 + 었 + 다] → **설레었다/설렜다**(○)	설레다
비 **개인** 거리를 나홀로~ 우산을 쓰고 걸어갔어~ [개 + 이 + ㄴ] → **갠**(○)	개다
도시를 **헤매이는** 아이들 [헤매 + 이 + 는] → **헤매는**(○)	헤매다
동이 **트였다**. [트 + 이 + 었 + 다] → **텄다**(○)	트다
철수는 아픈 할머니를 **뉘였다**. [뉘 + 이 + 었 + 다] → **뉘었다**(○)	누이다

2 과도한 사동 접사 '시키다'의 사용

'하다'를 쓸 수 있는 말에 무리하게 '시키다'를 결합하지 않는다.

과도한 사동 접사 '시키다'의 사용 예시	기본형
내가 친구 한 명 **소개시켜** 줄게. → **소개해**(○)	소개하다
이 공간을 **분리시킬** 벽을 설치했다. → **분리할**(○)	분리하다
모든 기계를 하루 종일 **가동시켜서** 기일을 맞추도록 하자. → **가동해서**(○)	가동하다
입금시키다, 금지시키다, 강화시키다, 개선시키다, 결집시키다, 지연시키다, 고정시키다. → **입금하다, 금지하다, 강화하다, 개선하다, 결집하다, 지연하다, 고정하다**(○)	

적중용 콤단문으로 보는 기출문제

밑줄 친 말의 쓰임이 올바른 것은? 2022. 지방직 9급

① 습관처럼 중요한 말을 <u>되뇌이는</u> 버릇이 있다.

② 나는 친구 집을 찾아 골목을 <u>헤매이고</u> 다녔다.

③ 너무 급하게 밥을 먹으면 목이 <u>메이기</u> 마련이다.

④ 그는 어린 시절 기계에 손가락이 <u>끼이는</u> 사고를 당했다.

해설

손가락이 낌을 당하는 의미이므로 피동의 '끼이다'가 쓰이는 것은 옳다. 하지만 나머지 단어들은 사동접미사 '이'가 잘못 결합된 것이므로 각각 '되뇌는, 헤매고, 메기'로 고쳐야 한다. ▶ ④

2 ▶ 피동(被動)

주어가 당하는 것을 말한다.

01 피동(被動)의 종류

파생적 피동 **(단형 피동)**	동사의 어간(주로 타동사) + 피동 접미사 '−이−, −히−, −리−, −기−', '−되−' 예 도둑이 경찰에게 잡혔다. 카드 포인트가 등록되었다.
통사적 피동 **(장형 피동)**	본용언 + 보조 용언 ★'−어지다' '−게 되다' 예 구두끈이 풀어지다. [풀− + −어지− + −다] 예 사실이 드러나게 되다. [드러나− + −게 되다]

출종포 9 **모양이 같은 사동사와 피동사의 구별**

공통되는 접미사 '−이 −, −히 −, −리 −, −기 −' 때문에
사동사와 피동사를 구별하는 문제가 나온다.

	사동사	피동사
목적어의 유무	예 역공녀가 공시생들에게 책을 읽혔다. 역공녀가 공시생들에게 연필을 잡혔다. 철수는 나에게 영화를 보였다.	예 그 책은 많은 공시생들에게 읽혔다. 공시생들이 역공녀에게 잡혔다. 이제 영화가 보였다.
의미	주어가 시킴	주어가 당함

≫ 피동사가 목적어를 갖는 예외의 경우
  → 따라서 꼭 '의미'도 함께 파악하는 것이 좋다.

• 사동 : 엄마는 아이에게 젖을 물렸다. ('엄마'가 젖을 물게 한 의미가 있으므로 사동)

  철수는 영희에게 피해를 입혔다. ('철수'가 피해를 입게 한 의미가 있으므로 사동)

  영자는 짐을 그곳으로 옮겼다. ('영자'가 짐을 옮게 한 의미가 있으므로 사동)

• 피동 : 엄마는 아기에게 코를 물렸다. ('엄마'가 묾을 당한 의미가 있으므로 피동)

  철수는 도둑에게 돈을 빼앗겼다. ('철수'가 빼앗음을 당한 의미가 있으므로 피동)

  영자는 철수에게 발을 밟혔다. ('영자'가 밟음을 당한 의미가 있으므로 피동)

적중용 콤단문으로 보는 기출문제

〈보기〉를 참고하여 능동문을 피동문으로 바꾼 결과로 가장 적절하지 않은 것은? 2024. 법원직 9급

―〔보기〕――
  주어가 다른 주체에 의해서 어떤 동작을 당하거나 영향을 받는 문장을 피동문이라고 한다. 피동문을 만들 때에는 능동사 어근에 피동 접미사 '-이-, -히-, -리-, -기-'를 붙이거나, '-되다' 혹은 '-아지다/-어지다'를 사용한다.

〈능동문〉	〈피동문〉
① 내가 웃었다.	민수가 나를 웃겼다.
② 모기가 나를 물었다.	내가 모기에게 물렸다.
③ 정부가 회담을 진행하였다.	회담이 정부에 의해 진행되었다.
④ 나는 바라던 것을 이루었다.	바라던 것이 이루어졌다.

출졸포 10 틀린 피동 표현

피동 접미사 '-이-, -히-, -리-, -기-, -되-'와 피동의 보조 용언 '-어지다'는 이중으로 겹쳐서 사용할 수 없다.
- 이 사실이 믿겨지지[믿- + -기- + -어지- + -지] 않았다. → 믿기지/믿어지지
- 내일 날씨는 맑을 것으로 보여집니다. [보- + -이- + -어지- + ㅂ니다]
  → 보입니다./보아집니다.
- 간판이 잘 읽혀지지[읽- + -히- + -어지- + -지] 않아요. → 읽히지/읽어지지
- 앞으로 이 문제가 잘 풀릴 것이라고 예상되어진다.
  → [예상+-되- + -어지- +-ㄴ-+-다] → 예상된다.

훈련용 콤단문으로 보는 기출문제

밑줄 친 ㉠의 사례로 옳지 않은 것은?

  피동문은 문장의 서술어가 피동사로 된 문장으로 주어가 당하는 의미를 나타낸다. 짧은 피동의 경우에는 '-이-, -히-, -리-, -기-, -되-'등의 피동 접미사가 결합되며 긴 피동의 경우에는 '-어지다, -게 되다' 가 활용되어 사용된다. 피동문의 남용은 일상 생활에서 흔히 보이는 현상인데, 특히 ㉠ '이중 피동'을 쓰지 않도록 유의해야 한다.
  이중 피동은 피동 표현이 중복되어 잘못된 문법 표현으로 쓰이는데, 주로 피동 접미사와 함께 '-어지다'가 중복 사용되면서 발생한다. 가령, '창문이 닫혀졌다.'의 경우 창문이 닫음을 당하는 의미가 있는 피동문인데, '닫+히+어지+었+다'에서 '-히-'는 피동 접미사, '-어지-'는 긴 피동 표현이므로 잘못된 이중 피동이 쓰였다고 볼 수 있다.

① 과자가 담겨진 통에서 찾아보아라.
② 저쪽 복도에 놓여진 화분은 엄청 예쁘구나.
③ 장마로 인해 끊겨진 통신 선로가 드디어 복구되었군요.
④ 그 토의에서 궁극적으로 받아들여진 것이 결국 뭐지?

능동문이란 주어가 어떤 행동을 직접 하는 문장을 의미한다. '내가 웃었다'에서 웃는 행동을 내가 직접하는 것이므로 〈능동문〉의 예시로 적절하다. 하지만 '민수가 나를 웃겼다'는 민수가 나를 웃게 만든 것이므로 피동의 의미가 아니다. 이는 주어가 어떤 대상에게 어떤 행동을 시키는 사동의 의미이므로 〈피동문〉이라는 것은 적절하지 않다.

[오답풀이] ② 모기가 직접 나를 문 것이므로 〈능동문〉으로 '모기가 나를 물었다'를 든 것은 적절하다. 또한 내가 모기에게 묾을 당한 것이므로 '내가 모기에게 물렸다'는 〈피동문〉으로 적절하다.
③ 정부가 직접 회담을 진행한 것이므로 〈능동문〉으로 '정부가 회담을 진행하였다.'를 든 것은 적절하다. 또한 회담이 정부에 의해 진행을 당한 것이므로 '회담이 정부에 의해 진행되었다.'는 〈피동문〉으로 적절하다.
④ 내가 직접 바라던 것을 이룬 것이므로 〈능동문〉으로 '나는 바라던 것을 이루었다.'를 든 것은 적절하다. 또한 바라던 것이 이룸을 당한 것이므로 '바라던 것이 이루어졌다.'는 〈피동문〉으로 적절하다. ▶ ①

'받아들이다'는 '남의 말이나 요구 따위를 들어주다.'를 의미하므로 '당하다'를 의미하는 피동사가 아니다. 따라서 뒤에 피동 표현 '-어지다'가 붙어도 이중 피동 표현이라고 볼 수 없다.
☞ 이와 비슷하게 이중 피동이 아닌 단어들로는 '여겨지다, 밝혀지다, 알려지다, 읽혀지다'가 있다.
[오답풀이] ① '담+기(피동 접미사)+어지(피동 보조 용언)+ㄴ'은 이중 피동이므로 옳지 않다.
② '놓+이(피동 접미사)+어지(피동 보조 용언)+ㄴ'은 이중 피동이므로 옳지 않다.
③ '끊+기(피동 접미사)+어지(피동 보조 용언)+ㄴ'은 이중 피동이므로 옳지 않다. ▶ ④

亦功 문제 훈련: Ch.4 사동 / 피동

적중용 亦功 최빈출

01 〈보기〉에서 밑줄 친 설명과 같은 문법 범주에 속하는 문장은?

2022. 서울시 9급 2월

―[보기]―

(가) 온난화로 북극 빙하가 다 녹는다.
(나) 온난화가 북극 빙하를 다 녹인다.

'온난화'라는 사태와 '북극 빙하가 녹는 사태' 간에는 의미적으로 인과 관계가 성립하는데, (가)에서는 이 인과 관계를 드러내는 표지로 부사격조사 '로'가 쓰였다. (나)는 '녹이다'라는 <u>사동사를 사용한 문장이다</u>. 주동문일 때 부사어 위치에 있던 '온난화'가 사동문에서는 주어 자리를 차지함으로써 '온난화'라는 현상이 '북극 빙하'라는 대상이 '녹도록' 힘을 가하는 의미로 읽힌다. 이로써 '북극 빙하가 녹는 사태'에 대하여 '온난화'가 온전히 책임을 져야 할 것처럼 보인다.

① 회사는 이것이 전파 인증을 받은 제품이라고 우긴다.
② 사장이 사장실을 넓히기 위해 직원 회의실을 좁힌다.
③ 온갖 공장에서 폐수를 정화하지도 않고 강에 버린다.
④ 이산화탄소가 적외선을 흡수하여 열이 대기에 모인다.

[정답풀이] '사동사'는 문장의 주체가 자기 스스로 행하지 않고 남에게 그 행동이나 동작을 하게 함을 나타내는 동사이다. '좁히다'는 '면이나 바닥 따위의 면적을 작게 하다'는 의미로, '좁다'에 사동 접미사 '－히－'가 붙은 형태이다. 이는 사장이 직접 직원 회의실을 좁히는 것이 아니라 직원들에게 그 행동을 하게 함을 나타내는 것이므로 사동사이다.

[오답풀이] ① '우긴다'는 억지를 부려 제 의견을 고집스럽게 내세운다는 의미의 주동사이다. 주동사는 문장의 주체가 스스로 행하는 동작을 나타내는 동사이다.
③ '버린다'는 가지거나 지니고 있을 필요가 없는 물건을 내던지거나 쏟거나 한다는 의미의 주동사이다.
④ '모인다'는 '모으다'의 피동사로 쓰였다. 피동사는 남의 행동을 입어 행하여지는 동작을 나타내는 동사이다.

02 다음 설명에 해당하지 않는 문장은?

2022. 지역인재 9급

사동주가 피사동주로 하여금 어떤 행위를 하게 하거나 어떤 상황에 처하게 하는 표현법을 사동이라 하고, 사동이 표현된 문장을 사동문이라고 한다.

① 도둑이 경찰에게 잡혔다.
② 철호가 몸짓으로 나를 웃겼다.
③ 영애가 민수를 기쁘게 하였다.
④ 어머니가 아이에게 새 옷을 입혔다.

[정답풀이] 나머지 문장은 '나를, 민수를, 새 옷을'처럼 목적어가 있으며 사동의 의미가 있다. 하지만 '도둑이 경찰에게 잡혔다.'는 목적어도 없으며 도둑이 잡음을 당하는 의미가 있으므로 피동문이다. 따라서 이는 사동문과는 관련이 없다.

03 밑줄 친 사동 표현이 바르게 사용된 문장은?

2017. 기상직 7급

① 군 당국은 김 중위를 대위로 <u>승진시켰다</u>.
② 그는 차를 최대한 벽에 가깝게 <u>주차시켰다</u>.
③ 위원회는 김 회장을 <u>해임시킬</u> 수밖에 없었다.
④ 법원은 판결까지의 기간을 <u>단축시킬</u> 것으로 알려졌다.

[정답풀이] 사동의 의미는 주로 '－게 만들다, －게 하다'이므로 이를 넣었을 때 말이 되면 사동표현이 바르게 사용된 것이고 어색하면 틀리게 사용된 것이다. '승진시켰다'는 '승진하게 만들었다'의 뜻으로 김중위를 승진하도록 군 당국이 만들었다는 의미가 되어 자연스럽다.

[오답풀이] ②, ③, ④에는 '－게 만들다'를 넣으면 의미가 어색해진다. '주차하다'는 '차를 일정한 곳에 세게 하다', '해임하다'는 '임무를 그만두게 하다', '단축하다'는 '시간이나 거리 따위를 짧게 줄게 하다'를 의미한다. 즉 이미 단어 안에 사동의 의미를 갖고 있다. 따라서 '－시키다'를 삭제하고 '－하다'를 사용하여 각각 '주차하였다', '해임할', '단축할'로 고쳐야 한다.

04 밑줄 친 단어의 쓰임이 옳은 것은?

2017. 국가직 7급 생활 안전 분야

① 담배를 <u>피다</u> ② 날이 <u>개이다</u>
③ 고기를 <u>재다</u> ④ 차에 <u>치다</u>

[정답풀이] '(고기 따위의 음식을) 양념하여 그릇에 차곡차곡 담아 두다'를 의미하는 '재다'는 옳게 사용되었다.

[오답풀이] ① '담배에 불을 붙여 연기를 빨아 입이나 코로 내보내다'를 의미하는 것은 '피다'가 아니라 '피우다'이다. '피다'는 목적어가 없는 자동사이다.
② '(흐리거나 궂은 날씨가) 맑아지다'를 뜻하는 것은 '개이다'가 아니라 '개다'이다. '개이다'는 불필요한 사동 접미사 '-이-'가 결합된 것이므로 옳지 않다.
④ '치다'가 아니라 피동사 '치이다'가 옳다. '무거운 물건에 부딪히거나 깔리다.'를 의미한다.

적중용 亦功 중간 빈출

05 사동 표현이 없는 것은?

2018. 지방직 7급

① 목동이 양들에게 풀부터 뜯겼다.
② 아이들은 종이비행기만 하늘로 날렸다.
③ 태희는 반지마저 유진에게 보여 주었다.
④ 소영의 양손에 무거운 보따리가 들려 있다.

[정답풀이] '들려 있다' 앞에는 목적어가 없는 것으로 보아 '들려 있다'는 피동사이다. '들리어'의 '-리-'는 사동 표현이 아니라 피동 접미사이다.

[오답풀이] 사동 표현은 '-게 하다'의 시킴의 뜻이 있으며 사동사는 모두 타동사이므로 '목적어'가 있다. '뜯겼다', '날렸다', '보여 주었다'는 모두 목적어를 필수적으로 요구하는 서술어이다.
'① 풀부터, ② 종이비행기만, ③ 반지마저'는 각각 보조사가 붙었지만 목적격 조사도 붙을 수 있으므로 목적어이다. '뜯겼다', '날렸다', '보여 주었다'는 각각 사동사이다.

06 (가)에 들어갈 문장으로 가장 적절한 것은?

2021. 법원직 9급

> 교사 : 능동문의 목적어가 피동문의 주어가 되는 것이니까 피동문에는 목적어가 없는 것이 원칙이야. 그건 너도 잘 알고 있지?
> 학생 : 예, 선생님. 그런데 '원칙'이라고 하셨으면, 원칙의 예외가 되는 문장도 있다는 말씀이신가요?
> 교사 : 응, 그래. 드물지만 피동문에 목적어가 나타날 때가 있어. 어떤 문장이 있을지 한번 말해 볼래?
> 학생 : "(가)"와 같은 문장이 그 예에 해당하겠네요.

① 형이 동생에게 짐을 안겼다.
② 동생은 집 밖으로 짐을 옮겼다.
③ 동생이 버스 안에서 발을 밟혔다.
④ 그 사람이 동생에게 상해를 입혔다.

[정답풀이] (가)는 피동문이면서 목적어가 있는 문장이어야 한다. 그런데 '밟히다'는 '밟음.'을 당하는 의미가 있으므로 '밟다'는 피동 접미사 '-히-'가 결합한 피동사임을 알 수 있다. 원래 피동사는 목적어를 가지지 못하지만 이 문장은 목적어 '발을'이 있으므로 (가)의 조건에 부합한다.

[오답풀이] ① '안기다'는 피동사, 사동사의 형태가 같다. 이 문장에서는 '안게 하다'를 의미하므로 '기'는 사동 접미사이다. 피동문이 아닌 사동문이므로 (가)의 조건에 부합하지 않는다.
② '옮기다'는 '옮게 하다(＝바꾸게 하다)'라는 뜻으로 사용되고 있다. (참고로 '옮다'는 '자리를 바꾸다.'를 의미한다.) 따라서 기도 사동 접미사이다.
④ '입히다'는 '입게 하다'(＝당하게 하다)를 의미한다. 여기에서 '입다'는 '피해 · 손해를 보거나 부상을 당하거나 누명 등을 쓰다.'를 의미하는데 '입다' 자체에 피동의 의미가 있을 뿐이고 '히'는 사동 접미사에 해당하므로 (가)의 예시로는 적절하지 않다.

Answer

01 ② 02 ① 03 ① 04 ③ 05 ④ 05 ③

종결 / 시제 / 부정

1 ▶ 종결(終結)

01 개념

문장을 끝맺는 표현으로, 화자의 생각이나 느낌을 표현한다.

02 특징

종결 표현의 의미는 종결 어미에 따라 결정된다.

03 종류

① 평서문 : 역공녀는 웃기다. 역공녀는 웃깁니다. 그래 내가 합격시키겠다고 약속하마.
② 의문문 : 밥 먹었니?(판정), 우리 어디에서 봐?(설명), 밥 좀 천천히 먹지 않을래?(수사)
③ 명령문 : 여기를 보아라, 여기를 보게, 여기를 보오, 여기를 보십시오, 여기를 보세요.
④ 청유문 : 집에 가자, 집에 가세, 집에 갑시다, 집에 가십시다.
⑤ 감탄문 : 예쁘구나.

2 ▶ 시제(時制)

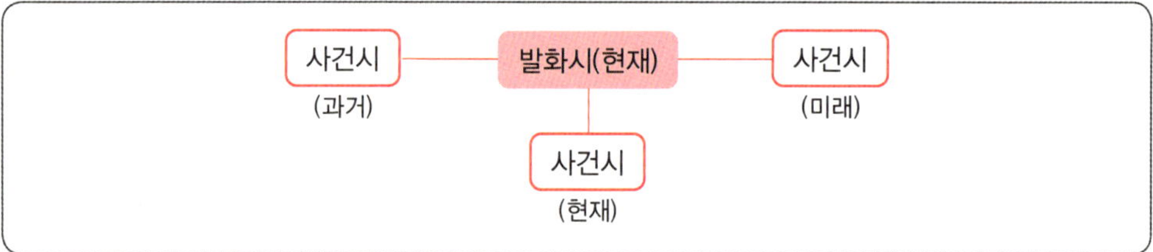

• 시제란 말하는 시점인 '발화시'를 기준으로 하여, 사건이 일어나는 시점인 '사건시'의 시간 상의 위치를 나타내는 표현이다. 시제는 대개 선어말 어미나 관형사형 어미, 시간 부사어 등으로 표현된다.

• 동작상(動作相)이란 시간의 흐름 속에서 동작이 끝나지 않고 계속 진행되는지, 아니면 완 전히 완료되었는지를 나타내는 표현이다.

출졸포 11 절대 시제와 상대 시제

1 절대 시제 : 말하는 시점(발화시)을 기준으로 결정되는 일반적인 시제

실현 방법	선어말 어미를 통해 실현됨. **문장의 끝!** **예** 형이 내가 읽는 책을 **빼앗았다.** (과거)

2 상대 시제 : 사건이 일어난 시점(사건시)을 기준으로 결정되는 시제

실현 방법	관형사형과 연결형을 통해 표현됨. **문장의 가운데!** **예** 형이 내가 **읽는** 책을 빼앗았다. 형이 내가 **읽은** 책을 빼앗았다. (현재) (과거)

3 부정(否定)

01 길이에 따른 부정 표현

짧은 부정	부사 '아니(안)', '못'을 사용하여 실현되는 부정문 **예** 시험을 **안** 보다. 시험을 **못** 보다.
긴 부정	어간에 '-지 아니하다(=않다)', '-지 못하다' '-지 말다'가 붙어서 실현되는 부정문 **예** 시험을 보지 **않다.** 시험을 보지 **못하다.** 시험을 못 보지 **마라.**(= 말아라)

02 부정 표현의 종류

종류	의미	설명
'못' 부정	능력 부정	부사 '못'이나 어간에 '-지 못하다'가 붙어서 실현되는 부정문 **예** 역공녀는 남친을 **못** 사귄다. 역공녀는 남친을 사귀지 **못한다.** 　→ 어떠한 외부적 이유 혹은 능력이 없어 사귀지 못한다는 의미 ☞ 어떠한 의지를 요구하는 서술어에는 '못' 부정을 쓸 수 없다. 　**예** 너가 무사하기를 바라지 **못한다.** → 바라지 **않는다.**
★'안' 부정	의지 부정	부사 '아니(안)'나 어간에 '-지 아니하다'가 붙어서 실현되는 부정문 **예** 역공녀는 남친을 **안** 사귄다. 역공녀는 남친을 사귀지 **않는다.** 　→ 주어의 의지에 의해 안 사귄다는 의미
	단순 부정	부사 '아니(안)'나 어간에 '-지 아니하다'가 붙어서 실현되는 부정문 **예** 비가 안 내린다. 비가 내리지 **않는다.** 역공녀는 안 예쁘다. 　역공녀는 예쁘지 **않다.** 　→ 단순한 사실을 부정하는 의미
'말다' 부정	금지	동사 어간에 '-지 말다'가 붙되, 항상 명령형, 청유형으로만 활용되는 부정문 **예** 놀지 말아라, 놀지 말자.

박혜선 국어
출좋포 문법·어휘 All In One

[공문서] 문장 고쳐 쓰기 (공공언어 바로 쓰기 원칙)

CHAPTER 01 [공문서] 문장 고쳐쓰기

(공공언어 바로 쓰기 원칙)

[공문서] 문장 고쳐 쓰기(공공언어 바로 쓰기 원칙)

1 올바른 문장 구조

01 병렬 관계의 오류 [수정 전]

01 우리 박물관에서는 다양한 지식과 정보 제공을 위하여 박물관 대학을 운영하고 있습니다.

01 병렬 관계의 오류 [수정 후]

01 우리 박물관에서는 다양한 지식과 정보를 제공하고자 박물관 대학을 운영하고 있습니다.

: '다양한 지식과 정보 제공을 위하여'는 대등 병렬의 구조로 보았을 때 자연스럽지 않다. 따라서 '하다'를 붙여 '다양한 지식과 정보를 제공하고자'로 고치는 것은 적절하다.

02 교육 목적 : 한일 과거사를 극복하고 미래 지향적인 양국 간 관계 발전을 위한 전문가 양성 및 상호교류

02 교육 목적 : 한일 과거사를 극복하고 미래지향적인 양국 간 관계를 발전시키기 위한 전문가 양성 및 상호교류

: 접속은 같은 성분끼리 해야 한다. '극복하고'와 '발전을 위한'이 호응하지 않으므로 '발전시키기 위한'으로 바꾼다.

03 ○○시는 녹색 성장 종합 계획의 중요성을 고려하여 ○○발전연구원의 환경, 경제, 문화 등 박사급 연구진과 공동으로 국내외 동향 분석, 전망 및 목표 선정, 추진 전략 도출, 녹색 성장을 통한 변화되는 모습 및 기대 효과 분석 등을 실시할 계획이다.

03 ○○시는 녹색 성장 종합 계획의 중요성을 고려하여 ○○발전연구원의 환경, 경제, 문화 등 박사급 연구진과 공동으로 국내외 동향 분석, 전망 및 목표 선정, 추진 전략 도출, 녹색 성장으로 변화되는 모습과 기대 효과를 분석하는 등의 일을 할 계획이다.

: '녹색 성장을 통한 변화되는 모습'을 '실시하는' 것은 말이 자연스럽지 않으므로 대등하게 연결되지 않음을 알 수 있다. 따라서 '녹색 성장으로 변화되는 모습과 기대 효과를 분석하는'으로 고치는 것이 적절하다. '녹색 성장으로 변화되는 모습'을 '분석하는' 것은 자연스럽기 때문이다.

04 이날 행사에서는 먼저 ○○청장이 뽑힌 모범 사회 복무 요원들에게 감사패를 수여하였다. 행사 진행은 사회 복무 요원들의 미담 사례와 사회 복무 제도 전반에 대해 궁금한 점 등을 자유롭게 묻고 답하는 방식으로 이루어졌다.

04 이날 행사에서는 먼저 ○○청장이 뽑힌 모범 사회 복무 요원들에게 감사패를 수여하였다. 그리고 사회 복무 요원들의 미담 사례를 나누고, 사회 복무 제도의 궁금한 점 등을 자유롭게 묻고 답하는 방식으로 진행되었다.

: '미담 사례'는 묻고 답하는 것이 아니라 나누는 것이다. 목적어에 대응하는 적절한 서술어를 넣어 문장 성분이 호응을 이루도록 해야 한다.

02 문장 성분의 호응 [수정 전]

02 문장 성분의 호응 [수정 후]

05 이번 총선에서 국회의원 ○○○명을 선출되었다.

05
⇨ 이번 총선에서 국회의원 ○○○명을 선출하였다.
⇨ 이번 총선에서 국회의원 ○○○명이 선출되었다.

: 목적어 '○○○명을'은 서술어 '선출되었다'와 호응이 적절하지 않으므로 서술어를 '선출하였다'로 고치는 것이 적절하다.
만약 서술어를 '선출되었다'로 쓰고 싶다면 주어 '○○○명이'로 고치는 것이 적절하다.

06 열차 안에서 물건을 사지 않으면 잡상 행위를 근절될 수 있습니다.

06 열차 안에서 물건을 사지 않으면 잡상 행위를 근절할 수 있습니다.

: '근절되다'는 목적어를 가질 수 없는 서술어이므로 문장 성분 간 호응을 이루도록 목적어를 요구하는 서술어인 '근절할 수 있습니다'로 수정하는 것이 적절하다.

07

※ 20○○. 8. 6. 한미 정상회담 공동성명 관련 부분

– "양 정상은 (한미 동맹이 공통의 가치와 신뢰를 기반으로 안보 협력뿐 아니라 정치·경제·사회·문화 협력까지 포괄하도록) 협력의 범위가 확대·심화되어 나가야 하며

07

※ 20○○. 8. 6. 한미 정상회담 공동성명 관련 부분

– "양 정상은 (한미 동맹이 공통의 가치와 신뢰를 기반으로 안보 협력뿐 아니라 정치·경제·사회·문화 협력까지 포괄하도록) 협력의 범위를 확대·심화해 나가야 하며

: 주어와 서술어의 관계를 명확하게 표현해야 한다. 주어 '양 정상은'과 '협력의 범위가 확대·심화되어 나가야 하며'는 호응이 되지 않는다. 주어 '양 정상은'이 직접 협력의 범위를 확대·심화해 나가는 것이므로 '협력의 범위를 확대·심화해 나가야 하며'로 고치는 것이 적절하다.

08

아울러, 20○○. 11. 8. 개최 예정이던 가족 걷기 대회는 신종 플루 전염병 위기 단계를 경계에서 최고 단계인 심각으로 격상(11. 3.)됨에 따라

08

아울러, 20○○. 11. 8. 개최 예정이던 가족 걷기 대회는 신종 플루 전염병 위기 단계를 경계에서 최고 단계인 심각으로 격상(11. 3.)함에 따라

: '단계를'과 '격상됨'이 호응을 이루지 못하므로 '격상함'으로 바꾸는 것이 적절하다.

09

조사 내용은 (모든 표본을 대상으로 조사하는 공통 조사 항목과 체류 자격에 따라) 추가로 조사하는 항목들이 있습니다.

09

조사 내용은 (공통 조사 항목과 체류 자격에 따른) 조사 항목으로 구성되어 있습니다.

: 주어 '조사 내용은'과 '항목들이 있습니다'는 호응이 잘 이루어지지 않는다. 따라서 주어 '조사 내용은'과 서술어 '구성되어 있습니다'로 호응시키는 것이 적절하다.

03 문장 성분 갖추기 [수정 전]

10 '적극 행정을 위한 창의성 증대', '정보 통신 기술·데이터를 활용한 업무처리 효율화'등을 주제로 새로운 아이디어와 구체적인 실천 계획을 세운다.

11 ○○청은 정책의 투명성과 책임성을 제고하기 위해 7년째 시행 중이다.

12 또한, "해외 한식당 교육은 그 대상 지역을 점점 확대하고 정례화하는 방향으로 추진하겠다"라며 "외국의 유명 요리 학교와도 이에 대해 협력해 나가고 있다."라고 덧붙였다.

13 병역 의무를 마친 사람 또는 면제된 사람

03 문장 성분 갖추기 [수정 후]

10 '적극 행정을 위한 창의성 증대', '정보 통신 기술·데이터를 활용한 업무처리 효율화'등을 주제로 새로운 아이디어를 발굴하고 구체적인 실천 계획을 세운다.

: '새로운 아이디어'를 '세우는' 것은 말이 자연스럽지 않으므로 '새로운 아이디어를'에 호응이 될 수 있는 서술어 '발굴하고'를 추가하는 것이 적절하다.

11 ○○청은 정책의 투명성과 책임성을 제고하고자 7년째 이 제도를 시행하고 있다.

: 서술어 '시행하고 있다.'에 호응하는 목적어가 없으므로 무엇을 시행하고 있는지를 추가하는 것이 적절하다.

12 또한, 관계자는 "해외 한식당 교육은 그 대상 지역을 점점 확대하고 정례화하는 방향으로 추진하겠다."라며 "외국의 유명 요리 학교와도 이에 대해 협력해 나가고 있다."라고 덧붙였다.

: '~라고 덧붙였다'의 주체가 빠져 있으므로 '관계자는'과 같은 적절한 주어를 꼭 추가하는 것이 적절하다.

13 병역 의무를 마친 사람 또는 병역 의무에서 면제된 사람

: '또는'은 대등 접속의 표지이지만 목적어 '병역 의무를'이 뒤의 '면제된'과 호응되지 않는다. '면제된'이라는 서술어는 필수적 부사어를 요구하는 서술어이다. 따라서 앞에 필수 부사어 '병역 의무에서'를 꼭 추가하는 것이 적절하다.

04 올바른 사동, 피동 표현 사용하기 [수정 전]

04 올바른 사동, 피동 표현 사용하기 [수정 후]

14 ○○청장은 '일하는 방식 혁신' 추진이 단순히 업무 효율성을 향상하는 데에만 그치지 않고, 적극 행정으로 국민이 체감할 수 있게 통계 서비스를 개선시킬 수 있는 방안도 같이 모색하겠다고 밝혔다.

14 ○○청장은 '일하는 방식 혁신' 추진이 단순히 업무 효율성을 향상하는 데에만 그치지 않고, 적극 행정으로 국민이 체감할 수 있게 통계 서비스를 개선할 수 있는 방안도 같이 모색하겠다고 밝혔다.

: 누군가에게 시키는 의미가 아니라 ○○청장이 직접 하는 의미이므로 불필요한 사동 표현인 '-시키다'는 쓰지 않아야 한다. 따라서 '통계 서비스를 개선시키다'를 '통계 서비스를 개선하다'로 고치는 것이 적절하다.

15 20○○. 4. 2. 런던 주요 20개국(G20) 정상 회의를 계기로 오바마 미 대통령 취임 후 처음으로 개최된 한미 정상회담에서 양 정상은 한미 동맹의 미래지향적 발전 방향을 구체화시켜 나가기로 합의

15 20○○. 4. 2. 런던 주요 20개국(G20) 정상 회의를 계기로 오바마 미 대통령 취임 후 처음으로 개최된 한미 정상회담에서 양 정상은 한미 동맹의 미래지향적 발전 방향을 구체화해 나가기로 합의

: 누군가에게 시키는 의미가 아니라 양 정상이 직접 하는 의미이므로 불필요한 사동 표현인 '-시키다'는 쓰지 않아야 한다. 따라서 '미래지향적 발전 방향을 구체화시켜'를 '미래지향적 발전 방향을 구체화하여'로 고치는 것이 적절하다.

16 최근 독감 의심 환자의 1/2가량은 신종 플루 감염으로 보여짐.

16 최근 독감 의심 환자의 1/2가량은 신종 플루 감염으로 보임 / 보아짐.

: '보여지다(보이어지다)'는 피동의 뜻을 나타내는 '-이-'와 '-어지다'를 이중으로 썼기 때문에 부적절하다. 따라서 피동 표현을 한 번만 써야 하므로 '보임'으로 고치거나 '보아짐'으로 고치는 것이 적절하다.

17 최근 ○○청 업무를 사칭한 여러 종류의 악성 전자 우편이 유포되고 있어 주의가 요구됩니다.

17 최근 ○○청 업무를 사칭한 여러 종류의 악성 전자 우편이 유포되고 있어 주의해야 합니다.

: '주의가 요구됩니다.'는 불필요한 피동 표현이므로 '주의해야 합니다.'로 고치는 것이 적절하다. 이는 영어 번역투(be required to)이기도 하므로 사용을 지양하는 것이 좋다.

05 수식 관계의 오류 [수정 전] → **05** 수식 관계의 오류 [수정 후]

18 일자리 기업의 홍보 기회를 제공하고 있습니다. → **18** 기업의 일자리 홍보 기회를 제공하고 있습니다.

: '일자리'가 '기업'을 수식할 수도 있고 '홍보 기회'를 수식할 수도 있어서 수식 관계가 모호하다. 따라서 어순을 자연스럽게 배열하여 '기업의 일자리 홍보 기회'로 고치는 것이 적절하다.

19 우리 원은 문화 예술 관련 기관·단체 소속 실무자와 예술 교육 담당자를 위한 문화 예술 전문 역량 강화를 위해 다양한 교육과정을 기획·운영하고 있습니다. → **19** 우리 원은 문화 예술 관련 기관·단체 소속 실무자와 예술 교육 담당자의 문화 예술 전문 역량을 강화하고자 다양한 교육과정을 기획·운영하고 있습니다.

: '담당자를 위한'이라는 관형절이 '문화 예술 전문 역량 강화'를 수식하는 것이 의미상 부자연스러우므로 '담당자의 문화 예술 전문 역량을 강화하고자'로 고치는 것이 적절하다.

20 5킬로그램 상당의 금 보관함 → **20** ⇨ 금 5킬로그램 상당을 담은 금 보관함

⇨ 금을 담은 5킬로그램 상당의 금 보관함

: '5킬로그램 상당의'가 '금'을 수식할 수도 '보관함'을 수식할 수도 있으므로 수식 관계가 적절하지 않다. 따라서 좀 더 명확하게 '금 5킬로그램 상당을 담은 금 보관함'으로 고치거나 '금을 담은 5킬로그램 상당의 금 보관함'으로 고치는 것이 적절하다.

21 ○○시는 해마다 취업 박람회를 개최하여 구인·구직자 간 만남의 장을 마련하고 취업 알선, 구직자의 채용 기회를 제공하고 있습니다. → **21** ○○시는 해마다 취업 박람회를 개최하여 구인·구직자 간 만남의 장을 마련하고 취업 알선, 구직자의 취업 기회 / 기업의 채용 기회를 제공하고 있습니다.

: '취업'은 구직자가 하고, '채용'은 기업이 하는 것이므로 '구직자'의 '채용 기회'는 적절하지 않다. 따라서 '구직자의 취업 기회 / 기업의 채용 기회'로 고치는 것이 적절하다.

22 협력을 지속 추진하여

22 협력을 지속적으로 추진하여

: '지속'은 명사인데, 명사가 뒤의 동사 '추진하다'를 수식하는 것은 부자연스럽다. 따라서 부사어인 '지속적으로'로 고치는 것이 적절하다.

06 중의적인 문장 피하기 [수정 전]

06 중의적인 문장 피하기 [수정 후]

23 시장은 건설업계 관계자들과 시민의 안전에 관하여 논의하였다.

23 시장은 건설업계 관계자들을 만나 시민의 안전에 관하여 논의하였다.

: 하나의 뜻으로 해석되는 문장을 사용했어야 했다. 시장이 건설업계 관계자들과 함께 '시민의 안전'에 관해 논의한 것인지, 시장이 혼자 '건설업계 관계자들과 시민의 안전'에 관해 논의한 건지 불분명하다. 따라서 의미가 명확할 수 있도록 '건설업계 관계자들과'를 '건설업계 관계자들을 만나'로 고치는 것이 적절하다.

07 접속어의 올바른 사용 [수정 전]

07 접속어의 올바른 사용 [수정 후]

24 ○○국에 대한 국제 사회의 지원 필요성이 증대하였다. 그러나 정부는 ○만 달러 규모의 추가 지원을 결정하였다.

24 ○○국에 대한 국제 사회의 지원 필요성이 증대하였다. 이에 따라 정부는 ○만 달러 규모의 추가 지원을 결정하였다.

: 접속어를 사용할 때에는 앞뒤 문장의 의미 관계를 고려하여 정확한 표현을 사용해야 한다. '그러나'는 앞의 내용과 뒤의 내용이 상반될 때 쓰는 말로서, 이 경우는 두 가지가 인과 관계로 이어져 있으므로 '그러나'를 쓸 수 없다. 따라서 '그러나'를 '이에 따라'로 고치는 것이 적절하다.

08 명사의 지나친 나열 [수정 전]

25 20○○년 8월 부시 미 대통령 방한 시 개최된 한미 정상회담을 계기로 공동성명을 발표하여

08 명사의 지나친 나열 [수정 후]

25 20○○년 8월 부시 미 대통령이 방한했을 때 개최된 한미 정상회담을 계기로 공동성명을 발표하여

: 명사만 나열하여 조사, 어미, '−하다' 등이 지나치게 생략되는 것은 지양해야 한다. 따라서 '시(時)'를 순우리말 '때'로 바꿔 쓰고 조사와 '−하다'를 적절히 넣어 '대통령이 방한했을 때'로 고치는 것이 적절하다.

26 태풍 피해 복구 철저

26 태풍 피해를 철저히 복구함.

: 명사만 나열하여 조사, 어미, '−하다' 등이 지나치게 생략되는 것은 지양해야 한다. 따라서 조사와 '−하다'를 적절히 넣어 '태풍 피해를 철저히 복구함.'으로 고치는 것이 적절하다. 또한 '철저'를 '철저히'라는 부사로 넣는 것이 더 적절하다.

27 악취 발생 우려 및 집중 호우 시 침출수 지하 토양 오염 우려

27 악취가 발생할 수 있고 집중 호우 시 지하 토양이 침출수로 오염될 수 있음.

: 명사만 나열하여 조사, 어미, '−하다' 등이 지나치게 생략되는 것은 지양해야 한다. 따라서 '악취가 발생할 수 있고 집중 호우 시 지하 토양이 침출수로 오염될 수 있음.'으로 고치는 것이 적절하다.

28 ○○청에서는 누리집 알림창에 악성 전자우편 대응 지침을 올리고, 악성 전자 우편을 발견한 즉시 대형 포털 해당 이메일 차단 요청, 경찰 수사 요청 등 적극 대응으로 피해를 최소화하기 위해 노력하고 있습니다.

28 ○○청에서는 누리집 알림창에 악성 전자우편 대응 지침을 올리고, 악성 전자 우편을 발견한 즉시 대형 포털에 해당 전자 우편을 차단 요청하거나 경찰에 수사 요청을 하는 등 피해를 최소화하고자 노력하고 있습니다.

: 명사만 나열하여 조사, 어미, '−하다' 등이 지나치게 생략되는 것은 지양해야 한다.
조사와 어미를 활용하여 우리말다운 문장으로 쓴다.

09 지나치게 긴 표현 [수정 전]

29

아울러 「도지사 지시 사항 관리 강화 계획」(○○○○관-4270, 20○○. 4. 3.)에 따라 추진 중인 지시 사항 관리 카드를 매달 업데이트하고 지시 사항 관리 시스템 사용 지침에 따라 갱신한 내용을 올려 지시 사항 이행과 추진 상황 점검에 소홀함이 없도록 해 주시기 바랍니다.

09 지나치게 긴 표현 [수정 후]

29

아울러 「도지사 지시 사항 관리 강화 계획」(○○○○관-4270, 20○○. 4. 3.)에 따라 추진 중인 지시 사항 관리 카드 갱신을 매달 진행해 주십시오. 또한 지시 사항 관리 시스템 사용 지침에 따라 갱신한 내용을 올려 지시 사항 이행과 추진 상황 점검에 소홀함이 없도록 해 주시기 바랍니다.

: 지나치게 긴 문장은 접속어를 통해 끊어서 쓰는 것이 적절하다. 또한 지시 사항은 추진 중일 수 없다. '추진 중인'의 수식을 받으려면 '관리 카드 갱신'처럼 행위를 나타내는 말이어야 하므로 '추진 중인 지시 사항 관리 카드 갱신을 매달 진행해 주십시오. 또한'으로 고치는 것이 적절하다.

30

지난 7월부터 10월 초 현재까지 우리 시는 수차례의 태풍 북상에 대비하여 철저한 사전 대비와 대응 조치 추진으로 총력 대응하여 시민의 생명과 재산을 보호하고 피해를 최소화할 수 있다는 자신감과 자부심을 배양하여 왔습니다.

30

지난 7월부터 10월 초 현재까지 우리 시는 수차례의 태풍 북상에 철저히 대비하고 대응 조치를 취하였습니다. 이로써 시민의 생명과 재산을 보호하고 피해를 최소화할 수 있었습니다.

: 한 문장에 너무 많은 내용을 포함하지 않는다.
문장을 적절히 나누어 쓴다. 객관적인 정보 전달을 위주로 간결하게 쓴다.

10 의미의 중복 피하기 [수정 전]

31 | 제목: 정기 대관 신청 승인 및 계약 **안내 알림**

10 의미의 중복 피하기 [수정 후]

31 | 제목: 정기 대관 신청 승인 및 계약 **안내**

: '안내'와 '알림'이 비슷한 뜻이므로 둘 중 하나만 쓴다.

32 | **매 1년마다** 같은 절차로 반복해서 감면 신청을 해야 하는 등 이용자의 불편이 컸다.

32 | **1년마다 / 매년 / 해마다** 같은 절차로 반복해서 감면 신청을 해야 하는 등 이용자의 불편이 컸다.

: '각각'을 뜻하는 '매'와 '마다'가 의미가 중복되므로 둘 중에서 하나만 쓴다.

11 올바른 조사의 사용 [수정 전]

33 | 지역 인재 유출 방지와 **향토기업으로써** 지역 발전에 의미를 더하는 계기가 될 것입니다.

11 올바른 조사의 사용 [수정 후]

33 | 지역 인재 유출 방지와 **향토기업으로서** 지역 발전에 의미를 더하는 계기가 될 것입니다.

: '도구, 수단'을 나타낼 때는 '로써'를 쓰고, '자격'을 나타낼 때는 '로서'를 쓴다.

34 | 교육 공무원이 아닌 1년 미만 계약직 **신분으로써** 계약 기간 만료 후 고용 관계 소멸

34 | 교육 공무원이 아닌 1년 미만 계약직 **신분으로서** 계약 기간 만료 후 고용 관계 소멸

: '로써'는 도구나 수단을, '로서'는 신분이나 자격을 나타낸다. 이 경우 '계약직 신분'이라는 자격을 나타내므로 '로서'를 써야 한다.

2 ▶ 번역 투의 표현

01 영어 번역 투의 표현 [수정 전] **01** 영어 번역 투의 표현 [수정 후]

01 이 설문조사 결과는 청소년 언어 개선책을 시급히 마련해야 한다는 점을 말해 주고 있다.

01 청소년 언어 개선책을 시급히 마련해야 한다는 점을 이 설문조사 결과에서 알 수 있다.

: 주어 '이 설문조사 결과는'이 서술어 '말해 주고 있다.'와 호응하는 것이 매우 부자연스럽다. 스스로 움직이지 않는 사물이나 추상적 대상이 능동적 행위의 주어로 나오는 문장은 영어 번역투이므로 쓰지 않는 것이 좋다. 따라서 '청소년 언어 개선책을 시급히 마련해야 한다는 점을 이 설문조사 결과에서 알 수 있다.'로 고치는 것이 적절하다.

02 조선은 태조 이성계에 의해 건국되었다.

02 조선은 태조 이성계가 건국했다.

: '~에 의해 ~되다'는 어색한 번역투의 피동 표현이므로 되도록 지양해야 한다. 따라서 '조선은 태조 이성계가 건국했다.'로 고치는 것이 적절하다.

03 현장 교원, 교수, 시민단체 등으로 구성된 규제 발굴 현장 방문단을 구성하여 현장에서 필요로 하는 자율화 과제

03 현장 교원, 교수, 시민단체 등으로 구성된 규제 발굴 현장 방문단을 구성하여 현장에서 필요한 자율화 과제

: '~을 필요로 하다'는 'be necessary to'를 번역한 영어식 표현이므로 '현장에서 필요한'이라는 우리말로 순화하는 것이 적절하다.

04 행사가 끝나고 나서, ○○○연구소 개소 50주년을 맞이하여 연구소의 발전과 위상 강화에 뛰어난 공적이 있는 직원들에 대하여 장관 표창을 주고자 합니다.

04 행사가 끝나고 나서, ○○○연구소 개소 50주년을 맞이하여 연구소의 발전과 위상 강화에 뛰어난 공적이 있는 직원들에게 장관 표창을 주고자 합니다.

: '~에 대하여'는 'about'을 번역한 영어식 표현이므로 우리말 조사인 '에게'로 고치는 것이 적절하다.

05 ○○시는 해마다 취업 박람회 개최 등을 통해 구인·구직자 간 만남의 장을 마련하고

05 ○○시는 해마다 취업 박람회를 개최하여 구인·구직자 간 만남의 장을 마련하고

: '취업 박람회' 말고 다른 행사가 없다면 굳이 '등'을 쓸 필요가 없다.
'~을 통해'는 'through'를 번역한 영어식 표현이므로 우리말 표현인 '취업 박람회를 개최하여'로 고치는 것이 적절하다.

06 바닥으로부터 1.5m 이상 높이 설치

06 바닥에서 1.5m 이상 높이 설치

: '으로부터'는 'from'을 번역한 영어식 표현이므로 되도록 우리말 조사인 '에서'로 고치는 것이 적절하다.

07 ○○청은 28일 서울 성수동에 위치한 20 스페이스(SPACE) 카페에서 모범 사회 복무 요원들과 함께하는 토크 콘서트를 개최하였다.

07 ○○청은 28일 서울 성수동에 있는 / 성수동에 자리 잡은 20 스페이스(SPACE) 카페에서 모범 사회 복무 요원들과 함께하는 토크 콘서트를 개최하였다.

: '~에 위치한'은 'be located in'을 번역한 영어식 표현이므로 우리말 표현인 '성수동에 있는/성수동에 자리 잡은'으로 고치는 것이 적절하다.

08 ○○청(청장 김○○)은 14일 이탤리언라이그래스와 귀리 섞어 심기 2차 수확 연시회를 갖는다.

08 ○○청(청장 김○○)은 14일 이탤리언라이그래스와 귀리 섞어 심기 2차 수확 연시회를 연다. / 기술 시연회를 연다.

: '회의를 갖는다'는 'have a meeting'을 번역한 영어식 표현이므로 우리말 표현인 '연시회를 연다. / 기술 시연회를 연다.'로 고치는 것이 적절하다.

02 일본 번역 투의 표현 [수정 전]	**02** 일본 번역 투의 표현 [수정 후]

09 우리의 목표는 조국통일에 있다.

09 우리의 목표는 조국통일이다.

: '~에 있다'는 일본어 번역 투이므로 삼가야 하므로 '조국통일이다'로 고치는 것이 적절하다.

10 아·태 지역에 있어서의 민주주의·인권·시장경제·무역/투자 자유화 증진 및 역내 국가 간 상호 이해·신뢰·투명성 제고 등 역내 평화·번영 증진을 위해 상호 협력

10 아·태 지역에서(의) / 지역의 민주주의·인권·시장경제·무역/투자 자유화 증진 및 역내 국가 간 상호 이해·신뢰·투명성 제고 등 역내 평화·번영 증진을 위해 상호 협력

: '~에 있어(서)'는 일본어 번역투이므로 '에서'나 '의'로 바꿔 쓴다. 번역 투는 쓰지 않는 것이 좋으므로 '지역에서(의)/지역의'로 고치는 것이 적절하다.

11 20○○년 10월 현재 문화전당 주변 도시 계획 도로 공사를 진행 중에 있습니다.

11 20○○년 10월 현재 문화전당 주변 도시 계획 도로 공사를 진행하고 있습니다.

: '~를 ~ 중에 있다'는 부자연스러우므로 '~를 ~하고 있다'로 고치는 것이 적절하다.

3 올바른 어휘 선택하기

01 문맥에 따른 올바른 어휘 사용 [수정 전]

01
> 교육 대상: 문화 행정 인력, 정부 부처·지방자
> 치단체 공무원
> ※ 접수 인원이 많으면, 문화 관련 업무 담당자
> 우선 선정 예정

02
> 신청 방법: E-mail 접수: ○○○○@korea.kr

03
> 또한, 계획 수립 과정에 녹색 성장 관련 전문가
> 그룹인 녹색○○위원회 및 녹색 성장 기획 연구
> 단을 통해 자문과 의견을 수렴하고, 시민, 학계,
> 경제계 등 각계각층이 참여한 공청회를 개최하
> 여 의견 수렴 등을 거쳐 효율적인 ○○광역시
> 녹색 성장 종합 추진 계획을 확정할 예정이다.

01 문맥에 따른 올바른 어휘 사용 [수정 후]

01
> 교육 대상: 문화 행정 인력, 정부 부처·지방
> 자치단체 공무원
> ※ 신청 인원이 많으면, 문화 관련 업무 담당자
> 우선 선정 예정

: '접수(接受)'는 '받아서 거둠. 권력 기관이 필요상 국민의 소유물을 일방적으로 수용함.'을 의미하므로 '개인이 국가 기관·법원이나 공공 단체의 기관에 대하여 어떤 사항을 청구하기 위하여 그 의사를 표시함.'을 의미하는 '신청(申請)'이 옳다.

02
> 신청 방법: E-mail 제출: ○○○○@korea.kr

: '접수(接受)'는 '받아서 거둠. 권력 기관이 필요상 국민의 소유물을 일방적으로 수용함.'을 의미하므로 '의견이나 문안(文案), 법안 따위를 내어 놓음.'을 의미하는 '제출(提出)'이 옳다.

03
> 또한, 계획 수립 과정에서 녹색 성장 관련 전문
> 가 그룹인 녹색성장위원회와 녹색 성장 기획
> 연구단에 자문하고, 시민, 학계, 경제계 등 각계
> 각층이 참여한 공청회를 개최하여 의견 수렴
> 등을 거쳐 효율적인 ○○광역시 녹색 성장 종
> 합 추진 계획을 확정할 예정이다.

: '자문(諮問)'이라는 말이 의견을 묻는다는 뜻이므로 뒤따르는 '의견을 수렴하고'는 '자문'이라는 말과 의미상 중복되어 불필요한 표현이므로 '자문하고'로 고치는 것이 적절하다.

04 제출한 서류는 일체 반환하지 않습니다.

04 제출한 서류는 일절 반환하지 않습니다.

: '일체(= 모두, 전부)'는 긍정적인 문맥에 '일절'은 부정적인 문맥에 쓰인다. '일체'는 '모든 것, 온갖 사물, 통틀어서, 모두'를 의미한다. '일절(= 전혀)'은 '사물을 부인하거나 행위를 금지할 때 씀.'을 의미하는 것으로 존재 자체가 부정된다. 따라서 '일절 없다', '일체 있다'로 표현해야 한다.

05 아울러, 우리 원은 귀 기관으로부터 미술품을 대여하고자 하오니 협조하여 주시기 바랍니다.

05 아울러, 우리 원은 귀 기관으로부터 미술품을 대여받고자 하오니 협조하여 주시기 바랍니다.

: '대여하다'는 '빌려주는' 것이므로 여기에서는 '대여받다'로 써야 한다.

02 쉬운 단어로 표현하기 [수정 전] **02** 쉬운 단어로 표현하기 [수정 후]

06 ○○○○처는 이번 조사 결과를 토대로 앞으로 보훈 정책 수립과 집행 과정에서 국민의 이해와 참여를 제고하기 위해 다양한 활동을 추진해 나갈 계획이다.

06 ○○○○처는 이번 조사 결과를 토대로 앞으로 보훈 정책 수립과 집행 과정에서 국민의 이해와 참여를 높이기 위해 다양한 활동을 추진해 나갈 계획이다.

: '제고(提高: 提 끌 제 高 높을 고)하기'라는 한자말보다는 '높이기'로 쓰는 것이 더 이해하기 쉽다.

07 열차 안에서 물건을 사지 않으면 잡상 행위를 근절할 수 있습니다.

07 열차 안에서 물건을 사지 않으면 잡상 행위를 없앨 수 있습니다.

: '근절(根絶 : 根 뿌리 근 絶 끊을 절)되다'는 한자어이므로 우리말 '없애다'로 바꾸는 것이 더 이해하기 쉽다.

08 이에 따라, 감염 확산 방지에 철저를 기하여 주시기 바라며,

08 이에 따라, 감염 확산 방지를 철저히 해 주시기 바라며 /

감염이 확산되지 않도록 철저히 방지해 주시기 바라며

: '철저(徹底 : 徹 통할 철 底 밑 저)를 기(期 : 기약할 기)하다'는 한자어이므로 우리말 '철저히 하다'로 바꾸는 것이 더 이해하기 쉽다.

09 한시적으로 운영하는 업체의 안전 관리자가 교육 대상자에 포함되는지를 묻는 질문에 다음과 같이 회신하오니 안전 관리 교육에 만전을 기하여 주시기 바랍니다.

09 한시적으로 운영하는 업체의 안전 관리자가 교육 대상자에 포함되는지를 묻는 질문에 다음과 같이 회신하오니 안전 관리 교육에 허술함이 없도록 하여 주시기 바랍니다.

: '만전(萬全 : 萬 일만 만 全 온전할 전)하다'는 한자어이므로 우리말 '허술함이 없도록 하다'로 바꾸는 것이 더 이해하기 쉽다.

10 귀 주재국 ○○부 측에서 참가자에게 전달하도록 안내 요망

10 귀 주재국 ○○부 측에서 참가자에게 전달하도록 안내 바람.

: '요망(要望 : 要 요긴할 요 望 바랄 망)하다'는 한자어이므로 우리말 '바람'으로 바꾸는 것이 더 이해하기 쉽다.

11 대변인은 도지사 지시 사항을 도내 공직자 등이 알 수 있도록 도보에 게재하여 주시기 바랍니다

11 대변인은 도지사 지시 사항을 도내 공직자 등이 알 수 있도록 도보에 실어 주시기 바랍니다

: '게재(揭載 : 揭 높이 들 게 載 실을 재)되다'는 한자어이므로 우리말 '실리다'로 바꾸는 것이 더 이해하기 쉽다.

12 이에 따라, 전 직원은 기 통보한 우리 부 신종 플루 대응 복무 지침을 철저히 숙지하여 감염 확산 방지를 철저히 해 주시기 바라며,

12 이에 따라, 전 직원은 이미 통보한 / 이미 알려 드린 우리 부 신종 플루 대응 복무 지침을 철저히 숙지하여 감염 확산 방지를 철저히 해 주시기 바라며,

: '기(旣 : 이미 기)'는 한자어이므로 우리말 '이미'로 바꾸는 것이 더 이해하기 쉽다.

13 금번 제18호 태풍은 지형적인 영향으로 태풍이 내륙 지역을 통과할 때 정동풍이 강하게 분다는 기상청 예보가 있습니다.

13 이번 제18호 태풍은 지형적인 영향으로 태풍이 내륙 지역을 통과할 때 정동풍이 강하게 분다는 기상청 예보가 있습니다.

: 한자어 '금번(今番 : 今 이제 금 番 차례 번)'을 우리말 '이번'으로 순화하는 것이 적절하다.

14 금일(10. 2. 수) 17:30, 시장님 주재 상황 판단 회의 시 조치 사항 보고

14 오늘(10. 2. 수) 17:30, 시장님 주재 상황 판단 회의 시 조치 사항 보고

: 한자어 '금일(今日 : 今 이제 금 日 날 일)'을 우리말 '오늘'로 순화하는 것이 적절하다.

알아두기 이외의 어려운 한자어를 우리말로 순화하기

① 금번 → 이번
② 금년 → 올해
③ 금일 → 오늘
④ 익일 → 다음날, 이튿날
⑤ 송부하다 → 보내다
⑥ 수여하다 → 주다
⑦ 수령하다 → 받다
⑧ 소관 → 담당
⑨ 적의 조치 → 적절한(필요한) 조치
⑩ 상이한 → (서로) 다른
⑪ 가급적 → 될 수 있으면
⑫ 미연에 방지하다 → 미리 막다
⑬ 상정하다 → 회의에 {부치다/올리다}
⑭ 소기의 → 기대 {한/했던/하는} 바
⑮ 시정하다 → (잘못을) 바로잡다
⑯ 유보하다 → 미루어 두다

4 고압적, 권위적 표현을 삼가기

01 고압적, 권위적 표현을 삼가기 [수정 전]

01 재난 및 재해 대비 조치에는 단 한 번의 미비가 있을 수 없다는 것을 명심해 주시기 바랍니다.

01 고압적, 권위적 표현을 삼가기 [수정 후]

01 재난 및 재해 대비에는 절대 허술함이 없어야 함을 거듭 강조합니다.

: 공문서는 되도록 간결하고 권위적이지 않게 쓴다.

02 지시 사항 이행 및 추진 상황 점검에 **철저를 기**하여 주시기 바랍니다.

02 지시 사항 이행과 추진 상황 점검에 **소홀함이 없도록** 해 주시기 바랍니다.

: 상투적이고 권위적인 표현에서 벗어나서 자연스러운 문장으로 쓴다.

03 제목: 도지사 지시 사항 **통보**

03 제목: 도지사 지시 사항 **알림**

: '통보하다, 일제 조사, 단속'처럼 고압적이거나 권위적인 표현은 피한다.

5 맞춤법

01 표준어 규정, 한글 맞춤법 잘 지켰는가 [수정 전]

01 표준어 규정, 한글 맞춤법 잘 지켰는가 [수정 후]

01
* 설치, **승인률**: 19○○년 29.0% → 20○○년 96.6% → 20○○년 100.0%

실업율 등 국가의 주요 통계를 작성하는 한국의 중앙 정부 기관입니다.

➡

01
* 설치, **승인율**: 19○○년 29.0% → 20○○년 96.6% → 20○○년 100.0%

실업률 등 국가의 주요 통계를 작성하는 한국의 중앙 정부 기관입니다.

: 모음으로 끝나거나 'ㄴ' 받침으로 끝나는 명사 뒤에는 '-율'을 쓰고(예 비율, 백분율),
그 밖의 경우에는 '-률'을 쓴다(예 경쟁률, 출생률, 취업률, 진학률). 따라서 '승인율, 실업률'로 고치는 것이 적절하다.

02
이와 관련하여, 해당 실국에서는 이전 **목표 년도**까지

➡

02
이와 관련하여, 해당 실국에서는 이전 **목표 연도**까지

: '목표 년도(年度)'는 두음 법칙에 따라 '연도'로 적어야 한다.

03
향후 사용 가능한 **년수**는 27.5년이며

➡

03
향후 사용 가능한 **연수**는 27.5년이며

: '년수(年數)'는 두음 법칙에 따라 '연수'로 적어야 한다.

04
출연자는 분장을 하고 나면 로비나 외부로 출입을 **삼가하여 주십시오.**

➡

04
출연자는 분장을 하고 나면 로비나 외부로 출입을 **삼가 주십시오.**

: '삼가하다'라는 표현은 아예 없는 표현이므로 '삼가 주십시오'로 고치는 것이 적절하다.

05
부스 신청 **갯수**

➡

05
부스 신청 **개수**

: 사이시옷 표기를 올바르게 해야 한다.

06 선거 공보 **꼼꼼이** 살펴보기

06 선거 공보 **꼼꼼히** 살펴보기

: '꼼꼼하다'의 '꼼꼼'에는 부사 파생 접사 '-히'를 붙여야
한다.

02 문장 부호의 올바른 사용 [수정 전]

02 문장 부호의 올바른 사용 [수정 후]

08 20○○.11.2 (월)

08 20○○. 11. 2. (월)

: 연월일 뒤에 마침표를 쓸 때는 '일'을 나타내는 숫자 뒤에
도 마침표를 찍는다.
연월일을 나타내는 숫자 뒤에 찍는 마침표는 각각 '연, 월, 일'
이라는 말을 대신한 것이다.
따라서 각각의 마침표 뒤는 한 칸 띈다.

09 기본 재산 처분에 따른 처분금은 어느 시점부터
기본 재산으로 편입하여 관리해야 하는지 (처분
행위가 완료(소유권 이전 등기 완료)되는 시점
인지, 주무관청의 처분 허가를 받은 시점인지)?

09 기본 재산 처분에 따른 처분금은 어느 시점부
터 기본 재산으로 편입하여 관리해야 하는지
[처분 행위가 완료(소유권 이전 등기 완료)되는
시점인지, 주무관청의 처분 허가를 받은 시점
인지]

: 소괄호 안에 또 소괄호가 있을 때는 바깥에 대괄호([ ])를
쓴다.

10 또한, 관계자는 "해외 한식당 교육은 그 대상 지
역을 점점 확대하고 정례화하는 방향으로 추진
하겠다."라며 "외국의 유명 요리 학교와도 이에
대해 협력해 나가고 **있다"고** 덧붙였다.

10 또한, 관계자는 "해외 한식당 교육은 그 대상
지역을 점점 확대하고 정례화하는 방향으로 추
진하겠다."라며 "외국의 유명 요리 학교와도 이
에 대해 협력해 나가고 **있다."라고 / 있다"라고**
덧붙였다.

: 직접 인용된 문장의 끝에도 마침표(.)를 찍는 것이 원칙이
고 생략할 수도 있다.
직접 인용을 나타내는 조사는 '라고'이다.

6 ▶ 띄어쓰기

01 접사는 붙여 쓰기 [수정 전]

01
> 20○○. 4. 3. 제 4차 제 1분과 군계획위원회에서는

01 접사는 붙여 쓰기 [수정 후]

01
> 20○○. 4. 3. 제4 차 제1 분과(원칙)
>
> 제4차 제1분과(허용)

: '제(第)-'는 접두사이므로 뒤에 나오는 어근과 붙여 써야 한다. 순서를 의미하는 경우에는 뒤의 명사와 붙여 씀도 허용한다.

02
> 60여개국 3,000여명의 우주 관련 전문가와

02
> 60여 개국 3,000여 명의 우주 관련 전문가와

: '-여(餘)'는 접미사이므로 앞의 수 관형사(60, 3000)와 붙여 써야 한다.
단위를 나타내는 말은 앞말과 띄어 쓴다. '개국'은 나라를 세는 단위이므로 앞말과 띄어 쓰고, '명'도 사람을 세는 단위이므로 앞말과 띄어 써야 한다.

03
> 공모 기간 : 20○○. 7. 24.(수)
>   ~20○○. 9. 22.(일) 2개월 간

03
> 공모 기간 : 20○○. 7. 24.(수)
>   ~20○○. 9. 22.(일) 2개월간

: 기간을 나타내는 말 뒤에 쓰인 '-간(間)'은 '동안'의 뜻을 나타내는 접미사이므로 앞말에 붙여 써야 한다.

04
> 한미 양국은 20○○년 4월 캠프데이비드에서 개최된 이명박 대통령-부시 대통령간 한미 정상회담에서

04
> 한미 양국은 20○○년 4월 캠프데이비드에서 개최된 이명박 대통령-부시 대통령 간 한미 정상회담에서

: '사이'를 나타내는 '간(間)'은 앞말과 띄어 써야 한다.

 **알아두기** 접사 '하다'를 가지는 단어는 붙여 쓰기

함께 하다 → 함께하다
신청 하다 → 신청하다
최소화 하다 → 최소화하다

02 어미는 붙여 쓰기 [수정 전]

05 '20○○ 하반기 부내 정보화 교육'을 추진할 **계획인 바**, 이 교육의 위탁 운영을 위한 계약 체결을 아래와 같이 의뢰하오니 조치하여 주시기 바랍니다.

02 어미는 붙여 쓰기 [수정 후]

05 '20○○ 하반기 부내 정보화 교육'을 추진할 **계획인바**, 이 교육의 위탁 운영을 위한 계약 체결을 아래와 같이 의뢰하오니 조치하여 주시기 바랍니다.

: '계획인바'는 '계획이므로'와 가까운 뜻이다. '–므로'와 같이 연결 어미인 '–ㄴ바'는 앞말에 붙여 써야 한다.

06 이 교육의 위탁 운영을 위한 계약 체결을 **아래 밝힌바와 같이** 의뢰하오니 조치하여 주시기 바랍니다.

06 이 교육의 위탁 운영을 위한 계약 체결을 **아래 밝힌 바와 같이 / 아래와 같이** 의뢰하오니 조치하여 주시기 바랍니다.

: '바'가 '방법, 일, 것, 사실, 처지, 형편' 등에 가까운 뜻일 때에는 명사이므로 앞말과 띄어 써야 한다.
'바' 뒤에 조사가 결합할 수 있으면 명사이므로 앞말과 띄어 써야 한다.

03 한 글자 명사 띄어쓰기 [수정 전]

07 지난 7월부터 **10월초** 현재까지 우리 시는

20○○년말 현재 **사용중인** 매립 시설 : 220개소

03 한 글자 명사 띄어쓰기 [수정 후]

07 지난 7월부터 **10월 초** 현재까지 우리 시는

20○○년 말 현재 **사용 중인** 매립 시설 : 220개소

: '초(初)', '말(末)'이나 '중(中)'은 앞말과 띄어쓴다.

08 – 재량활동, **방과후** 프로그램, 선택과목 확대 등으로 영어 노출 시간 확대 우선 추진

08 – 재량활동, **방과 후** 프로그램, 선택과목 확대 등으로 영어 노출 시간 확대 우선 추진

: '후'는 앞말과 띄어 쓴다.

09 시정 발전에 협조해 주시는 **귀 사**가 무궁히 발전하기를 기원합니다.

➡ **09** 시정 발전에 협조해 주시는 **귀사**가 무궁히 발전하기를 기원합니다.

: '귀사, 귀교, 귀댁' 등은 한 단어이므로 붙여 쓴다.

10 **우리부** 직원들의 정보화 및 사무자동화(OA) 능력 향상으로 …

➡ **10** **우리 부** 직원들의 정보화 및 사무자동화(OA) 능력 향상으로 …

: '우리부'는 한 단어가 아니므로 띄어 쓴다.

11 **그 동안** 기초 생활 수급자 등 감면 대상자가

➡ **11** **그동안** 기초 생활 수급자 등 감면 대상자가

: '그동안'은 한 단어이므로 붙여 쓴다.

7 ▸ 외래어 표기

01 외래어를 우리말로 순화하기 [수정 전]

01 외래어를 우리말로 순화하기 [수정 후]

01 시스템에 업로드하다.

➡ **01** 시스템에 올리다

02 매뉴얼

➡ **02** 지침

03 업데이트

➡ **03** 갱신

04 비전

➡ **04** 이상/전망

| 05 | 웹사이트 | → | 05 | 누리집 |

| 06 | 채널 | → | 06 | 경로 / 창구 |

02 잘못된 외래어를 옳은 외래어로 고치기[수정전] 02 잘못된 외래어를 옳은 외래어로 고치기[수정후]

07 포탈 → **07** 포털

: 외래어 표기법상 '포털'이 바른 표기이다.

08 센타 → **08** 센터

: '외래어 표기법'에 따라 '센터'로 적는다.

09 비젼 → **09** 비전

: '외래어 표기법'에 따라 '비전'으로 적는다.

10 워크샵 → **10** 워크숍

: '외래어 표기법'에 따라 '워크숍'으로 적는다.

11 웹싸이트 → **11** 웹사이트

: '외래어 표기법'에 따라 '웹사이트'으로 적는다.

박혜선 국어
출종포 문법·어휘 All In One

음운의 체계

한눈에 보기 음운의 체계

1. 자음의 체계 파악하기
2. 모음의 체계 파악하기

---

1 ▶ 음운(音韻)

01 음운이란?

(1) 발음 환경이나 사람이 달라도 같은 소리라고 인식되는 일반적 · 관념적 · 추상적 소리

(2) 의미를 변별하는 가장 작은 소리의 단위. 비분절 음운도 음운이다!

> • '강/방/상'의 뜻을 구별해 주는 'ㄱ/ㅂ/ㅅ'은 자음이다. ┐ 분절 음운(음소)
> • '강/공/궁'의 뜻을 구별해 주는 'ㅏ/ㅗ/ㅜ'는 모음이다. ┘
> • '눈[눈]과 눈[눈ː]'의 뜻을 구별해 주는 [ː]은 소리의 길이이다. ┐ 비분절 음운(운소)
> • '집에 가. 가? 가!'에서 뜻을 구별해주는 억양이다. ┘

음성이란?

의사소통이 가능한 말소리
1. 물리적, 개별적, 구체적 소리
2. 사람에 따라 다양하게 실현
3. 같은 음운이라도, 위치에 따라 음성이 다르게 실현됨.
   예 변이음
   국어[구거]
   '구'의 'ㄱ'은 [k]
   '거'의 'ㄱ'은 [g]
4. 의미를 변별해 주지 못함.

출종포 1 음운의 체계

1 자음

자음은 공기가 목청을 통과해 목 안이나 입안에서 장애를 받으면서 나는 소리이다.

조음 방법		조음 위치	양순음	치조음	경구개음	연구개음	후두음
안울림소리 무성음	파열음	예사소리	ㅂ	ㄷ		ㄱ	
		된소리	ㅃ	ㄸ		ㄲ	
		거센소리	ㅍ	ㅌ		ㅋ	
	파찰음	예사소리			ㅈ		
		된소리			ㅉ		
		거센소리			ㅊ		
	마찰음	예사소리		ㅅ			ㅎ
		된소리		ㅆ			
울림소리 유성음	비음		ㅁ	ㄴ		ㅇ	
	유음			ㄹ			

2 모음

(1) **단모음(10개)** : 발음 도중에 혀나 입술이 고정되어 움직이지 않는 소리로, 10개이다.

혀의 위치	전설 모음		후설 모음	
입술 모양 혀의 높이	평순 모음	원순 모음	평순 모음	원순 모음
고모음	ㅣ	ㅟ	ㅡ	ㅜ
중모음	ㅔ	ㅚ	ㅓ	ㅗ
저모음	ㅐ		ㅏ	

》 'ㅚ/ㅟ'는 이중 모음으로도 발음된다. 특히 'ㅚ'는 '[ㅚ(원칙)/ㅞ(허용)]'으로 발음된다.

(2) **이중 모음** : 소리를 내는 동안 입술 모양이나 혀의 위치가 달라져 첫소리와 끝소리가 다른 모음 《ㅑ·ㅕ·ㅛ·ㅠ·ㅒ·ㅖ·ㅘ·ㅙ·ㅝ·ㅞ·ㅢ 따위》

(3) **반모음** : 반만 발음되는 모음으로 반모음 'ㅣ'와 반모음 'ㅗ/ㅜ'가 있다.

01 음운에 대한 설명으로 옳지 않은 것을 고르면?

① '강'과 '감'의 뜻을 달라지게 하는 'ㅇ'와 'ㅁ'을 음운이라고 한다.
② 일반적으로 모음과 자음 등을 지칭하지만 비분절 음운도 포함된다.
③ 음운이 모여 한 번에 낼 수 있는 소리의 덩어리를 음절이라고 한다.
④ 머릿속에서 동일하다고 인식되는 구체적인 소리이다.

정답풀이 구체적인 소리는 음성에 대한 설명이다. '추상'적이고 '관념'적인 소리가 음운이다. 음성은 사람마다 다른데, 머릿속에서 동일하다고 인식되는 추상적인 소리는 음운이다.

02 '/ㄷ/','/ㄸ/','/ㅌ/' 소리의 공통 자질은? 2014. 경찰 1차

> ㉠ 공기가 코를 통과하면서 나오는 소리
> ㉡ 조음 기관의 어떤 부분이 장애를 받아 나는 소리
> ㉢ 혀의 앞부분이 딱딱한 입천장에 닿아서 나는 소리
> ㉣ 소리를 낼 때 공기가 빠져나가면서 마찰이 나는 소리
> ㉤ 폐에서 나오는 공기를 일단 막았다가 막은 자리를 터뜨리면서 내는 소리

① ㉠, ㉣   ② ㉡, ㉤
③ ㉢, ㉣   ③ ㉣, ㉤

정답풀이 ㉡ 자음이기 때문에 조음기관의 어떤 부분이 장애를 받아 나는 소리라고 볼 수 있다.
㉤ '/ㄷ/', '/ㄸ/', '/ㅌ/'은 파열음이기 때문에 '폐에서 나오는 공기를 일단 막았다가 막은 자리를 터뜨리면서 내는 소리'가 맞다.
오답풀이 ㉠ 비음(ㅇ, ㄴ, ㅁ)에 대한 설명이다.
㉢ 경구개음(ㅊ, ㅉ, ㅈ)에 대한 설명이다.
㉣ 마찰음(ㅆ, ㅅ, ㅎ)에 대한 설명이다.

03 설명이 옳지 않은 것은? 2017. 국가직 9급

① 'ㄴ, ㅁ, ㅇ'은 유음이다.
② 'ㅅ, ㅆ, ㅎ'은 마찰음이다.
③ 'ㅡ, ㅓ, ㅏ'는 후설 모음이다.
④ 'ㅟ, ㅚ, ㅗ, ㅜ'는 원순 모음이다.

정답풀이 'ㄴ, ㅁ, ㅇ'은 유음이 아니라 비음이다.

04 주어진 단어의 자음 두 개를 〈보기〉의 조건에 따라 순서대로 나타낼 때, 모두 옳은 것은? 2017. 사회복지직

> 〔보기〕
> 하나의 음운이 가진 조음 위치의 특성을 ＋＋라고 하고, 가지고 있지 않은 특성을 −로 규정한다. 예컨대 'ㅌ'은 [＋ 치조음, −양순음, −경구개음, −연구개음, −후음]으로 나타낼 수 있다.

① 가로 : [＋경구개음], [−후음]
② 미비 : [−경구개음], [＋후음]
③ 부고 : [＋양순음], [−치조음]
④ 효과 : [−후음], [−연구개음]

정답풀이 'ㅂ'은 양순음이므로 [＋양순음]이며 'ㄱ'은 연구개음으로 '치조음'이 아니므로 [−치조음]이다.
오답풀이 ① 'ㄱ'은 '연구개음'이므로 [＋경구개음]이 아니다. 'ㄹ'은 치조음이므로 [−후음]은 맞다.
② 'ㅁ'은 양순음이므로 [−경구개음]이다. 'ㅂ'은 양순음이므로 [＋후음]이 아니다.
④ 'ㅎ'은 후음이므로, [−후음]은 틀렸다. [＋후음]이다. 또 'ㄱ'은 연구개음이므로, [−연구개음]도 틀렸다. [＋연구개음]이다.

05 조음 기관이 좁혀진 사이로 공기가 마찰하여 나는 소리가 들어 있지 않은 것은? 2013. 국가직 9급

① 개나리 ② 하얗다
③ 고사리 ④ 싸우다

정답풀이 '조음 기관이 좁혀진 사이로 공기가 마찰하여 나는 소리'는 '마찰음'이다. '마찰음'에는 'ㅆ, ㅅ, ㅎ'가 있다. 따라서 마찰음 'ㅆ, ㅅ, ㅎ'이 사용되지 않은 것은 '개나리'이다.

오답풀이 ②는 마찰음 'ㅎ'이, ③은 마찰음 'ㅅ'이, ④는 마찰음 'ㅆ'이 사용되었다.

적중용 亦功 중간 빈출

06 음운에 대한 설명으로 옳지 않은 것은? 2015. 경찰 2차 변형

① 분절되지 않는 소리의 길이나 억양 등은 음운이다.
② '닫히다'의 음운의 개수는 7개이다.
③ '원앙'의 음운의 개수는 4개이다.
④ '깨고 날아갔다'의 음운의 개수는 13개이다.

정답풀이 음운은 소리의 단위이므로 '닫히다'의 발음이 어떤지를 봐야 한다. [다치다]이므로 'ㄷ, ㅏ, ㅊ, ㅣ, ㄷ, ㅏ'로 6개이다.

오답풀이 ① 분절되지 않는 소리의 길이나 억양 등은 음운이다. 비분절 음운, 운소라고 불리며 음운에 속한다.
③ '원앙'의 음운은 'ㅝ, ㄴ, ㅏ, ㅇ'으로 4개이다. 초성의 ㅇ은 음가가 없으므로 음운의 개수에 들어가지 않는다. 'ㅝ'는 이중 모음인데, 이중 모음은 1개로 친다.
④ '깨고 날아갔다'의 발음은 '깨고 나라갇따'이다. 따라서 음운은 'ㄲ, ㅐ, ㄱ, ㅗ, ㄴ, ㅏ, ㄹ, ㅏ, ㄱ, ㅏ, ㄷ, ㄸ, ㅏ'로 13개이다. 'ㄲ, ㄸ'도 하나의 음운으로 친다.

07 다음 설명 중 가장 옳지 않은 것은? 2016. 서울시 7급

① 평음, 경음, 유기음과 같은 삼중 체계를 보이는 것은 파열음과 마찰음이다.
② 한국어의 단모음에는 'ㅔ, ㅐ, ㅟ, ㅚ'도 포함된다.
③ 'ㅈ, ㅊ, ㅉ'을 발음할 때에는 파열음의 특성도 확인된다.
④ 'ㅑ'와 'ㅝ'에서 확인되는 반모음은 각각 [j](혹은 [y]), [w]이다.

정답풀이 평음은 예사소리, 경음은 된소리, 유기음은 거센소리를 의미한다. 자음에서 평음(예사소리), 경음(된소리), 유기음(거센소리)의 삼중 체계를 보이는 것은 파열음(ㄱ, ㄲ, ㅋ/ㄷ, ㄸ, ㅌ/ㅂ, ㅃ, ㅍ)과 파찰음(ㅈ, ㅉ, ㅊ) 뿐이다. 'ㅅ, ㅆ / ㅎ'이 마찰음이다. 하지만, 'ㅅ, ㅆ'에는 평음(예사소리), 경음(된소리)만 있고 거센소리는 존재하지 않으므로 삼중 체계와는 거리가 멀다.

오답풀이 ② 'ㅏ, ㅐ, ㅓ, ㅔ, ㅗ, ㅚ, ㅜ, ㅟ, ㅡ, ㅣ'의 10개의 단모음이 전부이므로 'ㅔ, ㅐ, ㅟ, ㅚ'이 포함된다고 볼 수 있다.
③ 파찰음(ㅈ, ㅉ, ㅊ)은 공기를 막는다는 점에서 파열음의 성질을 갖고, 그 이후에 좁은 공간에서 마찰을 일으킨다는 점에서 마찰음의 성질을 갖는다. 따라서 파열음의 특성도 확인되고 마찰음의 특성도 확인된다.
④ 'ㅑ'는 반모음 'ㅣ[j] + ㅏ'이므로 반모음 'ㅣ[j]로 시작하는 이중 모음이 맞다. 'ㅝ'는 반모음 'ㅜ[w] + ㅓ'이므로 'ㅜ[w]'로 시작하는 이중 모음이다.

Answer

01 ④ 02 ② 03 ① 04 ③ 05 ① 06 ② 07 ①

Chapter 02

음운의 변동

Part 04 음운론

한눈에 보기 음운의 변동

1. 음운 변동의 결과가 맞는지 파악하기
2. 음운 변동의 유형 파악하기
3. 음운 변동 후의 음운 개수의 변화 파악하기

훈련용 콤단문으로 보는 기출문제

다음 글에서 추론한 내용으로 가장 적절한 것은?

음운 변동이란 어떤 음운이 위치나 환경에 따라서 소리가 변하는 현상을 말한다. 음운 변동에는 네 가지 현상이 있는데, 교체, 탈락, 첨가, 축약이다. 음운 교체의 경우 한 음운이 다른 음운으로 바뀌는 현상이므로 음운의 개수가 바뀌지 않는다. 예를 들어, '국물'의 경우, 교체 현상이 발생하여 [궁물]로 발음할 때 음운 변동 전과 후의 음운 개수는 동일하게 6개이다. 첨가의 경우 음운의 개수가 한 개 늘어난다. '솜이불'의 경우, 첨가 현상이 발생하여 [솜니불]로 발음한다. 이 경우, 음운 변동 전에는 음운의 개수가 총 7개였지만, 음운 변동 후에는 8개가 된다. 축약과 탈락은 음운의 개수가 동일하게 1개씩 줄어든다. 하지만 축약은 탈락과 다르게 음운 변동 후에 새로운 음운이 나타난다. 예를 들어, '닭'은 음운 탈락 현상이 발생하여 [닥]이라 발음한다. 따라서 음운 변동 전 음운의 개수는 4개이고, 음운 변동 후에는 3개가 된다. '좋다'의 경우, 축약 현상이 발생하여 [조타]가 되는데, 이 경우에도 음운의 개수는 1개 줄어든다. 하지만 음운 변동 이전에는 없었던 음운 'ㅌ'이 생겨났으므로 이는 축약 현상이다.

① '삶[삼]'은 교체로 음운의 개수가 바뀌지 않는다.
② '닫는[단는]'은 첨가로 음운이 1개 늘어난다.
③ '한여름[한녀름]'은 교체로 음운의 개수가 바뀌지 않는다.
④ '축하[추카]'는 축약으로 음운이 1개 줄어든다.

해설

"'좋다'의 경우, 축약 현상이 발생하여 [조타]가 되는데, 이 경우에도 음운의 개수는 1개 줄어든다."를 통해 '축하[추카]'는 축약(ㄱ+ㅎ=ㅋ)으로 음운이 1개 줄어듦을 알 수 있다.

[오답풀이] ① "예를 들어, '닭'은 음운 탈락 현상이 발생하여 [닥]이라 발음한다. 따라서 음운 변동 전 음운의 개수는 4개이고, 음운 변동 후에는 3개가 된다."를 통해 '삶[삼]'은 '탈락'이지 '교체'가 아님을 알 수 있다. '탈락'은 음운이 1개 줄어들므로 음운의 개수가 바뀌지 않는다는 것은 적절하지 않다.

② "예를 들어, '국물'의 경우, 교체 현상이 발생하여 [궁물]로 발음할 때 음운 변동 전과 후의 음운 개수는 동일하게 6개이다."를 통해 '닫는[단는]'은 '교체'이지 '첨가'가 아님을 알 수 있다. '교체'는 음운의 개수가 바뀌지 않는 것이므로 음운이 1개 늘어난다는 것은 적절하지 않다.

③ "'솜이불'의 경우, 첨가 현상이 발생하여 [솜니불]로 발음한다. 이 경우, 음운 변동 전에는 음운의 개수가 총 7개였지만, 음운 변동 후에는 8개가 된다."를 통해 '한여름[한녀름]'은 '첨가'이지 '교체'가 아님을 알 수 있다. '첨가'는 음운이 1개 늘어나므로 음운의 개수가 바뀌지 않는다는 것은 적절하지 않다.

▶ ④

1 음운 변동의 개념

어떤 음운이 주변 환경에 따라 다른 음운으로 교체, 축약, 탈락, 첨가되는 현상

유형	현상	개념 및 예시
교체	음절의 끝소리 규칙	받침이 음절 끝에 올 때에는 표기된 대로 발음되는 것이 아니라 대표음(ㄱ, ㄴ, ㄷ, ㄹ, ㅁ, ㅂ, ㅇ)으로 발음되는 현상 예 앞[압], 밖[박], 꽃[꼳], 낯[낟], 히읗[히읃]
	된소리되기	① 안울림소리 + 안울림소리 예 역도[역또], 닫기[닫끼], 극비[극삐] ② 어간 받침 'ㄴ(ㄵ), ㅁ(ㄻ), ㄼ, ㄾ' + 예사소리 　　예 넘다[넘ː따], 넓게[널께], 핥다[할따] ③ 용언의 관형형 '-ㄹ' 뒤 + 예사소리 예 만날 사람[만날싸람] ④ 한자어의 'ㄹ' 받침 + 'ㄷ, ㅅ, ㅈ' 　　예 몰상식[몰쌍식], 갈등[갈뜽], 불세출[불쎄출] 　　예외) 불법[불법 / 불뻡] 열병[열병]
	비음화	① 받침 ㅁ, ㅇ + 첫소리 ㄹ 예 담력[담녁], 종로[종노] ② 받침 ㅂ, ㄷ, ㄱ + 첫소리 ㅁ, ㄴ 　　예 입는다[임는다], 닫는[단는], 국민[궁민] ③ 받침 ㅂ, ㄷ, ㄱ + 첫소리 ㄹ 예 협력[혐녁], 몇 리[면니], 독립[동닙]
	유음화	① 받침 ㄹ + 첫소리 ㄴ 예 칼날[칼랄], 찰나[찰라] ② 받침 ㄴ + 첫소리 ㄹ 예 신라[실라], 난로[날로]
	구개음화	받침 ㄷ, ㅌ + 첫소리 ㅣ, 반모음 ㅣ 예 굳이[구지], 해돋이[해도지], 닫혀[다쳐]
축약	자음 축약	ㄱ, ㄷ, ㅂ, ㅈ + ㅎ = ㅋ, ㅌ, ㅍ, ㅊ 예 각하[가카], 좋던[조턴], 법학[버팍], 쌓지[싸치]
	모음 축약	단모음 + 단모음 = 이중 모음(반모음 + 단모음) 예 이기어 → 이겨, 보아서 → 봐서, 주어서 → 줘서, 되어 → 돼, 싸이어 → 쌔어/싸여
탈락	자음군 단순화	보통은 앞 자음이 선택되나, 'ㄻ, ㄺ, ㄿ'은 뒤 자음이 선택된다. 예 넋[넉], 앉다[안따], 곬[골], 핥다[할따], 앎[암ː], 닭[닥], 읊다[읍따] 예외) 예 맑고[말꼬], 굵게[굴께], 밟다[밥ː따], 넓둥글다[넙뚱글다], 　　　넓죽하다[넙쭈카다]
	자음 탈락	① 'ㄹ' 탈락 　　예 울+-(으)ㅂ니다 → 웁니다, 울+-(으)시는 → 우시는, 울+-는 → 우는, 　　　울+ㄹ → 울, 울+오 → 우오 ② 'ㅅ' 탈락 예 잇+어서 → 이어서, 붓+어서 → 부어서 ③ 'ㅎ' 탈락 예 쌓이다[싸이다], 많아[마ː나]
	모음 탈락	① 'ㅡ' 탈락 예 들르-+-어 → 들러, 우러르-+-어 → 우러러 ② '동음' 탈락 예 가-+-아서 → 가서, 가-+-았다 → 갔다
첨가	'ㄴ' 첨가 (합성어, 파생어)	앞말이 자음으로 끝나고 뒷말이 '이, 야, 여, 요, 유'로 시작하는 경우에는 뒷말의 초성 자리에 'ㄴ' 소리가 첨가되는 현상 예 막-일[망닐], 알-약[알략], 늑막-염[능망념], 서울-역[서울력] 　　눈-요기[눈뇨기], 식용-유[시굥뉴], 직행-열차[지캥녈차]
	반모음 첨가 ='ㅣ'모음 순행 동화	앞의 'ㅣ'모음에 의해 반모음 'ㅣ'가 첨가되는 현상 예 되어 → [되어/되여], 피어 → [피어/피여], 이오 → [이오/이요], 　　아니오 → [아니오/아니요]

PART 04

💬 **동화 원인의 위치에 따른 구분**
- 순행 동화 : 앞의 동화 원인이 뒤를 동화 시킴
- 역행 동화 : 뒤의 동화 원인이 앞을 동화 시킴
- 상호 동화 : 서로 동화 원인이 되어 둘다 동화됨.

💬 단, ㅣ나 'ㅣ'로 시작되는 형식 형태소여야 구개음화가 일어난다.

💬 양순음화, 연구개음화는 표준 발음이 아니다.
- 양순음화
  예 신문[심문], 문법[뭄뻡], 젖먹이[전머기]
- 연구개음화
  예 감기[강기], 건강[겅강]

2 ▶ 사잇소리 현상

01 된소리되기

: 앞 어근의 끝 음이 울림소리(모음, ㄴ, ㄹ, ㅁ, ㅇ)이고,
뒤 어근의 첫 음이 안울림 예사소리인 경우, **뒤의 예사소리가 된소리로 발음되는 현상**

　예 귀+병 → 귓병[귀뼝/귇뼝], 도매+금 → 도매금[도매끔], 문+고리 → 문고리[문꼬리],
　자리+세 → 자릿세[자리쎄/자릳쎄], 전세+집 → 전셋집[전세찝/전섿찝],
　눈+동자 → 눈동자[눈똥자], 길+가 → 길가[길까], 술+잔 → 술잔[술짠],
　속임+수 → 속임수[소김쑤]

02 ㄴ 덧남

: 뒤에 'ㄴ, ㅁ'이 결합되는 경우에는 [ㄴ]이 덧나는 현상

　예 코+날 → 콧날[콘날], 퇴+마루 → 툇마루[퇸ː마루], 아래+니 → 아랫니[아랜니],
　배+머리 → 뱃머리[밴머리]

03 ㄴㄴ 덧남

: 뒤에 'ㅣ'나 반모음 'ㅣ'가 결합되는 경우에는 [ㄴㄴ]이 덧나는 현상

　예 예사+일 → 예삿일[예산닐], 나무+잎 → 나뭇잎[나문닙], 뒤+윷 → 뒷윷[뒨ː늇],
　깨+잎 → 깻잎[깬닙], 도리깨+열 → 도리깻열[도리깬녈]

⊕ 알아두기 　음운 변동의 원인

표현 효과의 원리	소리를 강하게 표현하고 분명하게 구별하기 위해서 ('명확성'에 초점) → 된소리되기, 사잇소리 현상 예 국밥[국빱], 산비둘기[산삐둘기]
조음 편리화의 원리 (경제성의 원리)	발음을 편하고 쉽게 하기 위해서 → 음절의 끝소리 규칙, 동화, 축약, 탈락 등 예 꽃[꼳], 신라[실라], 국화[구콰], 삶[삼ː]

적중용 콤단문으로 보는 기출문제

다음 단어를 [　]와 같이 발음했다면 발음의 원인이 다른 하나는 무엇인가? 2014. 서울시 7급

① 굳이[구지]
② 담력[담녁]
③ 신라[실라]
④ 콧물[콘물]
⑤ 치과[치꽈]

亦功 문제 훈련: Ch.2 음운의 변동

적중용 亦功 최빈출

01 ㉠~㉣을 활용하여 음운 변동을 설명한 것으로 적절한 것은?

2024. 지방직 9급

> ㉠ 교체 : 한 음운이 다른 음운으로 바뀌는 현상
> ㉡ 탈락 : 한 음운이 없어지는 현상
> ㉢ 첨가 : 없던 음운이 새로 생기는 현상
> ㉣ 축약 : 두 음운이 합쳐져 제삼의 음운으로 바뀌는 현상

① '색연필'의 발음에서는 ㉠과 ㉢이 나타난다.
② '외곬'의 발음에서는 ㉠과 ㉣이 나타난다.
③ '값지다'의 발음에서는 ㉡과 ㉢이 나타난다.
④ '깨끗하다'의 발음에서는 ㉢과 ㉣이 나타난다.

정답풀이 [색연필 → (ㄴ 첨가) → 색년필 → (비음화) → 생년필]의 과정을 거친다. 이때 'ㄴ 첨가'는 '㉢ 첨가', '비음화'는 '㉠ 교체'이므로 '색연필'의 발음에서 ㉠, ㉢이 나타난다는 선지는 적절하다.

오답풀이 ② [외곬 → (자음군 단순화) → 외골]의 과정을 거친다. 이때 '자음군 단순화'는 '㉡ 탈락'이므로 '외곬'의 발음에서 ㉠, ㉣이 나타난다는 선지는 적절하지 않다.

③ [값지다 → (된소리되기) → 값찌다 → (자음군 단순화) → 갑찌다]의 과정을 거친다. 이때 '된소리되기'는 '㉠ 교체', '자음군 단순화'는 '㉡ 탈락'이므로 '값지다'의 발음에서 ㉡, ㉢이 나타난다는 선지는 적절하지 않다.

④ [깨끗하다 → (음절의 끝소리 규칙) → 깨끋하다 → (자음 축약) → 깨끄타다]의 과정을 거친다. 이때 '음절의 끝소리 규칙'은 '㉠ 교체', '자음 축약'은 '㉣ 축약'이므로 '깨끗하다'의 발음에서 ㉢, ㉣이 나타난다는 선지는 적절하지 않다.

02 다음 단어를 표준 발음법에 맞게 발음할 때 일어나는 음운 변동에 대한 설명으로 옳은 것은?

2017. 기상직 7급

① '서울역'은 교체가 한 번 일어나며 음운의 개수가 변하지 않는다.
② '값지다'는 탈락 및 교체가 일어나며 음운의 개수가 한 개 줄어든다.
③ '내복약'은 첨가 및 교체가 일어나며 음운의 개수가 두 개 늘어난다.
④ '숱하다'는 교체 및 축약이 일어나며 음운의 개수가 변하지 않는다.

정답풀이 [값지다 → (자음군 단순화, 된소리되기) → 갑찌다]
: 자음군 단순화는 '음운의 탈락'이다. '된소리되기'는 '음운의 교체'이다. 탈락이 일어났기 때문에 음운의 개수가 하나 줄어든 것이 옳다.

오답풀이 ① [서울역 → (ㄴ 첨가) → 서울녁 → (유음화) → 서울력]: '서울'과 '역'은 합성어인데 앞의 어근이 자음이고 뒤의 말이 '이,야,여,요,유'로 시작하는 경우에는 ㄴ이 첨가된다. 그 후 'ㄹ'이 'ㄴ'을 유음화 시킨다. 따라서 '첨가'와 '음운의 교체'가 일어남을 알 수 있다. 첨가가 일어나므로 음운의 개수가 늘어난다.

③ [내복약 → (ㄴ 첨가) → 내복냑 → (비음화) → 내봉냑]: '내복약'은 '내복+약'의 합성어인데 앞의 어근이 자음이고 뒤의 말이 '이, 야, 여, 요, 유'로 시작하는 경우에는 ㄴ이 첨가된다. 그 후에 'ㄴ'이 'ㄱ'을 비음 'ㅇ'으로 비음화 시킨다. 첨가가 한 번만 일어나므로 음운의 개수가 두 개가 아니라 한 개가 늘어난다.

④ [숱하다 → (음절의 끝소리 규칙) → 숟하다 → (자음 축약) → 수타다]: '음절의 끝소리 규칙'이라는 '교체'와 '자음 축약'이 나타난다. '축약'은 하나의 음운이 하나 줄기 때문에 음운의 개수가 변하지 않는 것은 옳지 않다.

Answer

01 ① **02** ②

03 국어의 음운 현상에는 아래의 네 가지 유형이 있다. 〈보기〉의 (가)와 (나)에 해당하는 음운 현상의 유형을 순서대로 고르면?

2015. 서울시 9급

> ㉠ XAY → XBY(대치)
> ㉡ XAY → XØY(탈락)
> ㉢ XØY → XAY(첨가)
> ㉣ XABY → XCY(축약)

─〔보기〕─
솥+하고 → [솓하고] → [소타고]
　　　　　　(가)　　　　　(나)

① ㉠, ㉡ 　　　　　　② ㉠, ㉣
③ ㉡, ㉢ 　　　　　　④ ㉣, ㉡

정답풀이〉 [솥하고 → (음절 끝소리 규칙) → 솓하고 → (자음 축약) → 소타고]

(가) : 음절의 끝소리 규칙에 의해 음절 말 'ㅌ'이 'ㄷ'으로 바뀌는 것은 음운 변동의 유형 중에서 대치(교체)이다.

(나) : 예사소리 'ㄷ'이 'ㅎ'과 결합하여 거센소리 'ㅌ'으로 소리나는 것은 음운 변동의 유형 중에서 자음 축약(거센소리되기)이다.

---

04 다음에서 설명하고 있는 음운 변동의 예로 적절하지 않은 것은?

2014. 사회복지직 9급

> 　음운 변동은 그 결과에 따라 한 음운이 다른 음운으로 바뀌는 교체(交替), 원래 있던 음운이 없어지는 탈락(脫落), 없던 음운이 추가되는 첨가(添加), 두 개의 음운이 합쳐져서 하나로 되는 축약(縮約) 등으로 분류할 수 있다.

① 교체 − 부엌[부억]
② 탈락 − 굳이[구지]
③ 첨가 − 솜이불[솜니불]
④ 축약 − 법학[버팍]

정답풀이〉 '굳이'는 'ㅣ' 모음 앞에서 'ㄷ'이 'ㅈ'으로 되는 구개음화 현상이므로 '탈락'은 옳지 않다.

오답풀이〉 ① 부엌[부억]: 음절의 끝소리 규칙이므로 음운 변동의 유형은 대치(교체)이다.
③ 솜이불[솜니불] : 'ㄴ' 첨가이므로 음운 변동의 유형은 첨가이다.
④ 법학[버팍] : 'ㅂ'과 'ㅎ'이 만나 'ㅍ'으로 축약된 것이므로 자음 축약(거센소리되기)이다. 따라서 음운 변동의 유형은 축약이다.

---

05 '깎다'의 활용형에 적용된 음운 변동에 대한 설명으로 옳은 것은?

2018. 국가직 9급

> • 교체 : 한 음운이 다른 음운으로 바뀌는 현상
> • 탈락 : 한 음운이 없어지는 현상
> • 첨가 : 없던 음운이 생기는 현상
> • 축약 : 두 음운이 합쳐져서 또 다른 음운 하나로 바뀌는 현상
> • 도치 : 두 음운의 위치가 서로 바뀌는 현상

① '깎는'은 교체 현상에 의해 '깡는'으로 발음된다.
② '깎아'는 탈락 현상에 의해 '까까'로 발음된다.
③ '깎고'는 도치 현상에 의해 '깍꼬'로 발음된다.
④ '깎지'는 축약 현상과 첨가 현상에 의해 '깍찌'로 발음된다.

정답풀이〉 '깎는'은 [깎는 → (음절의 끝소리 규칙) → 깍는 → (비음화) → 깡는]의 과정을 거쳐 발음된다.
'음절의 끝소리 규칙'과 '비음화'는 '교체'에 해당하므로 ①의 설명은 옳다.

오답풀이〉 ② '깎아'는 '−아' 어미가 형식 형태소에 해당하므로 그대로 이어서 발음하여 [까까]로 발음된다. '연음'은 음운이 그대로 유지되는 것이므로 탈락 현상이 아니다.
③ '깎고'는 [깎고 → (음절의 끝소리 규칙) → 깍고 → (된소리되기) → 깍꼬]의 과정을 거쳐 발음된다. '음절의 끝소리 규칙'과 '된소리되기'는 '교체'에 해당한다. 따라서 두 음운의 위치가 서로 바뀌는 '도치' 현상은 적절하지 않다.
④ '깎지'는 [깎지 → (음절의 끝소리 규칙) → 깍지 → (된소리되기) → 깍찌]의 과정을 거쳐 발음된다. '음절의 끝소리 규칙'과 '된소리되기'는 '교체'에 해당한다. 따라서 두 음운이 합쳐져서 다른 음운으로 바뀌는 '축약'과 새로운 음운이 생기는 '첨가'로 설명한 것은 옳지 않다.

06 다음에 대한 설명으로 적절한 것은? 2019. 지방직 9급

> ㉠ 가을일[가을릴] ㉡ 텃마당[턴마당]
> ㉢ 입학생[이팍쌩] ㉣ 흙먼지[흥먼지]

① ㉠: 한 가지 유형의 음운 변동이 나타난다.
② ㉡: 인접한 음의 영향을 받아 조음 위치가 같아지
는 동화 현상이 나타난다.
③ ㉢: 음운 변동 전의 음운 개수와 음운 변동 후의
음운 개수가 서로 다르다.
④ ㉣: 음절 끝에 'ㄱ, ㄴ, ㄷ, ㄹ, ㅁ, ㅂ, ㅇ' 이외
의 자음이 오면 이 7개의 자음 중 하나로 바뀌는
규칙이 적용된다.

07 음운 변동에 대한 설명으로 옳은 것은? 2018. 지방직 7급

① 값진[갑찐] : 탈락, 첨가 현상이 있다.
② 밝과[박꽈] : 대치, 축약 현상이 있다.
③ 끓는[끌른] : 탈락, 대치 현상이 있다.
④ 밭도[받또] : 대치, 첨가 현상이 있다.

정답풀이) [끓는 → (자음군 단순화) → 끌는 → (유음화) → 끌른]
의 과정을 거친다. '자음군 단순화'는 탈락이며, '유음화'는 대치
(＝교체)이므로 ③은 옳다.

오답풀이) ① [값진 → (자음군 단순화) → 갑진 → (된소리되기)
→ 갑찐]의 과정을 거친다. '자음군 단순화'는 탈락이며, '된
소리되기'는 대치(＝교체)이므로 '값진'이 탈락, 첨가 현상이
라고 한 ①은 틀리다.
② [밝과 → (음절의 끝소리 규칙) → 박과 → (된소리되기) →
박꽈]의 과정을 거친다. '음절의 끝소리 규칙'은 대치(＝교체)
이며, '된소리되기'는 대치(＝교체)이므로 '밝과'가 대치, 축
약 현상이라고 한 ②는 틀리다.
④ [밭도 → (음절의 끝소리 규칙) → 받도 → (된소리되기) →
받또]의 과정을 거친다. '음절의 끝소리 규칙'과 '된소리되기'
는 모두 대치(＝교체)이므로 '밭도'가 대치, 첨가 현상이라고
한 ④는 틀리다.

08 다음 중 음운변동의 성격이 나머지 셋과 가장 다른
것은? 2016. 서울시 9급

① '옳다'는 [올타]로, '옳지'는 [올치]로 발음된다.
② '주다'와 어미 '-어라'가 만나 '줘라'가 되었다.
③ '막혀'는 [마켜]로, '맞힌'은 [마친]으로 발음된다.
④ '가다' 와 어미 '-아서'가 만나 '가서'가 되었다.

정답풀이) 음운 변동 전의 음운 개수: 'ㅣ, ㅂ, ㅎ, ㅏ, ㄱ, ㅅ, ㅐ,
ㅇ'로 8개
음운 변동(자음 축약＝거센소리되기) 후에는 [이팍쌩]이므로 음
운 개수: 'ㅣ, ㅍ, ㅏ, ㄱ, ㅆ, ㅐ, ㅇ'로 7개 따라서, 음운 변동
전의 음운 개수와 음운 변동 후의 음운 개수가 서로 다르다.

오답풀이) ① [가을일 → (ㄴ 첨가) → 가을닐 → (유음화) → 가
을릴] 이므로 'ㄴ 첨가'와 '유음화'가 일어났음을 알 수 있다.
'ㄴ 첨가'와 '유음화'는 각각 첨가와 교체에 해당하므로 2가지
유형의 음운 변동이 나타난다.
② [텃마당 → (음절의 끝소리 규칙) → 턷마당 → (비음화) →
턴마당] 이다. 인접한 음의 영향을 받아 '조음 방법'이 같아지
는 '비음화'가 일어났다. '조음 위치' 동화로는 양순음화, 연구
개음화가 있으며, 이들은 비표준 발음이다.
④ [흙먼지 → (자음군 단순화) → 흑먼지 → (비음화) → 흥먼
지]이므로 음절 끝소리 규칙이 아닌 자음군 단순화가 일어났
음을 알 수 있다.

정답풀이) '가다' 와 어미 '-아서'가 만나 '가서'가 된 것은 동음 탈
락에 해당한다.

오답풀이) 나머지는 모두 음운의 축약에 해당한다. 참고로 자음
축약이 음절의 끝소리 규칙보다 먼저 적용이 된다.
③ '맞힌'은 음절의 끝소리 규칙보다 자음 축약이 먼저 적용되어
[마친]이 되는 것이다.

Answer

03 ② **04** ② **05** ① **06** ③ **07** ③ **08** ④

09 다음의 음운 현상이 일어난 사례는? 2018. 교육행정직 9급

> 어간 '가-'에 어미 아서'가 결합하면 '가서'가 된다. 이러한 사례처럼 어간과 어미가 결합할 때, 동일한 모음이 연속되면 그중 하나가 탈락한다.

① 봄이 <u>가고</u> 여름이 온다.
② 집에 <u>가니</u> 벌써 밤이었다.
③ 우리만 먼저 <u>가도</u> 괜찮을까?
④ 학교에 <u>가면</u> 친구들을 만난다.

정답풀이〉 나머지는 모두 음운 현상이 일어나지 않았다. 하지만 ③은 '가-+-아도'에서 동음 'ㅏ'가 탈락한 것이므로 음운 현상이 일어난 것이다.

10 밑줄 친 부분이 〈보기〉에 해당하지 않는 것은? 2017. 서울시 7급

> ─〔보기〕─
> 국어에는 동일한 모음이 연속될 때 하나가 탈락하는 현상이 나타난다.

① 늦었으니 <u>어서</u> 자.
② 여기 잠깐만 <u>서서</u> 기다려.
③ 조금만 천천히 <u>가자</u>.
④ 일단 <u>가</u> 보면 알 수 있겠지.

정답풀이〉 〈보기〉는 음운의 변동에서 모음 탈락 중 동음 탈락에 한 설명이다.
'가자'는 동사 어간 '가-'에 청유형 종결 어미 '-자'가 결합된 것이므로 모음의 동음 탈락이 일어나지 않는다.

오답풀이〉 ① 동사 어간 '자-'에 '해체'의 명령형 종결 어미 '-아'가 결합되어 동일한 모음 'ㅏ'가 탈락하였다.
② 동사 어간 '서-'에 연결 어미 '-어서'가 결합된 것이므로 'ㅓ'가 동일하여 하나가 탈락하였다.
④ 동사 어간 '가-'에 본용언과 보조 용언을 연결하는 데 쓰는 보조 연결 어미 '-아'가 결합된 것이므로 어간 '가-'의 모음 'ㅏ'와 연결 어미 '-아'의 모음 'ㅏ'가 동일하여 하나가 탈락하였다.

11 [A]와 [B]에서 일어난 음운 변동의 공통점으로 가장 적절한 것은? 2022. 법원직 9급

> [A] 복면[봉면], 받는[반는], 잡목[잠목]
> [B] 난로[날로], 권리[궐리], 신라[실라]

① 앞에 오는 자음의 조음 위치에 동화되는 음운 변동이다.
② 앞에 오는 자음의 조음 방법에 동화되는 음운 변동이다.
③ 뒤에 오는 자음의 조음 위치에 동화되는 음운 변동이다.
④ 뒤에 오는 자음의 조음 방법에 동화되는 음운 변동이다.

정답풀이〉 [A]와 [B]는 각각 역행 비음화, 역행 유음화이므로 뒤에 오는 자음의 조음 방법에 동화되는 음운 변동이다.

12 음운 변동의 원인을 ㉠과 ㉡으로 구분할 때, 변동의 원인이 이질적인 하나는?

2014. 기상직 9급

> 음운 변동이 일어나는 원인으로는 발음을 좀 더 쉽게 하려는 ㉠ 경제성의 원리에 의한 것과 표현 강화를 위한 ㉡ 표현 효과의 원리에 의한 것이 있다. 전자에는 음절의 끝소리 규칙, 음운의 동화, 음운의 축약과 탈락이 있고, 후자에는 된소리되기와 사잇소리 현상이 있다.

① 맏누이 ② 굳히다
③ 잡히다 ④ 집비둘기

[정답풀이] '집비둘기'의 표준 발음은 [집삐둘기]이다. 예사 소리인 'ㅂ'이 'ㅃ'으로 바뀌는 '된소리되기(경음화)'가 일어났기 때문에 '표현 효과의 원리'에 해당한다.
나머지는 모두 ㉠이 변동의 원인이다.

[오답풀이] '경제성의 원리'보다 '표현 효과의 원리'에 해당하는 것이 더 적으므로 표현 효과의 원리에 해당하는 아이들만 기억하자. 나머지 음운 변동은 모두 경제성의 원리이다.

경제성의 원리	표현 효과의 원리
된소리되기, 사잇소리 현상의 된소리되기를 제외한 나머지	된소리되기, 사잇소리 현상의 된소리되기

'경제성의 원리'는 발음할 때 편리하게 하는 것에 초점이 있다. 일반적으로 발음할 때 '축약'되거나 '교체', '탈락'되는 것들이 이에 해당된다.
'잡히다'는 [잡히다]보다 [자피다]로 발음하는 것이 편하다. '겉모습'의 경우에 일어나는 음절의 끝소리 규칙과 비음화 등도 경제성의 원리에 근거한다. '가+아서'에서 동음이 탈락되는 것도 탈락되는 것이 발음이 편하다. 거의 대부분의 음운 변동 현상(음절의 끝소리 규칙, 자음 동화, 모음 동화, 자음 축약, 모음 축약, 탈락 등)이 경제성의 원리와 관련 있다.
그에 비해 '표현 효과의 원리'는 발음의 편리성보다는 강하게 표현하는 것에 초점이 있다. '된소리되기'와 '사잇소리현상'이 이에 해당된다. 예를 들면, '집비둘기'를 [집비둘기]라고 부드럽게 발음하면 에너지 소모가 적은데, [집삐둘기]처럼 '된소리되기'로 강하게 발음하면 에너지 소모는 많지만(경제성은 떨어지지만), 강하게 표현하는 효과는 있다. 사잇소리 현상에서 '밤길'을 [밤길]이 아니라 [밤낄]로 부르는 것도 표현 효과의 원리이다.
① [만누이]로 비음화, ② [구치다]로 자음 축약, 구개음화, ③은 [자피다]로 자음 축약이다. ①~③ 어디에도 된소리되기, 사잇소리 현상이 없으므로 답은 ④이다.

13 동화의 방향이 다른 것은?

2018. 서울시 7급 1차

① 손난로 ② 불놀이
③ 찰나 ④ 강릉

[정답풀이] 손난로[손날로] : 뒤에 있는 '로'의 유음 'ㄹ'이 원인이 되어 앞에 있는 '난'의 받침 'ㄴ'이 'ㄹ'로 변했으므로 역행 동화이다.

[오답풀이] ② 불놀이[불로리] : 앞에 있는 '불'의 'ㄹ'이 원인이 되어 뒤에 있는 '놀'의 'ㄴ'이 [ㄹ]로 변한 순행 동화이다.
③ 찰나[찰라] : 앞에 있는 '찰'의 'ㄹ'이 원인이 되어 뒤에 있는 '나'의 'ㄴ'이 'ㄹ' 변한 순행 동화이다.
④ 강릉[강능] : 앞에 있는 '강'의 'ㅇ'이 원인이 되어 뒤에 있는 '릉'의 'ㄹ'이 'ㄴ'으로 변한 순행 동화이다.

Answer
09 ③ **10** ③ **11** ④ **12** ④ **13** ①

박혜선 국어
출종포 문법·어휘 All In One

05

어문 규정

표준 발음법

제4항 | 'ㅏ ㅐ ㅓ ㅔ ㅗ ㅚ ㅜ ㅟ ㅡ ㅣ'는 단모음(單母音)으로 발음한다.

[붙임] 'ㅚ, ㅟ'는 원칙적으로 단모음이지만, 이중 모음으로 발음함도 허용한다.

출좋포 ❶ 제4항 'ㅚ'의 발음

ㅚ = [❶______(원칙) / ❷______(허용)]

제5항 | 'ㅑ ㅒ ㅕ ㅖ ㅘ ㅙ ㅛ ㅝ ㅞ ㅠ ㅢ'는 이중 모음으로 발음한다.

다만 1. 용언의 활용형에 나타나는 '져, 쪄, 쳐'는 [저, 쩌, 처]로 발음한다.

가져[가저]	쪄[쩌]	다쳐[다처]
묻혀[무처]	붙여[부처]	잊혀[이처]

출좋포 ❷ 제5항 다만 1 "져, 쪄, 쳐"의 발음

❸__________음 'ㅈ, ㅉ, ㅊ' 뒤에 ❹__________에서 발음되는 반모음 'ㅣ[j]'가 연이어 발음될 수 없기 때문이다.

다만 2. '예, 례' 이외의 'ㅖ'는 [ㅔ]로도 발음한다.

출좋포 ❸ 제5항 다만 2 "ㅖ"의 발음

1. '예, 례'는 [❺______]로만 발음된다.
2. '계, 몌, 폐, 혜'는 [❻______](원칙), [❼______](허용)로도 발음한다.

다만 3. 자음을 첫소리로 가지고 있는 음절의 'ㅢ'는 [ㅣ]로 발음한다.

다만 4. 단어의 첫음절 이외의 '의'는 [ㅣ]로, 조사 '의'는 [ㅔ]로 발음함도 허용한다.

출좋포 ❹ 제5항 다만 3, 다만 4 "의"의 발음

1. 자음을 가진 'ㅢ' = [❽______]로만 발음됨.
2. 첫째 음절 '의' = [❾______]로만 발음됨.
3. 둘째 음절 이하 '의' = [❿______](원칙) [⓫______](허용)
4. 관형격 조사 '의' = [⓬______](원칙) [⓭______](허용)

제13항+14항 | 홑받침이나 쌍받침, 겹받침이 모음으로 시작된 조사나 어미, 접미사와 결합되는
경우에는 제 음가대로 뒤 음절 첫소리로 옮겨 발음한다.

출좋포 5 제13항＋14항 "모음 형식 형태소"가 오는 경우의 발음

홑받침이나 쌍받침, 겹받침 뒤에 모음 ❶__________ 형태소가 오는 경우에는
대표음화 없이 ❷________된다.

제15항 | 받침 뒤에 모음으로 시작되는 실질 형태소가 연결되는 경우에는, 대표음으로 바꾸어서
뒤 음절 첫소리로 옮겨 발음한다.

출좋포 6 제15항 "모음 실질 형태소"가 오는 경우의 발음

모음 ❸__________ 형태소가 오는 경우에는 홑받침이든 쌍받침이든 겹받침이든
❹__________ 적용 후 ❺________된다.

다만, 맛있다[마딛따(원칙) / 마싣따(허용)], 멋있다[머딛따(원칙) / 머싣따(허용)]는
예외적으로 외워야 한다.

제16항 | 한글 자모의 이름은 그 받침소리를 연음하되, 'ㄷ, ㅈ, ㅊ, ㅋ, ㅌ, ㅍ, ㅎ'의 경우에는
특별히 다음과 같이 발음한다.

출좋포 7 제16항 한글 자모의 이름 발음

한글 자모의 이름은 ❻__________________ 후에 ❼________한다.

다만, 음절의 끝소리 규칙이 적용되어 '❽______'으로 발음된 것들은 모두 '❾______'으로 바꿔서
연음한다.

디귿이[디그시]	디귿을[디그슬]	디귿에[디그세]
지읒이[지으시]	지읒을[지으슬]	지읒에[지으세]
치읓이[치으시]	치읓을[치으슬]	치읓에[치으세]
키읔이[키으기]	키읔을[키으글]	키읔에[키으게]
티읕이[티으시]	티읕을[티으슬]	티읕에[티으세]
피읖이[피으비]	피읖을[피으블]	피읖에[피으베]
히읗이[히으시]	히읗을[히으슬]	히읗에[히으세]

정답

❶ 형식 ❷ 연음
❸ 실질 ❹ 대표음화 ❺ 연음
❻ 음절의 끝소리 규칙 ❼ 연음
❽ ㄷ ❾ ㅅ

제20항 | 'ㄴ'은 'ㄹ'의 앞이나 뒤에서 [ㄹ]로 발음한다.

다만, 다음과 같은 단어들은 'ㄹ'을 [ㄴ]으로 발음한다.

의견란[의ː견난]	임진란[임ː진난]	생산량[생산냥]
결단력[결딴녁]	공권력[공꿘녁]	동원령[동ː원녕]
상견례[상견녜]	횡단로[횡단노]	이원론[이ː원논]
입원료[이붠뇨]	구근류[구근뉴]	음운론[으문논]

출좋포 8 제20항 유음화 & 예외

다만, 유음화의 예외 : ❶__________ 구성의 한자어

제30항 | **사이시옷**이 붙은 단어는 다음과 같이 발음한다.

1. 'ㄱ, ㄷ, ㅂ, ㅅ, ㅈ'으로 시작하는 단어 앞에 사이시옷이 올 때에는 이들 자음만을 된소리로 발음하는 것을 원칙으로 하되, 사이시옷을 [ㄷ]으로 발음하는 것도 허용한다.

냇가[내ː까/낻ː까]	샛길[새ː낄/샏ː낄]
빨랫돌[빨래똘/빨랟똘]	콧등[코뜽/콛뜽]
깃발[기빨/긷빨]	대팻밥[대ː패빱/대ː팯빱]
햇살[해쌀/핻쌀]	뱃속[배쏙/밷쏙]
뱃전[배쩐/밷쩐]	고갯짓[고개찓/고갣찓]

2. 사이시옷 뒤에 'ㄴ, ㅁ'이 결합되는 경우에는 [ㄴ]으로 발음한다.

콧날[콛날 → 콘날]	아랫니[아랟니 → 아랜니]
툇마루[퇻ː마루 → 퇸ː마루]	뱃머리[밷머리 → 밴머리]

3. 사이시옷 뒤에 '이' 음이 결합되는 경우에는 [ㄴㄴ]으로 발음한다.

베갯잇[베갣닏 → 베갠닏]	깻잎[깯닙 → 깬닙]
나뭇잎[나묻닙 → 나문닙]	도리깻열[도리깯녈 → 도리깬녈]
뒷윷[뒫ː뉻 → 뒨ː뉻]	

출좋포 9 제30항 **사이시옷이 적힌 단어의 발음**

1. 사잇소리 현상(원칙) / 음끝규 'ㄷ' + 된소리되기(허용)

2. 'ㄴ' 덧남 : ❷__________________ → ❸__________

3. 'ㄴㄴ' 덧남 : ❹__________________ → ❺__________ → ❻__________

亦功 문제 훈련: Ch.1 표준 발음법

출좋포 亦功 문제 훈련은 '만점 출좋포 문제 훈련' 강의에서 꼭 해설 강의를 참고해 주세요.

적중용 亦功 최 빈출

01 다음 〈보기〉의 표준 발음법 규정에 비추어 이중 모음의 발음이 바르지 않은 것은?

2012. 경찰 1차

---[보기]---
제5항 'ㅑ, ㅒ, ㅕ, ㅖ, ㅘ, ㅙ, ㅛ, ㅝ, ㅞ, ㅠ, ㅢ'는 이중 모음으로 발음한다.
다만 1. 용언의 활용형에 나타나는 '져, 쪄, 쳐'는 [저, 쩌, 처]로 발음한다.
다만 2. '예, 례' 이외의 'ㅖ'는 [ㅔ]로도 발음한다.
다만 3. 자음을 첫소리로 가지고 있는 음절의 'ㅢ'는 [ㅣ]로 발음한다.
다만 4. 단어의 첫음절 이외의 '의'는 [ㅣ]로, 조사 '의'는 [ㅔ]로 발음함도 허용한다.

① 우리의[우리에] ② 계시다[게:시다]
③ 귀띔[귀뜸] ④ 차례[차례]

02 〈보기〉에서 밑줄 친 부분의 발음으로 가장 옳지 않은 것은?

2018. 서울시 9급

철수 : 영희야 ㉠ 밭을 다 구워주면 되는 거야?
영희 : 응. 이 ㉡ 밭만 좀 태워줘
철수 : 이 ㉢ 밭 다?
영희 : 왜? ㉣ 밭이 너무 타려나?

① ㉠ : [바슬] ② ㉡ : [반만]
③ ㉢ : [받] ④ ㉣ : [바치]

정답풀이 "다만 3. 자음을 첫소리로 가지고 있는 음절의 'ㅢ'는 [ㅣ]로 발음한다."에 의해 '띔'은 무조건 [띰]으로만 발음되므로 [귀뜸]이 아니라 [귀띰]으로 발음되는 것이 옳다.

오답풀이 ① "다만 4. 단어의 첫음절 이외의 '의'는 [ㅣ]로, 조사 '의'는 [ㅔ]로 발음함도 허용한다."에 따라 '우리의'의 관형격 조사 '의'는 [의](원칙) / [에](허용)으로 발음되므로 [우리에]는 옳다.
② "다만 2. '예, 례' 이외의 'ㅖ'는 [ㅔ]로도 발음한다."로 인해 '계,몌,폐,혜'는 [ㅖ](원칙) / [ㅔ](허용)으로 발음이 된다. 따라서 첫 음절이 장음으로 발음되는 '계시다'는 [계:시다](원칙) / [게:시다](허용)으로 발음된다.
④ "다만 2. '예, 례' 이외의 'ㅖ'는 [ㅔ]로도 발음한다."로 인해 '례'는 무조건 [례]로만 발음되므로 '차례'로 발음되는 것은 옳다.

정답풀이 ㉠ 밭을[바슬](×) → [바틀](○) : 홑받침이나 쌍받침이 모음으로 시작된 형식 형태소와 결합되는 경우에는, 그대로 연음되어 '밭을'은 [바틀]로 발음해야 하므로 ①은 옳지 않다.

오답풀이 ② ㉡ 밭만[밭만 → (음절의 끝소리 규칙) → 받만 → (비음화) → 반만]
③ ㉢ 밭[밭 → (음절의 끝소리 규칙) → 받]
④ ㉣ 밭이[밭이 → (연음=음운 변동×) → 바티 → (구개음화) → 바치]

Answer

01 ③ **02** ①

03 ㉠~㉣의 발음 중 표준 발음이 아닌 것은?

2016. 교육행정직 9급

> ㉠ 마음의 소리를 듣다.
> 바람이 ㉡ 스쳐 지나간다.
> 건강을 잃으면 모든 걸 ㉢ 잃는다.
> 첨성대의 몸체는 27단으로 ㉣ 되어 있다.

① ㉠ [마으메] ② ㉡ [스처]
③ ㉢ [일는다] ④ ㉣ [되여]

정답풀이 ㉢ '잃는다.'는 [일른다]로 유음화 현상이 이루어져야 한다.

오답풀이 ① ㉠: 조사 '의'는 [의](원칙), [에](허용)로 소리난다. 따라서 [마으믜(원칙)/마으메(허용)]이므로 적절한 표준 발음이다.
② ㉡: '저/쳐/쪄'는 단모음으로 발음되므로 [스쳐]가 아니라 [스처]로 발음되어야 한다.
④ ㉣: 'ㅚ'는 [ㅚ](단모음 발음이 원칙) [ㅞ](이중 모음 발음도 허용)으로 발음이 가능하므로 [되어(원칙) / 뒈어(허용)]로 발음된다. 또한 '되'의 'ㅣ'가 뒤의 단모음을 'ㅣ' 소리가 나도록 동화하는 'ㅣ'모음 순행동화도 표준 발음이므로 [되여(허용) / 뒈여(허용)]도 표준 발음에 해당한다.

04 밑줄 친 부분의 표준 발음이 올바른 것은?

2021. 지역인재

① 작년까지만 해도 빚이[비시] 있었는데 지금은 다 갚았다.
② 이 이야기의 끝을[끄츨] 지금은 누구도 예상할 수가 없다.
③ 당연한 일을 했을 뿐인데 뜻있는[뜨딘는] 상을 받게 되었다.
④ 큰누나가 요리를 하는지 부엌에서[부어게서] 소리가 들렸다.

정답풀이 뜻있는 → (음절의 끝소리 규칙) → 뜯읻는 → (역행적 비음화) → 뜨딘는]

오답풀이 ①, ②, ④: 받침으로 끝나는 체언 뒤에 모음 형식 형태소가 오는 경우에는 받침이 그대로 연음되므로 각각 [비지], [끄틀], [부어케서]로 고쳐야 한다.

05 다음 중 그 발음이 틀린 것은?

2013. 국회직 9급

① 되어 → 원칙[되어], 허용[되여]
② 피어 → 원칙[피어], 허용[피여]
③ 맛없다 → 원칙[마덥따], 허용[마섭따]
④ 아니오 → 원칙[아니오], 허용[아니요]
⑤ 멋있다 → 원칙[머딛따], 허용[머싣따]

정답풀이 맛없다[마덥따]만 표준 발음이다. 다만, '맛있다', '멋있다'의 경우에만 각각 [마딛따(원칙) / 마싣따(허용)], [머딛따(원칙) / 머싣따(허용)]가 표준발음이 될 수 있다.

오답풀이 나머지는 모두 옳다.

06 다음의 밑줄 친 부분에 대한 표준 발음으로 옳은 것은?

2013. 서울시 7급

① 그녀의 얼굴에는 더 이상 애써 짓는 헛웃음[허수슴]은 보이지 않았다.
② 그 소년의 미소가 밝고[발꼬] 귀여웠다.
③ 밭을[바츨] 가는 황소의 몸이 무거워 보였다.
④ 30분 동안 앉아 있었더니 무릎이[무르비] 저리다.
⑤ 연변에 살던 분들은 한글 자모 '지읒을'[지으즐] 서울사람과는 달리 발음한다.

정답풀이 밝고[발꼬]: 어간 받침 'ㄺ' 뒤에 'ㄱ'으로 시작하는 어미가 오면 [ㄱ]으로 자음군 단순화되면서 된소리되기가 일어난다. 따라서 [발꼬]는 옳다.

오답풀이 ① 헛웃음: [헛웃음 → (음절의 끝소리 규칙, 연음) → 허두슴]
③ 밭을: 모음으로 시작하는 형식 형태소가 오는 경우에는 그대로 연음되므로 [바틀]이 옳다.
④ 무릎이: 모음으로 시작하는 형식 형태소가 오는 경우에는 그대로 연음되므로 [무르피]가 옳다.
⑤ 지읒을: 한글 자음이 연음하는 경우에는 [지으즐]이 아니라 [지으슬]이 옳다.

07 표준 발음법상 'ㄹ'의 발음이 동일한 것들을 바르게 묶은 것은?

2018. 서울시 7급(2차)

① 상견례, 의견란, 백리
② 임진란, 공권력, 광한루
③ 대관령, 입원료, 협력
④ 동원령, 구근류, 난로

[정답풀이] '상견례, 의견란'은 각각 '상견/례' '의견/란'으로 나누어지는 단어로서, 유음화가 적용되지 않는 예외 사례이다. 유음화 대신에 'ㄹ'의 비음화가 적용되어 [상견녜], [의ː견난]으로 발음된다. '백리'는 상호 비음화가 이루어져, [뱅니]로 발음된다. 모든 'ㄹ'이 'ㄴ'으로 발음되므로 ①이 정답이다.

[오답풀이] ② '임진/란' '공권/력'은 'ㄹ'의 비음화가 일어나 각각 [임ː진난], [공꿘녁]으로 발음되지만 '광한루'는 유음화가 일어나 [광ː할루]가 되므로 'ㄹ' 발음이 동일하지 않다.
③ '대관령'은 유음화로 인해 [대ː괄령]으로 발음된다. '입원/료'는 'ㄹ'의 비음화가 일어나 [이붠뇨]로 발음된다. '협력'은 상호 비음화로 [혐녁]으로 발음되므로 'ㄹ' 발음이 동일하지 않다.
④ '동원/령, 구근/류'는 'ㄹ'의 비음화가 일어나 각각 [동ː원녕], [구근뉴]로 발음되지만, '난로'는 유음화로 인해 [날로]로 발음되므로 'ㄹ' 발음이 동일하지 않다.

Answer

03 ③ **04** ③ **05** ③ **06** ② **07** ①

제12항 | '웃-' 및 '윗-'은 명사 '위'에 맞추어 '윗-'으로 통일한다.

다만 1. 된소리나 거센소리 앞에서는 '위-'로 한다.

다만 2. '아래, 위'의 대립이 없는 단어는 '웃-'으로 발음되는 형태를 표준어로 삼는다.
◎ '위'와 '아래'의 대립이 없는 단어는 '웃-'의 형태를 표준어로 삼는다는 조항이다.

출종포 10 제12항 '웃, 위/윗'

1. 웃: '위, 아래'의 대립이 없음.
   ❶__________에 ❷__________가 내리면 ❸__________들이 ❹________는다.

2. 위/윗: '위, 아래'의 대립이 있음.
   위 : '❺__________소리, ❻________소리' 앞
   윗 : 나머지

+ 웃국: 간장이나 술 따위를 담가서 익힌 뒤에 맨 처음에 떠낸 진한 국
+ 웃기: 떡, 포, 과일 따위를 괸 위에 모양을 내기 위하여 얹는 재료
+ 웃돈: 본래의 값에 덧붙이는 돈
+ 웃비: 아직 우기(雨氣)는 있으나 좍좍 내리다가 그친 비
+ 웃옷: 맨 겉에 입는 옷. '윗옷(상의)'은 '아래옷(하의)'의 반대임.

제16항 | 준말과 본말이 다 같이 널리 쓰이면서 준말의 효용이 뚜렷이 인정되는 것은 **두 가지를 다 표준어로 삼는다.**

본말(표준어)	준말(표준어)	비 고
*머무르다	머물다	준말에는 자음 어미만 결합 가능함.
*서두르다	서둘다	(준말에는 보통 모음 어미 결합 불가능함.)
*서투르다	서툴다	

💬 '머무르다'와 같은 형태인 '짓무르다'는 준말이 없으므로 '짓물다'는 비표준어임에 유의하자.

💬 '외우다, 외다' 모두 표준어이다.
예 영단어를 외워 보았다.(○)
영단어를 외어 보았다.(○)

제4절 복수 표준어

> **제26항 |** 한 가지 의미를 나타내는 형태 몇 가지가 널리 쓰이며 표준어 규정에 맞으면, 그 **모두를**
> **표준어**로 삼는다.

복수 표준어(○)	비 고
*가엾다/가엽다	가엾어/가여워, 가엾은/가여운
*서럽다/섧다	'섧다'는 비표준어임. 모두 'ㅂ' 불규칙 용언이다.
*여쭈다/여쭙다	여쭈어/여쭈워
*연−달다/잇−달다/잇따르다	'잇달다'가 타동사로 쓰이는 경우에는 복수 표준어가 될 수 없다.

제1장 총 칙

제1항 | 한글 맞춤법은 표준어를 소리대로 적되, 어법에 맞도록 함을 원칙으로 한다.

출풍포 11 제1항 표음주의 vs 표의주의

1. 한글 맞춤법은 표준어를 소리대로 적되,
   (= ❶___________이 표기에 반영됨, ❷___________을 밝혀 적음.)

   예 수캉아지,

   익명,

   바느질,

   씁쓸하다

2. 어법에 맞도록 함을 원칙으로 한다. (= ❸______을 밝혀 적음.)

   예 [꽃] ― 꽃이[꼬치], 꽃을[꼬츨], 꽃에[꼬체]
   　 [꼰] ― 꽃나무[꼰나무], 꽃놀이[꼰노리], 꽃망울[꼰망울]
   　 [꼳] ― 꽃과[꼳꽈], 꽃다발[꼳따발], 꽃밭[꼳빧]

정답
❶ 음운 변동 ❷ 표준 발음
❸ 원형

PART 05

제3장	소리에 관한 것

출좋포 12 두음 법칙

1 한자어 두음에 'ㄴ, ㄹ' 뒤에 'ㅣ, 반모음 ㅣ'가 오는 경우에는 **탈락**된다.

여자(女子)　　　　연세(年歲)　　　　요소(尿素)
유대(紐帶)　　　　이토(泥土)　　　　익명(匿名)
양심(良心)　　　　역사(歷史)　　　　예의(禮儀)
용궁(龍宮)　　　　유행(流行)　　　　이발(理髮)

2 한자어 두음에 'ㄹ' 뒤에 단모음('ㅣ' 제외)이 오는 경우에는 'ㄹ'이 'ㄴ'으로 **교체**된다.

낙원(樂園)　　　　내일(來日)　　　　노인(老人)
뇌성(雷聲)　　　　누각(樓閣)　　　　능묘(陵墓)

3 접두사처럼 쓰이는 한자가 붙어서 된 단어는 뒷말을 **두음 법칙에** 따라 적는다.

신-여성(新女性)　　　공-염불(空念佛)　　　남존-여비(男尊女卑)
역-이용(逆利用)　　　연-이율(年利率)　　　열-역학(熱力學)
내-내월(來來月)　　　상-노인(上老人)　　　중-노동(重勞動)
실-낙원(失樂園)　　　비-논리적(非論理的)

4 외자인 이름, 외자가 아닌 이름 **예** 채윤/채륜, 하윤/하륜

5 '모난 유희열'과 '양(量) / 난(欄) / 능(陵)'

음운론적 환경	모음, 'ㄴ' 받침	열/율	**예** 나열. 분열, 실패율, 백분율
	'ㄴ'을 제외한 받침	렬/률	**예** 행렬, 직렬, 합격률, 체지방률
어휘론적 환경	고유어, 외래어	양/난/능	**예** 구름-양(量), 허파숨-양(量), 먹이-양(量), 벡터(vector) 양(量), 에너지(energy)-양(量), 어머니-난(欄), 가십(gossip) 난(欄), 어린이-난(欄), 아기-능(陵)
	한자어	량/란/릉	**예** 운행-량(運行量), 수출-량(輸出量), 공-란(空欄), 투고-란(投稿欄), 동구-릉(東九陵), 서오-릉(西五陵)

출종포 13 접미사가 붙어서 된 말 : 표의주의 vs 표음주의

1 어근의 뜻이 잘 유지되는 경우 → **표의주의** (그렇지 않은 경우 → **표음주의**)

> 예 표의주의 : 믿음, 먹이다, 넘어지다
>
> 표음주의 : 무덤, 노름, 드러나다

2 생산적인 접미사가 결합되는 경우 → **표의주의** (그렇지 않은 경우 → **표음주의**)

> 예 표의주의 : 높이, 길이, 곰배팔이
>
> 표음주의 : 지붕, 끄트머리, 마중, 마감

3 '−거리다, −대다'가 결합되는 어근이 결합되는 경우 → **표의주의** (그렇지 않은 경우 → **표음주의**)

> 예 표의주의 : 깔쭉이, 오뚝이, 더펄이
>
> 표음주의 : 떠버리, 얼루기

제30항 │ 사이시옷은 다음과 같은 경우에 받치어 적는다.

1. 순우리말로 된 합성어로서 앞말이 모음으로 끝난 경우

(1) 뒷말의 첫소리가 **된소리**로 나는 것

고랫재+	귓밥+	나룻배	나뭇가지
머릿기름+	댓가지	뒷갈망+	바닷가
뱃길	모깃불	못자리	선짓국
쇳조각	아랫집	찻집	잇자국
잿더미	조갯살	쳇바퀴	킷값
핏대	혓바늘		

+ **고랫재** : 방고래(방 구들장 밑으로 낸 고랑)에 모여 쌓여 있는 재

+ **귓밥(귓불)** : 귓바퀴의 아래쪽으로 늘어진 살

+ **머릿기름** : 머리털에 바르는 기름

+ **뒷갈망** : 일의 뒤끝을 맡아서 처리하는 일. 뒷감당

(2) 뒷말의 첫소리 'ㄴ, ㅁ' 앞에서 'ㄴ' 소리가 덧나는 것

멧나물	아랫니	텃마당	아랫마을
뒷머리	잇몸	깻묵	냇물

(3) 뒷말의 첫소리 모음 앞에서 'ㄴㄴ' 소리가 덧나는 것

도리깻열+	뒷윷	두렛일	뒷일
뒷입맛	베갯잇	깻잎	나뭇잎
댓잎			

+ **도리깻열** : 도리깨의 한 부분. 곧고 가느다란 나뭇가지 두세 개로 만들며, 이 부분을 아래로 돌리어 곡식을 두드려 낟알을 떤다.

2. **순우리말과 한자어로 된 합성어로서 앞말이 모음으로 끝난 경우**

(1) 뒷말의 첫소리가 **된소리**로 나는 것

귓병(-病)	푸줏간(-間)	아랫방(-房)	봇둑(洑-)✚
사잣밥(使者-)✚	머릿방(-房)✚	찻종(-鍾)✚	자릿세(-貰)
전셋집(傳貰-)	찻잔(-盞)	텃세(-貰)	촛국(醋-)✚
콧병(-病)	탯줄(胎-)	횟배(蛔-)	핏기(-氣)
햇수(-數)	횟가루(灰-)		

(2) 뒷말의 첫소리 'ㄴ, ㅁ' 앞에서 'ㄴ' 소리가 덧나는 것

곗날(契-)	제삿날(祭祀-)	훗날(後-)	툇마루(退-)

(3) 뒷말의 첫소리 모음 앞에서 'ㄴㄴ' 소리가 덧나는 것

가욋일(加外-)✚	사삿일(私私-)✚	예삿일(例事-)	훗일(後-)

3. **'한자 + 한자'임에도 사이시옷이 붙는 예외 6단어**

툇간(退間)	곳간(庫間)	셋방(貰房)	찻간(車間)
횟수(回數)	숫자(數字)		

출좋포 14 제30항 사이시옷의 조건

1. **적어도 하나의** (❶___________)

   모두 (❷__________)라면 사이시옷을 못 붙인다.

   예 유리잔(琉璃盞), 소주잔(燒酒盞), 맥주잔(麥酒盞), 장미과(薔薇科), 화병(火病), 포도과(葡萄科), 초점(焦點), 전세방(傳貰房), 개수(個數), 마구간(馬廐間), 수라간(水剌間), 도매금(都賣金)

   단, '한자어＋한자어'임에도 사이시옷이 표기되는 **예외 6가지**가 있음

   예 툇간(退間), 곳간(庫間), 셋방(貰房), 찻간(車間), 횟수(回數), 숫자(數字)

2. (❸________________)이 일어남.

   (❸________________)이 일어나지 않으면 사이시옷을 못 붙인다.

   ✦ 사잇소리 현상은?

   ① ❹_____________

   ② '❺________' 덧남

   ③ '❻__________' 덧남

   예 인사말[인사말], 머리말[머리말], 꼬리말[꼬리말], 유리잔[유리잔], 고무줄[고무줄], 초가집[초가집], 소나기밥[소나기밥]

PART 05

✚ **봇둑(洑-)** : 보(흐르는 냇물을 가두어 놓은 곳)를 둘러쌓은 둑

✚ **사잣밥(使者-)** : 초상집에서 죽은 사람의 넋을 부를 때 저승사자에게 대접하는 밥

✚ **머릿방(-房)** : 안방의 뒤에 달려 있는 방

✚ **찻종(-鍾)** : 차를 따라 마시는 종지. 찻잔

✚ **촛국(醋-)** : 초를 친 냉국

✚ **가욋일(加外-)** : 필요 밖의 일

✚ **사삿일(私私-)** : 개인의 사사로운 일

정답

❶ 고유어　❷ 한자어
❸ 사잇소리 현상　❹ 된소리되기
❺ ㄴ　❻ ㄴㄴ

출좋포 15 고유어가 하나 있으면 사이시옷 추가 가능성이 높아진다.

알아두면 좋을 고유어들

- **집**: 맥줏집[맥쭈찝/맥쭏찝], 횟집[회:찝/휃:찝], 부잣집[부:자찝/부:잗찝]
- **말**: 혼잣말[혼잔말], 시쳇말[시첸말], 노랫말[노랜말]
- **국**: 만둣국[만두꾹/만둗꾹], 고깃국[고기꾹/고긷꾹], 북엇국[부거꾹/부걷꾹]
- **빛**: 장밋빛[장미삗/장믿삗], 보랏빛[보라삗/보란삗], 햇빛[해삗/핻삗]
- **값**: 절댓값[절때깝/절땓깝], 덩칫값[덩치깝/덩칟깝], 죗값[좌:깝/줻:깝]
- **길**: 등굣길[등교낄/등굗낄], 혼삿길[혼사낄/혼삳낄], 고갯길[고개낄/고갠낄]

제34항 | 모음 'ㅏ, ㅓ'로 끝난 어간에 '-아/-어, -았-/-었-'이 어울릴 적에는 준 대로 적는다.

붙임 1 'ㅐ, ㅔ' 뒤에 '-어, -었-'이 어울려 줄 적에는 준 대로 적는다.

개어 → 개	내어 → 내	베어 → 베
세어 → 세	개었다 → 갰다	내었다 → 냈다
베었다 → 벴다	세었다 → 셌다	

출좋포 16 제34항 붙임 1

❶______, ❷______ + ❸______ = '❹______' 탈락

붙임 2 '하여'가 한 음절로 줄어서 '해'로 될 적에는 준 대로 적는다.

하여 → 해	더하여 → 더해	흔하여 → 흔해
하였다 → 했다	더하였다 → 더했다	흔하였다 → 흔했다

출좋포 17 제34항 붙임 2

하+여 = ❺______

정답

❶ ㅔ ❷ ㅐ ❸ ㅓ ❹ ㅓ
❺ 해

제35항ㅣ 모음 'ㅗ, ㅜ'로 끝난 어간에 '−아/−어, −았−/−었−'이 어울려 'ㅘ/ㅝ, 왔/줬'으로 될 적에는 준 대로 적는다.

꼬아 → 꽈	보아 → 봐	쏘아 → 쏴	두어 → 둬
쑤어 → 쒀	주어 → 줘	꼬았다 → 꽜다	보았다 → 봤다
쏘았다 → 쐈다	두었다 → 뒀다	쑤었다 → 쒔다	주었다 → 줬다

[붙임1] '놓아'가 '놔'로 줄 적에는 준 대로 적는다.

[붙임2] 'ㅚ' 뒤에 '−어, −었−'이 어울려 'ㅙ, 쨌'으로 될 적에도 준 대로 적는다.

괴어 → 괘	되어 → 돼	뵈어 → 봬
쐬어 → 쐐	괴었다 → 괬다	되었다 → 됐다
쇠었다 → 쇘다	쐬었다 → 쐤다	꾀었다 → 꽸다
쬐었다 → 쬈다	사뢰었다 → 사뢨다	되뇌었다 → 되뇄다
쇠어 → 쇄	뵈었다 → 뵀다	

출졸포 18 제35항 모음 축약

ㅚ+ㅓ = ❶______ (모음 축약)

• 되다: 이렇게 만나게 돼서(← ❷__________) 반갑다.
  뵈다: 오랜만에 부모님을 봬서(← ❸__________) 기뻤다.

예 2022년에 공무원이 돼요(← 되어요).
  그럼 내일 함께 부모님을 ❹__________(← 뵈어요).
  어느덧 가을이 됐다(← 되었다).
  어제 부모님을 뵀다(← 뵈었다).

제38항ㅣ 'ㅏ, ㅗ, ㅜ, ㅡ' 뒤에 '−이어'가 어울려 줄어질 적에는 준 대로 적는다.

싸이어 → 쌔어, 싸여	보이어 → 뵈어, 보여
쏘이어 → 쐬어, 쏘여	누이어 → 뉘어, 누여
뜨이어 → 띄어	★쓰이어 → 씌어, 쓰여
트이어 → 틔어, 트여	

출졸포 19 제38항 모음 축약

'−이어'가 결합되는 경우에는 ❺__________도 축약이 가능하고, ❻__________도 축약이 가능하다.

💬 '놓이다'의 준말 '뇌다'
'놓이어'가 줄어진 형태는 '뇌어'가 아니라 '놓여'로 적는다.

💬 굳어진 '띄어쓰기, 띄어 쓰다, 띄어 놓다'
관용상 '뜨여쓰기, 뜨여 쓰다, 뜨여 놓다' 같은 형태가 사용되지 않는다.

PART 05

정답
❶ 왜 ❷ 되어서 ❸ 뵈어서
❹ 봬요 ❺ 앞 ❻ 뒤

제40항 | 어간의 **끝음절 '하'**의 'ㅏ'가 줄고 'ㅎ'이 다음 음절의 첫소리와 어울려 거센소리로 될 적에는 거센소리로 적는다.

거북하지 → 거북지	생각하건대 → 생각건대
생각하다 못하여 → 생각다 못해	깨끗하지 않다 → 깨끗지 않다
넉넉하지 않다 → 넉넉지 않다	못하지 않다 → 못지않다
섭섭하지 않다 → 섭섭지 않다	익숙하지 않다 → 익숙지 않다

출좋포 20 제40항 '하'의 준말

1. 어간의 끝 음절 '하'가 ❶_______________(ㄱ, ㄷ, ㅂ, ㅅ 등) 뒤에서 아예 탈락된다.

   예 생각하+지 않다, 답답하+지 않다 = 답답잖다

2. 어간의 끝 음절 '하'가 ❷___________(모음, ㄴ, ㄹ, ㅁ, ㅇ) 뒤에서 'ㅏ'만 탈락하여 자음 축약이 일어난다.

   예 편하+지 않다=편찮다, 변변하+지 않다=변변찮다

3. 단, '서슴다, 삼가다'는 '❸________, ❹________'로 활용된다.

제39항 | 어미 '-지' 뒤에 '않-'이 어울려 '-잖-'이 될 적과 '-하지' 뒤에 '않-'이 어울려 '-찮-'이 될 적에는 준 대로 적는다.

그렇지 않은 → 그렇잖은	적지 않은 → 적잖은
만만하지 않다 → 만만찮다	변변하지 않다 → 변변찮다
달갑지 않다 → 달갑잖다	마뜩잖다 → 마뜩하지 않다
오죽하지 않다 → 오죽잖다	당찮다 → 당하지 않다
*시답잖다 → 시답지 않다	편찮다 → 편하지 않다

출좋포 21 제39항 '잖, 찮'

'잖', '찮'은 반드시 '❺________', '❻________'으로 표기해야 한다.

'-스럽-+-이'='-스레'
예 '사랑스럽-+-이'=사랑스레'
'천연스럽-+-이'='천연스레'

정답

❶ 안울림소리 ❷ 울림소리
❸ 서슴지 ❹ 삼가지 ❺ 잖 ❻ 찮

제51항 | 부사의 끝음절이 분명히 '이'로만 나는 것은 '-이'로 적고, '히'로만 나거나 '이'나 '히'로 나는 것은 '-히'로 적는다.

출졸포 22 제51항 '이'와 '히'의 구별

1. '이'로 적는 것
　① ❶__________ 뒤 : **같이, 높이, 많이, 실없이, 헛되이** 등
　② ❷______ 뒤(제25항 2 참조) : **곰곰이 더욱이 일찍이 오뚝이** 등
　③ ❸______ 명사 뒤 : **일일이, 집집이, 번번이, 푼푼이, 낱낱이, 곳곳이, 샅샅이** 등
　④ ❹'____' 받침 뒤 : **깨끗이, 버젓이, 번듯이, 지긋이** 등
　⑤ ❺'____' 불규칙 용언의 어간 뒤 : **가벼이, 괴로이, 기꺼이, 쉬이, 너그러이** 등
　⑥ ❻'____' 뒤 : **나지막이, 느지막이, 깊숙이**

2. '히'로 적는 것
　① '-하다'가 붙는 어근 뒤(단, 'ㅅ' 받침 제외) :
　　꼼꼼히(꼼꼼하다), **급급**히(급급하다), **푼푼**히(푼푼하다), **번번**히(번번하다),
　　간편히(간편하다), **고요**히(고요하다)
　② 나머지
　　익히(← 익숙히), **특히**(← 특별히), **딱히, 작히**

😀 '이'로 적는 것 [암기팁]
: 형부첩ㅅㅂㄱ

제56항 | '-더라, -던'과 '-든지'는 다음과 같이 적는다.

1. **지난 일을 나타내는 어미는** '**-더라, -던**'으로 적는다.

　지난겨울은 몹시 춥**더라**.　　　　깊**던** 물이 얕아졌다.
　그렇게 좋**던**가?　　　　　　　그 사람 말 잘하**던**데!
　얼마나 놀랐**던**지 몰라.

2. **선택의 뜻을 나타내는 조사와 어미는** '**-든지**'로 적는다.

　배**든지** 사과**든지** 마음대로 먹어라.　　　가**든지** 오**든지** 마음대로 해라.

출졸포 23 제56항 과거의 '-던' VS 선택의 '-든'

1. ❼________의 의미 : -던
　[예] 오랜만에 만났더니 반갑**더**라. / 선생님도 이젠 늙으셨**더**구나.
　　　그림을 잘 그렸**던**데 여기에 걸자. / 선생님은 교실에 계시**던**걸.

2. ❽________의 의미 : -든
　[예] 사과를 먹**든**지 감을 먹**든**지 하렴. / 가**든**(지) 말**든**(지) 상관없다.

출종포 亦功 문제 훈련은 '만점 출종포 문제 훈련' 강의에서 꼭 해설 강의를 참고해 주세요.

적중용 亦功 最빈출

01 다음은 사이시옷 규정의 일부이다. 이 조건에 부합하지 않는 것은?

2018. 지방직 7급

> • 순우리말로 된 합성어로서 앞말이 모음으로 끝난 경우
> [1] 뒷말의 첫소리가 된소리로 나는 것
> [2] 뒷말의 첫소리 'ㄴ, ㅁ' 앞에서 'ㄴ' 소리가 덧나는 것
> [3] 뒷말의 첫소리 모음 앞에서 'ㄴㄴ' 소리가 덧나는 것
>
> • 순우리말과 한자어로 된 합성어로서 앞말이 모음으로 끝난 경우
> [1] 뒷말의 첫소리가 된소리로 나는 것
> [2] 뒷말의 첫소리 'ㄴ, ㅁ' 앞에서 'ㄴ' 소리가 덧나는 것
> [3] 뒷말의 첫소리 모음 앞에서 'ㄴㄴ' 소리가 덧나는 것

① 냇가   ② 윗옷
③ 훗날   ④ 예삿일

> **정답풀이** '윗옷'은 [윗옷 → (음절의 끝소리 규칙, 연음) → 위돋]으로 발음이 된다. 뒷말의 첫소리가 된소리로 나지도, 'ㄴ'소리나 'ㄴㄴ'소리가 덧나지도 않는다. 따라서 보기의 조건에 부합하지 않는 것이다.
> 〈한글 맞춤법〉 제30항의 조건에 부합하려면 '옷'이 모음으로 시작하는 어휘이므로, 뒷말의 첫소리 모음 앞에서 'ㄴㄴ' 소리가 덧나는 것이 맞지만, 실제 표준 발음은 그렇지 않다. 이전에는 구분하지 않던 '옷-/윗-'을 의미와 발음에 따라 '윗-'으로 통일하여 표기한다는 표준어 규정을 보여 주는 예로 이해할 수 있다.

> **오답풀이** ① 냇가: '냇물의 가장자리'를 이르는 '냇가'의 발음은 '[내:까]/[낻:까]'이다. 이는 "순우리말로 된 합성어로서 앞말이 모음으로 끝난 경우 [1] 뒷말의 첫소리가 된소리로 나는 것"에 해당한다. 한편 〈표준 발음법〉 제30항에서는 "ㄱ, ㄷ, ㅂ, ㅅ, ㅈ"으로 시작하는 단어 앞에 사이시옷이 올 때에는 이들 자음만을 된소리로 발음하는 것을 원칙으로 하되, 사이시옷을 [ㄷ]으로 발음하는 것도 허용하고 있다. 이에 따라 '냇가'는 [내:까]로 발음함이 원칙이며, [낻:까]로 발음하는 것도 허용한다.

③ 훗날: '훗날'은 한자어 '후(後)'와 순우리말 '날'이 결합하여 만들어진 합성어로서 실제 발음은 [훈:날]이다. 이는 제시된 조건 중 "순우리말과 한자어로 된 합성어로서 앞말이 모음으로 끝난 경우 [2] 뒷말의 첫소리 'ㄴ, ㅁ' 앞에서 'ㄴ' 소리가 덧나는 것"에 해당한다.

④ 예삿일: '예삿일'은 한자어 '예사(例事)'와 순우리말 '일'이 결합하여 만들어진 합성어로서 실제 발음은 [예:산닐]이다. 이는 "순우리말과 한자어로 된 합성어로서 앞말이 모음으로 끝난 경우 [3] 뒷말의 첫소리 모음 앞에서 'ㄴㄴ' 소리가 덧나는 것"에 해당한다.

02 밑줄 친 부분이 한글 맞춤법에 맞는 것은?

2014. 지방직 7급

① 그는 발을 헛디뎌 <u>하마트면</u> 넘어질 뻔했다.
② <u>생각컨대</u> 우두머리가 존재하지 않은 사회는 한 번도 없었다.
③ <u>아뭇튼</u> 아버지에 대한 직접적인 기억은 하나도 남아 있지 않다.
④ 언니는 식구 중에 제일 먼저 일어나 마당 청소를 할 정도로 <u>부지런타</u>.

> **정답풀이** 한글 맞춤법 제40항 [붙임 2]의 규정에서 '하' 앞에 울림소리가 있는 경우에는 'ㅏ'만 줄어든다. 따라서 '부지런ㅎ+다'가 결합되어 거센소리되기로 인해 '부지런타'가 된 것이므로 이는 맞춤법에 맞는 표기이다. '부지런타'는 '부지런하다'의 준말로서 맞게 쓰였다.

> **오답풀이** ① 하마트면(×) → 하마터면(○)
> ② 생각컨대(×) → 생각건대(○)
> ③ 아뭇튼(×) → 아무튼(○)

03 밑줄 친 말을 잘못 고친 것은?

2013. 국가직 9급

① 그는 굉장한 사업 수단으로 재산을 빠른 속도로 <u>늘렸다.</u> → 늘였다
② 좀 전에 제시한 것으로 의견 표명을 <u>가름</u>하겠습니다. → 갈음
③ 이 사건은 의협과 용기로서 대처해야 한다. → 로써
④ 나에 대한 너의 판단은 <u>달랐어.</u> → 틀렸어

[정답풀이] '늘이다'는 '본디보다 더 길게 하다.'를 의미한다. 주로 물리적인 길이를 길게 할 때 쓰인다. '고무줄을 늘이다. / 엿가락을 늘이다.'처럼 쓴다. 그러나 '늘리다'는 '늘다'의 사동사로서 '물체의 길이나 넓이, 부피 따위가 본디보다 커지다. / 살림이 넉넉해지다.' 등의 의미를 나타낸다. '재산'의 경우는 살림이 넉넉해지는 경우에 속하므로 '늘리다'를 써야 옳다.

[오답풀이] ② 가름 : 쪼개거나 나누어 따로따로 되게 하는 일 / 승부나 등수 따위를 정하는 일
갈음 : 다른 것으로 바꾸어 대신함.
③ 로서 : 지위나 신분 또는 자격을 나타내는 격 조사
로써 : 어떤 일의 수단이나 도구를 나타내는 격 조사
④ 다르다 : 비교가 되는 두 대상이 서로 같지 아니하다. / 보통의 것보다 두드러진 데가 있다.
틀리다 : 셈이나 사실 따위가 그르게 되거나 어긋나다.

04 밑줄 친 부분의 맞춤법이 가장 옳지 않은 것은?

2020. 서울시 9급

① 남에게 존경 받는 사람이 <u>돼라</u>는 아버지의 유언
② 존경 받는 사람이 <u>되었다.</u>
③ 남에게 존경 받는 사람이 <u>돼라.</u>
④ 존경 받는 사람이 <u>되고</u> 있다.

[정답풀이] 돼라는(×) → 되라는(○) : 동사 어간 '되-'에 간접 인용의 명령형 어미 '-라'가 붙기 때문에 '되라는'이 맞다. 직접 인용의 명령형 어미는 '-어라'가 있는데 이 문장에서는 아버지의 말을 간접적으로 인용하는 것이기 때문에 '-어라'가 붙지 못한다.

[오답풀이] ② 되었다[되+었+다](○)
③ 돼라[되+어라] (○) : '-어라'는 해라체의 명령형 어미로, '돼라'는 모음 축약을 보여 준다. 한글 맞춤법 제35항을 보면, 모음 'ㅗ, ㅜ'로 끝난 어간에 '-아/-어, -았-/-었-'이 어울려 'ㅘ/ㅝ, ㅘㅆ/ㅝㅆ'으로 될 적에는 준 대로 적는다.
④ 되고[되+고] (○) : 동작상으로 볼 때 '진행'의 의미를 지닌다.

05 다음 밑줄 친 부분 중 한글 맞춤법에 따라 바르게 표기된 것은?

2017. 서울시 9급

① 방학 동안 몸이 <u>부는</u> 바람에 작년에 산 옷이 맞지 않았다.
② <u>넉넉치</u> 않은 형편에도 불구하고 도움을 주셔서 감사합니다.
③ 오늘 <u>뒤풀이</u>는 길 건너에 있는 <u>맥줏집</u>에서 하도록 하겠 습니다.
④ 한문을 한글로 풀이한 이 책은 중세 국어의 자료<u>로써</u> 가치가 있다.

[정답풀이] '뒤풀이'는 명사 '뒤' 이후에 나오는 '풀이'가 이미 거센소리로 시작되기 때문에 사이시옷이 오지 못한다. 결합하는 뒤 단어의 첫소리가 된소리나 거센소리일 때에는 사이시옷을 적지 않는다. (뒤풀이, 뒤끝, 붕어빵 등)
'맥줏집'은 '한자어[맥주(麥酒)+순우리말(집)]' 구성의 합성어이다. 이는 사이시옷 표기 조건을 잘 만족시킨다. 즉 고유어(순우리말)가 있으며 앞말이 모음으로 끝나고 뒤 단어의 초성이 '집[찝]'으로 된소리 발음이 나므로 사이시옷을 표기하는 것이다.

[오답풀이] ① 부는(×) → 붇는(○) : 문맥상 '살이 쪘다'는 의미이므로 기본형은 '분량이나 수효가 많아지다.'라는 의미를 가진 '붇다'이다. 따라서 '몸이 붇는 바람에'와 같이 표기해야 한다. 밑줄 친 부분은 '불다'를 기본형으로 잡아서 '부는'이 된 것인데, '불다'는 '바람이 일어나다, 입술을 오므리고 입김을 내어 보내다.'의 의미이므로 적절하지 않다.
② 넉넉치(×) → 넉넉지(○) : 한글 맞춤법 제40항에 따르면, 어간의 끝음절 '하'의 앞의 소리가 안울림소리면 '하'가 탈락된다. 따라서 '넉넉지 않다'가 맞다. 이외에 '생각지 않다, 익숙하지 않다, 못지 않다, 섭섭지 않다'도 같은 사례이다.
④ 자료로써(×) → 자료로서(○) : 지위나 신분 또는 자격을 나타내는 격 조사인 '로서'를 쓰는 것이 적절하다. '로써'는 '어떤 물건의 재료나 원료를 나타내는 격 조사, 어떤 일의 수단이나 도구를 나타내는 격 조사, 시간을 셈할 때 셈에 넣는 한계를 나타내거나 어떤 일의 기준이 되는 시간임을 나타내는 격 조사'의 의미를 갖는다.

Answer
01 ② **02** ④ **03** ① **04** ① **05** ③

06 한자어의 사이시옷 표기가 옳지 않은 것은?

2021. 의무소방원

① 갯수(個數)　　　② 곳간(庫間)
③ 횟수(回數)　　　④ 셋방(貰房)

정답풀이 갯수(個數) → 개수(個數) : 보통의 한자어는 '[개:쑤]'처럼 사잇소리 현상이 나더라도 사이시옷을 적을 수 없다.

오답풀이 '퇴! 고세 차 회수'로 외우면 된다.

07 다음 규정에 근거할 때 옳지 않은 것은? 2022. 국가직 9급

> 한글 맞춤법 제30항
> 사이시옷은 다음과 같은 경우에 받치어 적는다.
> (가) 순우리말로 된 합성어로서 앞말이 모음으로 끝나면서 뒷말의 첫소리가 된소리로 나는 것
> (나) 순우리말과 한자어로 된 합성어로서 앞말이 모음으로 끝나면서 뒷말의 첫소리가 된소리로 나는 것

① (가)에 따라 '아래 + 집'은 '아랫집'으로 적는다.
② (가)에 따라 '쇠 + 조각'은 '쇳조각'으로 적는다.
③ (나)에 따라 '전세 + 방'은 '전셋방'으로 적는다.
④ (나)에 따라 '자리 + 세'는 '자릿세'로 적는다.

정답풀이 '전세'와 '방'은 모두 한자어이므로 아예 사이시옷을 적을 수 없다.

오답풀이 ① [아래찝/아랟찝]으로 사잇소리 현상이 일어나며, '아래, 집' 모두 순우리말이므로 (가)에 해당된다.
② [쇠쪼각/쉗쪼각]으로 사잇소리 현상이 일어나며, '쇠, 조각' 모두 순우리말이므로 (가)에 해당된다.
④ [자리쎄/자릳쎄]로 사잇소리 현상이 일어나며, '자리'는 순우리말, '세(貰)'는 한자어이므로 (나)에 해당된다.

08 다음 중 '한글 맞춤법'에 맞는 문장은? 2016. 서울시 7급

① 인삿말을 쓰느라 밤을 새웠다.
② 담뱃값 인상으로 흡연률이 줄고 있다.
③ 생각치도 않은 반응 때문에 적잖이 놀랐다.
④ 무슨 일을 하든지 최선을 다해야 한다.

정답풀이 연결 어미 '-든'은 '선택의 의미'를 가지므로 '무슨 일을 하든지'는 적절하다. 어떤 일이 과거에 일어났다는 의미를 지닌 '-던'과 잘 구별해야 한다.

오답풀이 ① 인삿말(×) → 인사말(○) : '인사말'의 표준 발음은 [인사말]이므로 'ㄴ'소리가 나지 않는다. 이는 사이시옷의 음운론적 조건에 부합하지 않는다. 사이시옷이 첨가되려면 현실 발음에서 'ㄴ'이 첨가된 채로 발음되어야 한다.
② 흡연률(×) → 흡연율(○) : 모음이나 'ㄴ' 받침 뒤에 이어지는 '렬, 률'은 '열, 율'로 적는다. 따라서 '흡연률'을 '흡연율'로 고쳐야 한다. 이와 같은 예로, 내재율, 실패율(失敗率) 백분율(百分率) 등이 있다.
③ 생각치도 않은(×) → 생각지도 않은(○) : 어간의 끝음절 '하'의 앞의 소리가 안울림소리면 '하'가 탈락되므로 '생각지도'라고 고쳐야 한다.

09 〈보기〉는 「한글 맞춤법」 제30항 사이시옷 표기의 일부이다. ㉠, ㉡, ㉢에 들어갈 단어가 바르게 연결된 것은?

2016. 서울시 7급

〔보기〕
제30항 사이시옷은 다음과 같은 경우에 받치어 적는다.
1. 순우리말로 된 합성어로서 앞말이 모음으로 끝난 경우
 (1) 뒷말의 첫소리가 된소리로 나는 것
  고랫재　귓밥　＿＿＿㉠＿＿＿
 (2) 뒷말의 첫소리 ㄴ, ㅁ 앞에서 ㄴ 소리가 덧나는 것
  뒷머리　아랫마을　＿＿＿㉡＿＿＿
 (3) 뒷말의 첫소리 모음 앞에서 ㄴㄴ 소리가 덧나는 것
  도리깻열　뒷윷　＿＿＿㉢＿＿＿

	㉠	㉡	㉢
①	못자리	멧나물	두렛일
②	쳇바퀴	잇몸	훗일
③	잇자국	툇마루	나뭇잎
④	사잣밥	곗날	예삿일

[정답풀이] '못자리', '멧나물', '두렛일'은 모두 순우리말로 된 합성어이다.
'못자리'는 '[몯짜리/모짜리]'에서 보듯, ㉠ 뒷말의 첫소리가 된소리로 발음되는 경우이다.
'멧나물'은 '[멘나물]'에서 보듯, ㉡ 뒷말 첫소리 ㄴ, ㅁ 앞에서 ㄴ 소리가 덧나는 경우이다.
'두렛일'은 '[두렌닐]'에서 보듯, ㉢ 뒷말 첫소리 모음 앞에서 ㄴ ㄴ 소리가 덧나는 경우이다.

[오답풀이] ② ㉠ '쳇바퀴', ㉡ '잇몸'은 부합한다. 하지만 ㉢ '훗일'은 한자 '後'와 우리말 '일'이 결합한 합성어이므로 순우리말 구성이 아니다.
③ ㉠ '잇자국', ㉢ '나뭇잎'은 부합한다. 하지만 ㉡ '툇마루'는 한자 '退'와 우리말 '마루'가 결합한 합성어이므로 순우리말 구성이 아니다.
④ 다 부합하지 않는다. ㉠ '사잣밥'은 한자 '使者'와 우리말 '밥'이 결합한 합성어이므로 순우리말 구성이 아니다. ㉡ '곗날'은 한자 '契'와 우리말 '날'이 결합한 합성어이므로 순우리말 구성이 아니다. ㉢ '예삿일'은 한자 '例事'와 우리말 '일'이 결합한 합성어이므로 순우리말 구성이 아니다.

10 다음 중 준말의 표기가 옳은 것을 모두 고른 것은?

2018. 서울시 7급(2차)

㉠ 되었다 – 됐다　　㉡ 쓰이어 – 쓰여
㉢ 뜨이어 – 띄어　　㉣ 적지 않은 – 적쟎은
㉤ 변변하지 않다 – 변변챦다

① ㉠, ㉡　　　　② ㉡, ㉢
③ ㉡, ㉣　　　　④ ㉡, ㉤

[정답풀이] 'ㅏ, ㅗ, ㅜ, ㅡ' 뒤에 '－이어'가 어울려 줄어질 적에는 준 대로 적으므로 ㉡ '쓰이어－씌어/쓰여'는 옳은 표기이다. 마찬가지로 ㉢ '뜨이어－뜨여/띄어'도 옳은 표기이다.

[오답풀이] ㉠ 'ㅚ' 뒤에 '－어, －었－'이 어울려 'ㅙ, ㅙㅆ'으로 될 적에도 준 대로 적는다는 한글 맞춤법 제35항에 따라 '됬다'가 아니라 '됐다'가 옳다.
㉣, ㉤ 어미 '－지' 뒤에 '않－'이 어울려 '－잖－'이 될 적과 '－하지' 뒤에 '않－'이 어울려 '－찮－'이 될 적에는 준 대로 적는다는 한글 맞춤법 제39항에 따라 각각 '적쟎은, 변변챦은'이 아니라 '적잖은, 변변찮다'가 옳다.

Answer

06 ①　**07** ③　**08** ④　**09** ①　**10** ②

11 〈보기〉에 제시된 한글 맞춤법의 규정이 바르게 적용되지 않은 것은?

2014. 경찰 2차

┌─〔보기〕─────────────────────
제12항 한자음 '랴, 래, 로, 뢰, 루, 르'가 단어의 첫머리에 올 적에는 두음 법칙에 따라 '나, 내, 노, 뇌, 누, 느'로 적는다.
[붙임 1] 단어의 첫머리 이외의 경우에는 본음대로 적는다.
[붙임 2] 접두사처럼 쓰이는 한자가 붙어서 된 단어는 뒷말을 두음 법칙에 따라 적는다.
└────────────────────────────

① 낙원(樂園), 실락원(失樂園)
② 내일(來日), 왕래(往來)
③ 노인(老人), 상노인(上老人)
④ 누각(樓閣), 광한루(廣寒樓)

12 다음 〈보기〉의 한글 맞춤법 규정이 적용된 단어로 적절하지 않은 것은?

2021. 경찰직 2차

┌─〔보기〕─────────────────────
[붙임 2] 접두사처럼 쓰이는 한자가 붙어서 된 단어는 뒷말을 두음법칙에 따라 적는다.
└────────────────────────────

① 이 지역에 내래월(來來月)까지 비가 온다고 한다.
② 그의 이론은 현실적으로 볼 때 비논리적(非論理的)이다.
③ 멀리 격리되어 몇 달 동안 중노동(重勞動)에 처함을 어찌 면하겠나?
④ 육십을 갓 넘겼는데 그의 얼굴은 칠십의 상노인(上老人)같이 늙어 보였다.

정답풀이 '실락원(失樂園)'이 아니라 실낙원(失樂園)이다. '실–'은 접두사처럼 쓰이는 한자이므로 '락원'과 결합할 때 두음 법칙이 적용된 후에 결합되어야 하므로 '실낙원'이 옳다.

오답풀이 나머지는 한글 맞춤법 규정을 잘 따르고 있다.
③ '상노인'은 접두사처럼 쓰이는 한자이므로 '로인'과 결합할 때 두음법칙이 적용되어 '상노인'이 되는 것이다.

정답풀이 내래월 → 내내월(來來月)
: '접두사처럼 쓰이는 한자가 붙어서 된 말이나 합성어에서, 뒷말의 첫소리가 'ㄴ' 소리로 나더라도 두음 법칙에 따라 적는다.'는 붙임 조항에 따라 '내내월'로 고쳐야 한다. '내(來)＋래월(來月)'은 두음 법칙이 적용되지 않은 것이기 때문이다. (내내월＝내달의 다음 달. (내달 : 이달의 다음 달.))

오답풀이 나머지는 '접두사처럼 쓰이는 한자가 붙어서 된 말이나 합성어에서, 뒷말의 첫소리가 'ㄴ' 소리로 나더라도 두음 법칙에 따라 적는다.'를 잘 지키고 있다.
② 비(非)– : 부정(否定)의 뜻을 나타내는 말.
　비(非)＋론리적(論理的)＝비논리적
③ 중(重)– : '심한'의 뜻을 더하는 접두사.
　중(重)＋로동(勞動)＝중노동
④ 상(上)＋로인(老人)＝상노인

13 다음 한글 맞춤법 규정의 예로 옳지 않은 것은?

2018. 지방직 9급

> (가) 제19항 어간에 '-이'나 '-음/ㅁ'이 붙어서 명사로 된 것과 '-이'나 '-히'가 붙어서 부사로 된 것은 그 어간의 원형을 밝히어 적는다.
>
> (나) 제19항 [붙임] 어간에 '-이'나 '-음' 이외의 모음으로 시작된 접미사가 붙어서 다른 품사로 바뀐 것은 그 어간의 원형을 밝히어 적지 아니한다.
>
> (다) 제20항 명사 뒤에 '-이'가 붙어서 된 말은 그 명사의 원형을 밝히어 적는다.
>
> (라) 제20항 [붙임] '-이' 이외의 모음으로 시작된 접미사가 붙어서 된 말은 그 명사의 원형을 밝히어 적지 아니한다.

① (가) : 미닫이, 졸음, 익히
② (나) : 마개, 마감, 지붕
③ (다) : 육손이, 집집이, 곰배팔이
④ (라) : 끄트머리, 바가지, 이파리

[정답풀이] (나)는 '-이'나 '-음' 이외의 모음으로 시작된 접미사가 붙어 품사가 달라지는 단어들의 예이다. 그런데 '지붕(집+웅)'은 명사 '집' 뒤에 접미사 '웅'('-이' 이외의 모음으로 시작된 접미사)이 붙었지만, 품사가 그대로 명사이므로 (나)의 예가 될 수 없다. '지붕'으로 원형을 밝혀 적지 않았기 때문에 오히려 (라)에 해당된다. '마개(막+애)', '마감(막+암)'은 (나)의 예로 적절하다. '막-'이라는 동사가 접미사로 인해 '명사'가 되었기 때문이다.

[오답풀이] ① (가) '미닫이'는 어간에 '-이'가 붙어서 명사로 품사가 바뀐 것[미닫-(동사) → 미닫이(명사)]의 예이고, '졸음'은 어간에 '-음'이 붙어서 명사로 품사가 바뀐 것[졸-(동사) → 졸음(명사)]의 예, '익히'는 어간에 '-히'가 붙어서 부사로 품사가 바뀐 것[익-(동사) → 익히(부사)]의 예에 해당한다.
③ (다) '육손이', '곰배팔이'는 명사 뒤에 '-이'가 붙어 명사가 된 예이고, '집집이'는 명사 뒤에 '-이'가 붙어 부사로 된 것의 예에 해당한다.
④ (라) '끄트머리', '바가지', '이파리'는 모두 '-이' 이외의 모음으로 시작된 접미사가 붙어 된 말의 예에 해당한다.

14 다음 중 사이시옷의 쓰임이 모두 옳은 것은?

2017. 국회직 8급

① 아랫집, 볏가리, 선짓국, 댓가지, 가게집
② 화젯거리, 수랏간, 푯말, 나뭇잎, 연둣빛
③ 꼭짓점, 횟배, 킷값, 구둣발, 공기밥
④ 버드나뭇과, 장밋과, 봇둑, 무싯날, 쉿조각
⑤ 개수, 귀갓길, 사삿일, 시래깃국, 노잣돈

[정답풀이] '개수'는 한자어에도 사이시옷이 붙는 예외 6개에 포함되지 않으므로 사이시옷이 표기되지 않는다.
'귀갓길'은 한자어 '귀가(歸家)'와 고유어 '길'이 결합하면서 '[귀가낄/귀갇낄]'로 된소리가 난다. 따라서 사이시옷을 받치어 적는 것이 옳다.
'사삿일'은 한자어 '사사(私私)'와 고유어 '일'이 결합하면서 '[사산닐]'로 발음된다. 'ㄴㄴ'이 덧나기 때문에 사이시옷을 받치어 적는 것이 옳다.
'시래깃국'은 고유어 '시래기'와 고유어 '국'이 결합하면서 '[시래기꾹/시래긷꾹]'으로 된소리가 난다. 따라서 사이시옷을 받치어 적는 것이 옳다.
'노잣돈'은 한자어 '노자(路資)'와 고유어 '돈'이 결합하면서 '[노자똔/노잗똔]'으로 된소리가 난다. 따라서 사이시옷을 받치어 적는 것이 옳다.

[오답풀이] ① 가게집(×) → 가겟집(○) : '가겟집'은 고유어 '가게'와 고유어 '집'이 결합하면서 '[가:게찝/가:겓찝]'으로 된소리가 난다. 따라서 사이시옷을 받치어 적는 것이 옳다.
② 수랏간(×) → 수라간(○) : '수라간(水剌間)'처럼 한자어로만 된 합성어인 경우에는 사이시옷을 적을 수 없다. 따라서 '수라간'이 옳다. 사이시옷이 표기되려면 적어도 하나는 고유어여야 한다.
③ 공기밥(×) → 공깃밥(○) : '공깃밥'은 고유어 '공기'와 고유어 '밥'이 결합하면서 '[공기빱/공긷빱]'으로 된소리가 난다. 따라서 사이시옷을 받치어 적는 것이 옳다.
④ 장밋과(×) → 장미과(○) : '장미과(薔薇科)[장미꽈]'도 '수라간'과 같은 경우다.

[Answer]

11 ① **12** ① **13** ② **14** ⑤

박혜선 국어

출좋포 문법·어휘 ☆☆☆☆☆ All In One

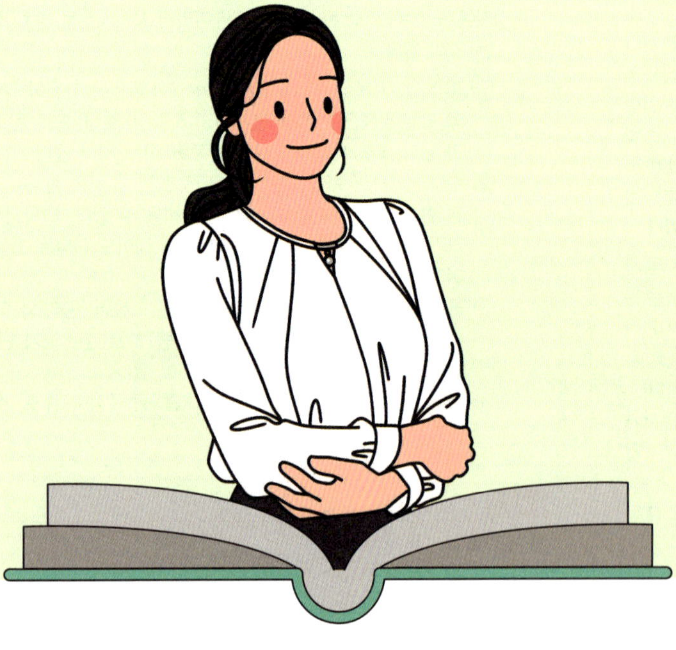

Part

06

어휘

CHAPTER 01 혼동 어휘 구별

혼동 어휘 구별

Part 06 어휘

가름 : 그들의 끈기가 이 경기의 승패를 **가름했다**.
갈음 : 오늘 이것으로 치사를 **갈음하고자** 합니다.
가늠 : 전봇대의 높이를 **가늠할** 수 있겠니?

▶ 가름 : 쪼개거나 나누어 따로따로 되게 하는 일 / 승부나 등수 따위를 정하는 일
　갈음 : 다른 것으로 바꾸어 대신함.
　가늠 : 사물을 어림잡아 헤아리다.

결제(決濟) : 그 회사는 어음을 **결제**하지 못해 부도 처리가 됐다.
결재(決裁) : 사장님의 **결재**를 받았다.

▶ 결제(決濟) : 증권이나 대금의 수수(授受)에 의해서 매매 당사자 간의 거래 관계를 끝맺음.
　결재(決裁) : 상관이 부하가 제출한 안건을 검토하여 승인함.

구별(區別) : 그 형제는 너무 닮아서 누가 동생이고 누가 형인지 **구별**할 수 없다.
구분(區分) : 문학은 서정 갈래, 서사 갈래, 교술 갈래, 극 갈래로 **구분**할 수 있다.
분류(分類) : 서정 갈래, 서사 갈래, 교술 갈래, 극 갈래를 문학으로 **분류**할 수 있다.

▶ 구별(區別) : 성질이나 종류에 따라 차이가 남. 또는 성질이나 종류에 따라 갈라놓음.
　구분(區分) : 일정한 기준에 따라 나눔.
　분류(分類) : 일정한 기준에 따라 묶음.

경신(更新) : 마라톤 세계 기록 **경신**. 그의 이론은 논리학과 철학에 **경신**을 일으켰다.
갱신(更新) : 카드를 **갱신**하였다. 계약을 **갱신**하였다.

▶ 경신(更新) : 종전의 기록을 깨뜨림. 이미 있던 것을 고쳐 새롭게 함.
　갱신(更新) : 법률관계의 존속 기간이 끝났을 때 그 기간을 연장하는 일

계발(啓發) : 교사는 학생이 잠재된 창의성을 **계발**하도록 해야 한다.
개발(開發) : 교사는 학생이 잠재된 창의성을 **개발**하도록 해야 한다.
　　　　　　경치가 좋은 곳을 관광지로 **개발**하려고 한다.
　　　　　　첨단 산업을 **개발**하고 육성하다.

▶ 계발(啓發) : 슬기나 재능, 사상 따위를 일깨워 줌.
　개발(開發) : • 토지나 천연자원 따위를 유용하게 만듦.
　　　　　　　• 지식이나 재능 따위를 발달하게 함.
　　　　　　　• 산업이나 경제 따위를 발전하게 함.
　　　　　　　• 새로운 물건을 만들거나 새로운 생각을 내어놓음.

개재(介在) : 이번 협상에는 수많은 변수가 개재되어 있다.
게재(揭載) : 학술지에 논문을 게재하였다
계제(階梯) : 공부에는 밟아야 되는 계제가 있다.
　　　　　　지금은 이것저것 가릴 계제가 아니다.
　　　　　　변명할 계제가 없었다.

▶ 개재(介在) : 어떤 것들 사이에 끼여 있음. '끼어듦', '끼여 있음'
　 게재(揭載) : (글이나 사진, 그림 따위를) 신문이나 잡지에 실음.
　 계제(階梯) : • 일이 되어 가는 순서나 절차를 비유적으로 이르는 말
　　　　　　　 • 어떤 일을 할 수 있게 된 형편이나 기회

혼동(混同) : 자유와 방종을 혼동하였다.
혼돈(混沌) : 외래문화의 무분별한 수입은 가치관의 혼돈을 초래하였다.
혼란(混亂) : 불이 나자 선생님들은 혼란을 수습하였다.

▶ 혼동(混同) : 어떤 현상을 잘못 판단하다.
　　　　　　　'A, B를 헷갈려 한다'로 많이 사용된다.
　 혼돈(混沌) : 마구 뒤섞여 있어 갈피를 잡을 수 없음. 또는 그런 상태
　 혼란(混亂) : 뒤죽박죽이 되어 어지럽고 질서가 없음.

방증(傍證) : 그 저서는 저자의 해박함을 방증하는 역작이다.
반증(反證) : 그 논리의 오류를 입증할 수 있는 반증을 제시해 보십시오.

▶ 방증(傍證) : 사실을 증명할 수 있는 증거가 되지는 않지만, 주변의 상황을 밝힘으로써 범죄의 증명에 간접적
　　　　　　　으로 도움이 되는 증거.
　 반증(反證) : 어떤 사실이나 주장에 대해 증거를 들어 그것을 부정하는 일.

지향(志向)하다 : 평화를 지향하다.
지양(止揚)하다 : 흡연을 지양해야 한다.

▶ 지향(志向)하다 : 어떤 목적으로 뜻이 쏠리어 향함.
　 지양(止揚)하다 : 어떤 것을 하지 않음.

걷잡다 : 걷잡을 수 없는 상태
겉잡다 : 겉잡아서 이틀 걸릴 일

▶ 걷잡다 : 한 방향으로 치우쳐 흘러가는 형세 따위를 붙들어 잡다. 마음을 진정하거나 억제하다.
　 겉잡다 : 겉으로 보고 대강 짐작하여 헤아리다.

늘이다 : 엿가락(바짓단, 고무줄)을 늘인다.
늘리다 : 엿가락(바짓단, 고무줄)의 나머지

▶ 늘이다 : 본디보다 더 길어지게 하다.
　 늘리다 : 물체의 부피 따위를 본디보다 커지게 하다. 수나 분량 따위를 본디보다 많아지게 하다.

부딪치다 : 차와 차가 마주 **부딪쳤다**.

　　　　　자동차가 가로수에 **부딪쳤다**.

부딪히다 : 마차가 화물차에 **부딪혔다**.

　　　　　공공 정책은 강력한 반대에 **부딪혀** 공공 갈등을 유발한다.

▶ 부딪치다 : '부딪다'를 강조
　부딪히다 : '부딪다'의 피동사. 부딪음을 당하다.

좇다 : 명예를 **좇는** 젊은이. 아버지의 유언을 **좇다**.

쫓다 : 파리를 **쫓았다**. 어머니는 아들을 **쫓아** 방에 들어갔다.

▶ 좇다 : 긍정적 대상을 추구하다.
　쫓다 : 떠나도록 내몰다. 부정적인 상황에서 잡기 위해 급히 따르다.

(으)로서[자격] : 사람**으로서** 그럴 수는 없다.

(으)로써[수단] : 닭**으로써** 꿩을 대신했다.

▶ (으)로서 : '지위나 신분, 자격'
　(으)로써 : '재료, 수단, 도구'
▶ 한편 '(으)로써'는 '어떤 일의 기준이 되는 시간'의 의미로 쓰이기도 한다.

－(으)므로[어미] : 그가 나를 믿**으므로** 나도 그를 믿는다.

(－ㅁ, －음)으로(써)[조사] : 그는 믿**음으로**(써) 산 보람을 느꼈다.

▶ －(으)므로 : 까닭을 나타내는 어미
　－(으)ㅁ으로(써) : '－(으)ㅁ'에 조사 '으로(써)'가 결합한 형태이다. 어미 '－(으)므로'에는 '써'가 결합하지 않는다.

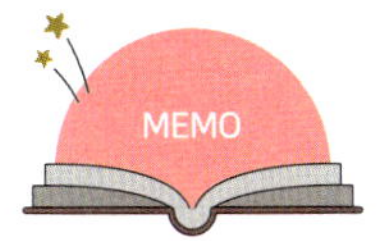

박혜선 국어
출졸포 문법·어휘 All In One

어휘 실전 모의

어휘 실전 모의: 문맥적 의미 추론

'어휘 실전 모의'는 '만점 출좋포 문제 훈련' 강의에서 꼭 해설 강의를 참고해 주세요.

01 밑줄 친 표현이 ㉠의 의미와 가장 유사한 것은?

> 그렇게 혼나고도 성질이 ㉠ 살아서 자기가 잘못했다고 하지 않는다.

① 개성이 살아 있는 글은 독자에게 깊은 인상을 남긴다.
② 잿더미에 불씨가 아직 살아 있을 수 있다.
③ 어렸을 때 배운 노래 한 구절이 머릿속에 아직도 살아 있다.
④ 칭찬 몇 마디 해 주었더니 기운이 살아서 잘난 척이다.

정답풀이 ㉠의 '살다'는 '1 「4」 성질이나 기운 따위가 뚜렷이 나타나다.'의 뜻이다. 이와 가장 유사한 의미의 '살다'는 ④이다.

오답풀이 ① 1 「3」 본래 가지고 있던 색깔이나 특징 따위가 그대로 있거나 뚜렷이 나타나다.
② 1 「2」 불 따위가 타거나 비치고 있는 상태에 있다.
③ 1 「5」 마음이나 의식 속에 남아 있거나 생생하게 일어나다.

02 밑줄 친 표현이 ㉠의 의미와 가장 유사한 것은?

> 삼촌은 병을 ㉠ 이기고 마침내 건강을 회복하였다.

① 시험 기간 동안 유혹을 이기고 공부에 집중했다.
② 그는 화가 나도 감정을 이기고 침착하게 대처했다.
③ 신명을 이기지 못한 관객들은 끝까지 박수를 쳤다.
④ 그는 온갖 역경을 이기고 마침내 성공하였다.

정답풀이 ㉠의 '이기다'는 이기다¹ 「2」 고통이나 고난을 참고 견디어 내다.'를 의미한다. 이와 가장 유사한 의미의 '이기다'는 ④이다.

오답풀이 ① 1 「1」 감정이나 욕망, 흥취 따위를 억누르다.
② 1 「1」 감정이나 욕망, 흥취 따위를 억누르다.
③ 1 「1」 감정이나 욕망, 흥취 따위를 억누르다.

03 밑줄 친 표현이 ㉠의 의미와 가장 유사한 것은?

> 그는 장남보다는 똑똑한 차남에게 기대를 ㉠ 걸었다.

① 첨단 산업에 승부를 걸기 위해 많은 투자가 필요하다.
② 그는 관객들에게 최면을 걸어 모두 잠들게 했다.
③ 그는 자신의 잘못이 드러나자 자기 일에 다른 사람을 걸고 나왔다.
④ 그는 부당 해고라고 회사에 소송을 걸었다.

정답풀이 ㉠의 '걸다'는 '2 「4」 앞으로의 일에 대한 희망 따위를 품거나 기대하다.'를 의미한다. 이와 가장 유사한 의미의 '걸다'는 ①이다.

오답풀이 ② 2 「3」 어떤 상태에 빠지도록 하다.
③ 1 「7」 다른 사람이나 문제 따위가 관련이 있음을 주장하다.
④ 2 「2」 의논이나 토의의 대상으로 삼다.

04 밑줄 친 표현이 ㉠의 의미와 가장 유사한 것은?

> 이번 프로젝트는 모두의 협력 덕분에 좋은 결과를 ㉠ 거두었다.

① 아침에 부엌일을 거두고 나면 오늘의 계획을 세운다.
② 전쟁에서 돌아가신 군인의 유해를 거두어 고향으로 모셨다.
③ 이번 경기에서 승리를 거두어 팀 전체가 큰 자신감을 얻었다.
④ 신입 회원들에게 소정의 입회금을 거두었다.

정답풀이 ㉠의 '거두다'는 거두다² '1 「3」 좋은 결과나 성과 따위를 얻다.'를 의미한다. 이와 가장 유사한 의미의 '거두다'는 ③이다.

오답풀이 ① 1 「6」 집안일, 밭일 따위를 돌보아 살피다.
② 1 「4」 시체, 유해 따위를 수습하다.
④ 2 여러 사람에게서 돈이나 물건 따위를 받아들이다.

05 **밑줄 친 표현이 ㉠의 의미와 가장 유사한 것은?**

> 내 월급의 반이 아이들에게 ㉠ <u>나가면서</u> 가계를 꾸리기가 어려워졌다.

① 너는 지금 모든 일을 혼자서 다 처리할 수 있는 것처럼 <u>나간다</u>.
② 요즘은 물가가 너무 올라서 생활비가 너무 많이 <u>나간다</u>.
③ 이제 여러분이 사회로 <u>나가면</u> 전혀 새로운 경험을 하게 될 것입니다.
④ 5월 호가 시중에 <u>나가자</u> 다시 6월 호의 준비로 바빠졌다.

정답풀이 ㉠의 '나가다'는 '5 「2」【…에/에게】【…으로】월급이나 비용 따위가 지급되거나 지출되다.'를 의미한다. 따라서 이와 가장 유사한 의미의 '나가다'는 ②이다.

오답풀이 ① 4 어떤 행동이나 태도를 취하다.
③ 1 「5」사회적인 활동을 시작하다.
④ 1 「3」생산되거나 만들어져 사회에 퍼지다.

06 **밑줄 친 표현이 ㉠의 의미와 가장 유사한 것은?**

> 그는 자기가 하는 일에서 삶의 의미를 ㉠ <u>찾으려</u> 했다.

① 형사는 사건의 실마리를 <u>찾고</u> 있지만, 특별한 단서를 얻지는 못했다.
② 길을 잃은 아이가 지금 가족을 <u>찾고</u> 있습니다.
③ 이 회사에 대한 자세한 정보는 컴퓨터에서 관련 사이트를 <u>찾으면</u> 된다.
④ 우리 민족은 해방이 되자 비로소 일제에게 빼앗겼던 주권을 <u>찾을</u> 수 있었다.

정답풀이 ㉠의 '찾다'는 '1 「2」모르는 것을 알아내고 밝혀내려고 애쓰다. 또는 그것을 알아내고 밝혀내다.'를 의미한다. 따라서 이와 가장 유사한 의미의 '찾다'는 ①이다.

오답풀이 ② 1 「1」현재 주변에 없는 것을 얻거나 사람을 만나려고 여기저기를 뒤지거나 살피다. 또는 그것을 얻거나 그 사람을 만나다.
③ 1 「3」모르는 것을 알아내기 위하여 책 따위를 뒤지거나 컴퓨터를 검색하다.
④ 2 잃거나 빼앗기거나 맡기거나 빌려주었던 것을 돌려받아 가지게 되다.

07 **밑줄 친 표현이 ㉠의 의미와 가장 유사한 것은?**

> 교통 법규를 ㉠ <u>지키는</u> 것이 모두의 안전을 위한 첫걸음이다.

① 병사 하나가 적군의 보급 통로를 <u>지키고</u> 있다.
② 그는 부모님의 유산을 <u>지키기</u> 위해 열심히 일하며 가업을 이어갔다.
③ 그 남자는 그 여자와의 약속을 <u>지키지</u> 않아 헤어졌다.
④ 체면을 <u>지키다</u> 보니 진심을 말하지 못하고 억지로 웃었다.

정답풀이 ㉠의 '지키다'는 '「3」규정, 약속, 법, 예의 따위를 어기지 아니하고 그대로 실행하다'의 뜻이다. 따라서 이와 가장 유사한 의미의 '지키다'는 ③이다.

오답풀이 ① 「2」길목이나 통과 지점 따위를 주의를 기울여 살피다.
② 「1」재산, 이익, 안전 따위를 잃거나 침해당하지 아니하도록 보호하거나 감시하여 막다.
④ 「5」어떠한 상태나 태도 따위를 그대로 계속 유지하다.

08 **밑줄 친 표현이 ㉠의 의미와 가장 유사한 것은?**

> 환율이 급상승하고 생필품 가격이 오르자 다시 경제 위기설이 정가와 경제계를 ㉠ <u>떠돌기</u> 시작했다.

① 세상이 어수선하자 이상한 소문이 마을에 <u>떠돌기</u> 시작하였다.
② 사람들 사이에 안도의 빛이 <u>떠돌기</u> 시작했다.
③ 기름이 물 위에 <u>떠돌다</u>.
④ 배를 타고 바다를 <u>떠돌다</u>.

정답풀이 ㉠의 '떠돌다'는 '2 「2」어떤 말이나 소문 따위가 여러 곳으로 퍼지다.'를 의미한다. 이와 가장 유사한 의미의 '떠돌다'는 ①이다.

오답풀이 ② 2 「3」어떤 기운이나 기미가 드러나 보이다.
③ 2 「1」공중이나 물 위에 떠서 이리저리 움직이다.
④ 1 정한 곳 없이 이곳저곳을 옮겨 다니다.

Answer
01 ④ **02** ④ **03** ① **04** ③ **05** ② **06** ① **07** ③ **08** ①

09 밑줄 친 표현이 ㉠의 의미와 가장 유사한 것은?

> 목숨이 ㉠ 걸린 싸움판이니 도대체 신명이 날 리가 없었다.

① 이 사람들은 지금 최면에 걸려 있다.
② 이 일의 성패는 순전히 너희들에게 걸려 있다.
③ 범인을 잡는 데 현상금이 걸렸다.
④ 내 대꾸가 없어지니 그의 말이 걸리는 데 없이 흘러나왔다.

10 밑줄 친 표현이 ㉠의 의미와 가장 유사한 것은?

> 심사 위원들은 이번에 응시한 수험생들에 대해 대체로 높은 평가를 ㉠ 내렸다.

① 게시판에서 욕설이 들어 있는 글을 내렸다.
② 형사는 그 남자의 친구가 물건을 훔쳤을 것이라고 단정을 내렸다.
③ 선반 위에서 상자를 내려 어깨에 걸치고 천천히 밖으로 나갔다.
④ 비행기는 기계 고장으로 활주로도 없는 언덕에 내려야만 했다.

정답풀이 ㉠의 '내리다'는 '4 「2」 판단, 결정을 하거나 결말을 짓다.'를 의미한다. 이와 가장 유사한 의미의 '내리다'는 ②이다.

오답풀이 ① 5 「2」 컴퓨터 통신망이나 인터넷 신문에 올린 파일이나 글, 기사 따위를 삭제하다.
③ 5 「1」 위에 올려져 있는 물건을 아래로 옮기다.
④ 2 「2」 비행기 따위가 지상에 도달하여 멈추다.

정답풀이 ㉠의 '걸리다'는 '2 「5」 목숨, 명예 따위가 달리다. '걸다'의 피동사.'를 의미한다. 이와 가장 유사한 의미의 '걸리다'는 ②이다.

오답풀이 ① 2 「3」 어떤 상태에 빠지게 되다.
③ 2 「1」 돈 따위가 계약이나 내기의 담보로 삼아지다.
④ 1 「11」 말이 막히다.

Answer
09 ② **10** ②

2회 어휘 실전 모의: '고유어 → 한자어'로 바꾸기

'어휘 실전 모의'는 '만점 출졸포 문제 훈련' 강의에서 꼭 해설 강의를 참고해 주세요.

01 ㉠~㉣과 바꿔 쓸 수 있는 유사한 표현으로 적절하지 않은 것은?

> (가) 중요한 세부 사항을 ㉠ 넘기다 보니 프로젝트에 큰 문제가 생겼다.
> (나) 그 계획을 ㉡ 따져본 결과 실현 가능성이 없는 것으로 판명되었다.
> (다) 그 사건은 연합군의 힘이 ㉢ 뭉치는 데 결정적인 역할을 했다.
> (라) 환경 오염 문제를 해결하기 위해 환경 단체들이 대책을 ㉣ 세웠다.

① ㉠: 간과하다
② ㉡: 검토한
③ ㉢: 결집하는
④ ㉣: 건립하였다

정답풀이 '세우다'는 '계획, 방안 따위를 정하거나 짜다.'를 의미한다. 따라서 '건물, 기념비, 동상, 탑 따위를 만들어 세우다.'를 의미하는 '건립(建 세울 건 立 설 립(입))하다'는 ㉣과 바꿔 쓸 수 있는 유사한 표현으로 적절하지 않다. '세우다'는 '국가나 정부, 제도, 계획 따위를 이룩하여 세우다.'를 의미하는 '수립(樹 나무 수 立 설 립(입))하다'로 바꿔 쓸 수 있다.

오답풀이 ① ㉠ '넘기다'는 '일정한 시간, 시기, 범위 따위를 벗어나 지나게 하다.'를 의미한다. 따라서 '큰 관심 없이 대강 보아 넘기다.'를 의미하는 '간과(看 볼 간 過 지날 과)하다'로 바꿔 쓸 수 있다.
② ㉡ '따지다'는 '계획을 세우거나 일을 하는 데에 어떤 것을 특히 중요하게 여겨 검토하다.'를 의미한다. 따라서 '어떤 사실이나 내용을 분석하여 따지다.'를 의미하는 '검토(檢 검사할 검 討 칠 토)하다'로 바꿔 쓸 수 있다.
③ ㉢ '뭉치다'는 '여러 가지 생각, 힘 따위가 하나로 크게 모이다. 또는 그렇게 되게 하다.'를 의미한다. 따라서 '한곳에 모여 뭉치다. 또는 한곳에 모아 뭉치다.'를 의미하는 '결집(結 맺을 결 集 모을 집)하다'로 바꿔 쓸 수 있다.

02 ㉠~㉣과 바꿔 쓸 수 있는 유사한 표현으로 적절하지 않은 것은?

> (가) 실험 결과에 대한 발표가 추가 검토로 인해 ㉠ 미뤄졌다.
> (나) ㉡ 너저분한 옷차림을 한 채 길거리를 걷는 그를 보고 많은 사람들이 마음을 아파했다.
> (다) 일단 이름부터 ㉢ 올려 놓고 필요한 서류는 나중에 제출해도 된다.
> (라) 그는 혼자서 하루 종일 공원에서 ㉣ 어슬렁거리며 생각에 잠겼다.

① ㉠: 유보되었다
② ㉡: 남루한
③ ㉢: 편철해
④ ㉣: 배회하며

정답풀이 '올리다'는 '기록하게 하다.'를 의미한다. 따라서 '통신·문건·신문 따위를 정리하여 짜서 철하거나 모으다.'를 의미하는 '편철(編 엮을 편 綴 꿰맬 철)하다'는 ㉢과 바꿔 쓸 수 있는 유사한 표현으로 적절하지 않다. '올리다'는 '일정한 자격을 얻기 위하여 단체나 학교 따위에 문서나 이름을 올리다.'를 의미하는 '등록(登 오를 등 錄 기록할 록(녹))하다'로 바꿔 쓸 수 있다.

오답풀이 ① ㉠ '미루다'는 '정한 시간이나 기일을 나중으로 넘기거나 늘이다.'를 의미한다. 따라서 '어떤 일이 당장 처리되지 아니하고 나중으로 미루어지다.'를 의미하는 '유보(留 머무를 류(유) 保 지킬 보)되다'로 바꿔 쓸 수 있다.
② ㉡ '너저분하다'는 '질서가 없이 마구 널려 있어 어지럽고 깨끗하지 않다.'를 의미한다. 따라서 '옷 따위가 낡아 해지고 차림새가 너저분하다.'를 의미하는 '남루(襤 헌 누더기 람(남) 褸 헌 누더기 루(누))하다'로 바꿔 쓸 수 있다.
④ ㉣ '어슬렁거리다'는 '몸집이 큰 사람이나 짐승이 몸을 조금 흔들며 계속 천천히 걸어 다니다.'를 의미한다. 따라서 '아무 목적도 없이 어떤 곳을 중심으로 어슬렁거리며 이리저리 돌아다니다.'를 의미하는 '배회(徘 어정거릴 배 徊 머뭇거릴 회)하다'로 바꿔 쓸 수 있다.

Answer

01 ④ **02** ③

03 ㉠~㉣과 바꿔 쓸 수 있는 유사한 표현으로 적절하지 않은 것은?

> (가) 이번 회의에서 민간 기업에 국유지를 ㉠ <u>팔아넘기는</u> 정책이 논의되었다.
> (나) 이사들은 회장의 발언에 이견을 ㉡ <u>드러냈다</u>.
> (다) 새어 들어온 햇빛 속에는 미세한 공기 입자들이 ㉢ <u>떠다니고</u> 있었다.
> (라) 이 기관은 어려운 환경에 처한 버려진 아이들을 모아서 ㉣ <u>돌보고</u> 있다.

① ㉠ : 불하하는
② ㉡ : 공고했다
③ ㉢ : 부유하고
④ ㉣ : 보육하고

04 ㉠~㉣과 바꿔 쓸 수 있는 유사한 표현으로 적절하지 않은 것은?

> (가) 그는 그 안건에 대해 반대 입장을 ㉠ <u>지니고</u> 있다.
> (나) 그는 자신의 사업을 키우기 위해 경제 발전에 전력을 ㉡ <u>기울이고</u> 있다.
> (다) 그는 강의를 보다 체계적으로 만들기 위해 내용을 ㉢ <u>나누어</u> 설명했다.
> (라) 회사에서는 우수한 신입 사원들을 해외 지사로 ㉣ <u>보내어</u> 국제적인 감각을 익히게 하였다.

① ㉠ : 소지하고
② ㉡ : 경주하고
③ ㉢ : 분절하여
④ ㉣ : 파견하여

정답풀이 '드러내다'는 '알려지지 않은 사실을 보이거나 밝히다.'를 의미한다. 따라서 '세상에 널리 알리다.'를 의미하는 '공고(公 공평할 공 告 고할 고)하다'는 ㉡과 바꿔 쓸 수 있는 유사한 표현으로 적절하지 않다. '드러내다'는 '주장이나 사실 따위를 밝히기 위하여 의견이나 내용을 드러내어 말하거나 글로 쓰다.'를 의미하는 '개진(開 열 개 陳 진 칠 진)하다'로 바꿔 쓸 수 있다.

오답풀이 ① ㉠ '팔아넘기다'는 '값을 받고 어떤 물건의 소유권을 다른 사람에게 넘겨주다.'를 의미한다. 따라서 '국가 또는 공공 단체의 재산을 개인에게 팔아넘기다.'를 의미하는 '불하(拂 떨칠 불 下 아래 하)하다'로 바꿔 쓸 수 있다.
③ ㉢ '떠다니다'는 '공중이나 물 위를 떠서 다니다.'를 의미한다. 따라서 '물 위나 물속, 또는 공기 중에 떠다니다.'를 의미하는 '부유(浮 뜰 부 遊 놀 유)하다'로 바꿔 쓸 수 있다.
④ ㉣ '돌보다'는 '관심을 가지고 보살피다.'를 의미한다. 따라서 '어린아이들을 돌보아 기르다.'를 의미하는 '보육(保 지킬 보 育 기를 육)하다'로 바꿔 쓸 수 있다.

정답풀이 '지니다'는 '바탕으로 갖추고 있다.'를 의미한다. '물건을 지니고 있다.'를 의미하는 '소지(所 바 소 持 가질 지)하다'는 ㉠과 바꿔 쓸 수 있는 유사한 표현으로 적절하지 않다. '지니다'는 '어떤 견해나 입장 따위를 굳게 지니거나 지키다.'를 의미하는 '견지(堅 굳을 견 持 가질 지)하다'로 바꿔 쓸 수 있다.

오답풀이 ② ㉡ '기울이다'는 '정성이나 노력 따위를 한곳으로 모으다.'를 의미한다. 따라서 '힘이나 정신을 한곳에만 기울이다.'를 의미하는 '경주(傾 기울 경 注 부을 주)하다'로 바꿔 쓸 수 있다.
③ ㉢ '나누다'는 '여러 가지가 섞인 것을 구분하여 분류하다.'를 의미한다. 따라서 '사물을 마디로 나누다.'를 의미하는 '분절(分 나눌 분 節 마디 절)하다'로 바꿔 쓸 수 있다.
④ ㉣ '보내다'는 '사람이나 물건 따위를 다른 곳으로 가게 하다.'를 의미한다. 따라서 '일정한 임무를 주어 사람을 보내다.'를 의미하는 '파견(派 갈래 파 遣 보낼 견)하다'로 바꿔 쓸 수 있다.

05 ⑦~②과 바꿔 쓸 수 있는 유사한 표현으로 적절하지 않은 것은?

> (가) 다락방을 정리하던 중, 그는 우연히 아버지의 유품을 ⑦ 찾아냈다.
> (나) 동료를 ⓛ 헐뜯는 행동은 회사의 팀워크를 해치는 결과를 초래할 수 있다.
> (다) 교각의 일부가 손상되어 안전을 위해 전체 구조물을 ⓒ 무너뜨리기로 했다.
> (라) 현장 사무소에서는 주민들의 진정서를 결재 서류에 ② 덧붙여서 본사로 보고하였다.

① ⑦ : 발견하였다
② ⓛ : 비방하는
③ ⓒ : 해체하기로
④ ② : 첨삭해서

06 ⑦~②과 바꿔 쓸 수 있는 유사한 표현으로 적절하지 않은 것은?

> (가) 부모는 자식이 실수했을 때 항상 ⑦ 감싸며 그들의 편을 들어주었다.
> (나) 실수를 ⓛ 바로잡기 위해 그는 밤늦도록 열심히 일했다.
> (다) 여행자는 고생 끝에 드디어 산 정상이라는 목적지에 ⓒ 다다랐다.
> (라) 그는 피곤한 나머지 벽에 몸을 ② 기대며 잠시 눈을 감았다.

① ⑦ : 두둔하며
② ⓛ : 정돈하기
③ ⓒ : 도달하였다
④ ② : 의지하며

정답풀이 '덧붙이다'는 '붙은 것 위에 겹쳐 붙이다.'를 의미한다. 따라서 '시문(詩文)이나 답안 따위의 내용 일부를 보태거나 삭제하여 고치다.'를 의미하는 '첨삭(添 더할 첨 削 깎을 삭)하다'는 ②과 바꿔 쓸 수 있는 유사한 표현으로 적절하지 않다. '덧붙이다'는 '안건이나 문서 따위를 덧붙이다'를 의미하는 '첨부(添 더할 첨 附 붙을 부)하다'로 바꿔 쓸 수 있다.

오답풀이 ① ⑦ '찾아내다'는 '찾기 어려운 사람이나 사물을 찾아서 드러내다.'를 의미한다. 따라서 '미처 찾아내지 못하였거나 아직 알려지지 아니한 사물이나 현상, 사실 따위를 찾아내다.'를 의미하는 '발견(發 필 발 見 볼 견)하다'로 바꿔 쓸 수 있다.
② ⓛ '헐뜯다'는 '남을 해치려고 헐거나 해쳐서 말하다.'를 의미한다. 따라서 '남을 비웃고 헐뜯어서 말하다.'를 의미하는 '비방(誹 헐뜯을 비 謗 헐뜯을 방)하다'로 바꿔 쓸 수 있다.
③ ⓒ '무너뜨리다'는 '쌓여 있거나 서 있는 것을 허물어 내려앉게 하다.'를 의미한다. 따라서 '구조물 따위를 헐어 무너뜨리다.'를 의미하는 '해체(解 풀 해 體 몸 체)하다'로 바꿔 쓸 수 있다.

정답풀이 '바로잡다'는 '그릇된 일을 바르게 만들거나 잘못된 것을 올바르게 고치다.'를 의미한다. 따라서 '어지럽게 흩어진 것을 규모 있게 고쳐 놓거나 가지런히 바로잡아 정리하다.'를 의미하는 '정돈(整 가지런할 정 頓 조아릴 돈)하다'는 ⓛ과 바꿔 쓸 수 있는 유사한 표현으로 적절하지 않다. '바로잡다'는 '바로잡아 회복하다.'를 의미하는 '만회(挽 당길 만 回 돌아올 회)하다'로 바꿔 쓸 수 있다.

오답풀이 ① ⑦ '감싸다'는 '편을 들어서 두둔하다.'를 의미한다. 따라서 '편들어 감싸 주거나 역성을 들어 주다.'를 의미하는 '두둔(斗 말 두 頓 조아릴 돈)하다'로 바꿔 쓸 수 있다.
③ ⓒ '다다르다'는 '목적한 곳에 이르다.'를 의미한다. 따라서 '목적한 곳이나 수준에 다다르다.'를 의미하는 '도달(到 이를 도 達 통달할 달)하다'로 바꿔 쓸 수 있다.
④ ② '기대다'는 '몸이나 물건을 무엇에 의지하면서 비스듬히 대다.'를 의미한다. 따라서 '다른 것에 몸을 기대다.'를 의미하는 '의지(依 의지할 의 支 지탱할 지)하다'로 바꿔 쓸 수 있다.

Answer

03 ② **04** ① **05** ④ **06** ②

07 ⊙~@과 바꿔 쓸 수 있는 유사한 표현으로 적절하지 않은 것은?

> (가) 상대 팀의 훈련 과정을 ⊙ <u>살피던</u> 코치가 훈련장에서 쫓겨났다.
> (나) 이런저런 감정이 ⓒ <u>뒤섞여서</u> 잠을 이루지 못했다.
> (다) 지난 여름 홍수로 무너진 댐을 ⓒ <u>고치기</u> 위한 긴급 작업이 시작되었다.
> (라) 학생들은 강에 @ <u>사는</u> 동식물에 대해 조사하며 생태계를 이해했다.

① ⊙ : 관철하던
② ⓒ : 교착해서
③ ⓒ : 보수하기
④ @ : 서식하는

08 ⊙~@과 바꿔 쓸 수 있는 유사한 표현으로 적절하지 않은 것은?

> (가) 우리는 여유로운 오후에 미술품을 ⊙ <u>즐기며</u> 차 한잔을 마셨다.
> (나) 그들의 독재적인 행위를 이대로 ⓒ <u>넘겼다가</u>는 앞으로 큰일이 날 것이다.
> (다) 그는 계약 조건을 고의로 숨기며 상대를 ⓒ <u>속이려</u> 했다.
> (라) 사소한 오해로 우리는 점점 @ <u>서먹서먹한</u> 사이가 되어 버렸다.

① ⊙ : 감상하며
② ⓒ : 극복했다가는
③ ⓒ : 기망하려
④ @ : 소원한

[정답풀이] '살피다'는 '형편이나 사정 따위를 자세히 알아보다.'를 의미한다. 따라서 '사물을 속속들이 꿰뚫어 보다.'를 의미하는 '관철(觀 볼 관 徹 통할 철)하다'는 ⊙과 바꿔 쓸 수 있는 유사한 표현으로 적절하지 않다. '살피다'는 '몰래 남의 사정을 살피고 조사하다.'를 의미하는 '염탐(廉 청렴할 렴(염) 探 찾을 탐)하다'로 바꿔 쓸 수 있다.

[오답풀이] ② ⓒ '뒤섞이다'는 '생각이나 말 따위가 마구 섞이다.'를 의미한다. 따라서 '이리저리 엇갈려 뒤섞이다.'를 의미하는 '교착(交 사귈 교 錯 어긋날 착)하다'로 바꿔 쓸 수 있다.
③ ⓒ '고치다'는 '고장이 나거나 못 쓰게 된 물건을 손질하여 제대로 되게 하다.'를 의미한다. 따라서 '건물이나 시설 따위의 낡거나 부서진 것을 손보아 고치다.'를 의미하는 '보수(補 기울 보 修 닦을 수)하다'로 바꿔 쓸 수 있다.
④ @ '살다'는 '어느 곳에 거주하거나 거처하다.'를 의미한다. 따라서 '생물 따위가 일정한 곳에 자리를 잡고 살다.'를 의미하는 '서식(棲 깃들일 서 息 쉴 식)하다'로 바꿔 쓸 수 있다.

[정답풀이] '넘기다'는 '지나쳐 보내다.'를 의미한다. 따라서 '악조건이나 고생 따위를 이겨 내다.'를 의미하는 '극복(克 이길 극 服 옷 복)하다'는 ⓒ과 바꿔 쓸 수 있는 유사한 표현으로 적절하지 않다. '넘기다'는 '잘못을 알고도 모르는 체하고 그대로 넘기다.'를 의미하는 '묵과(默 잠잠할 묵 過 지날 과)하다'로 바꿔 쓸 수 있다.

[오답풀이] ① ⊙ '즐기다'는 '즐겁게 누리거나 맛보다.'를 의미한다. 따라서 '주로 예술 작품을 이해하여 즐기고 평가하다.'를 의미하는 '감상(鑑 거울 감 賞 상줄 상)하다'로 바꿔 쓸 수 있다.
③ ⓒ '속이다'는 '거짓이나 꾀에 넘어가게 하다.'를 의미한다. 따라서 '남을 속여 넘기다.'를 의미하는 '기망(欺 속일 기 罔 그물 망)하다'로 바꿔 쓸 수 있다.
④ @ '서먹서먹하다'는 '낯이 설거나 친하지 아니하여 자꾸 어색하다.'를 의미한다. 따라서 '지내는 사이가 두텁지 아니하고 거리가 있어서 서먹서먹하다.'를 의미하는 '소원(疏 소통할 소 遠 멀 원)하다'로 바꿔 쓸 수 있다.

09 ㄱ~ㄹ과 바꿔 쓸 수 있는 유사한 표현으로 적절하지 않은 것은?

> (가) 지나간 50년을 곰곰 ㉠ <u>되풀이하여</u> 보니 후회되는 일이 허다하다.
> (나) 위원장이 이번 사태의 책임을 지고 ㉡ <u>물러났다</u>.
> (다) 우리나라 전통 선교에선 인위적인 것을 기피하고 호흡, 곧 기(氣)를 통해 제3의 눈을 ㉢ <u>뜨게</u> 한다.
> (라) 그 상점에서는 손님이 요구하면 산 물건들을 사는 곳까지 ㉣ <u>보내</u> 준다.

① ㉠ : 반추하여
② ㉡ : 퇴진하였다
③ ㉢ : 개안케
④ ㉣ : 이전해

10 ㄱ~ㄹ과 바꿔 쓸 수 있는 유사한 표현으로 적절하지 않은 것은?

> (가) 돈 때문에 가족까지 등지고 의리를 ㉠ <u>저버리는</u> 모습을 보였다.
> (나) 사람마다 자기 사상이나 주장을 ㉡ <u>이루는</u> 방식이 서로 다르다.
> (다) 여론을 유리하게 ㉢ <u>꾸미려는</u> 움직임이 있었다.
> (라) 늦어도 내일까지는 주문받은 물건을 거래처에 ㉣ <u>가져다주어야</u> 한다.

① ㉠ : 배반하는
② ㉡ : 실현하는
③ ㉢ : 조작하려는
④ ㉣ : 헌납해야

[정답풀이] '보내다'는 '사람이나 물건 따위를 다른 곳으로 가게 하다.'를 의미한다. 따라서 '장소나 주소 따위를 다른 데로 옮기다.'를 의미하는 '이전(移 옮길 이 轉 구를 전)하다'는 ㉣과 바꿔 쓸 수 있는 유사한 표현으로 적절하지 않다. '보내다'는 '남에게 부탁하여 물건을 보내다.'를 의미하는 '탁송(託 부탁할 탁 送 보낼 송)하다'로 바꿔 쓸 수 있다.

[오답풀이] ① ㉠ '되풀이하다'는 '같은 말이나 일을 자꾸 하다. 또는 같은 사태를 자꾸 일으키다.'를 의미한다. 따라서 '어떤 일을 되풀이하여 음미하거나 생각하다.'를 의미하는 '반추(反 돌이킬 반 芻 꼴 추)하다'로 바꿔 쓸 수 있다.
② ㉡ '물러나다'는 '하던 일이나 지위를 내놓고 나오다.'를 의미한다. 따라서 '진용을 갖춘 구성원 전체나 그 책임자가 물러나다.'를 의미하는 '퇴진(退 물러날 퇴 陣 진 칠 진)하다'로 바꿔 쓸 수 있다.
③ ㉢ '뜨다'는 '감았던 눈을 벌리다.'를 의미한다. 따라서 '눈을 뜨다.'를 의미하는 '개안(開 열 개 眼 눈 안)하다'로 바꿔 쓸 수 있다.

[정답풀이] '가져다주다'는 '무엇을 옮겨다가 가지게 하다.'를 의미한다. 따라서 '돈이나 물건을 바치다.'를 의미하는 '헌납(獻 드릴 헌 納 들일 납)하다'는 ㉣과 바꿔쓸 수 있는 유사한 표현으로 적절하지 않다. '계약한 곳에 주문받은 물품을 가져다주다.'를 의미하는 '납품(納 들일 납 品 물건 품)하다'로 바꿔 쓸 수 있다.

[오답풀이] ① ㉠ '저버리다'는 '등지거나 배반하다.'를 의미한다. 따라서 '믿음과 의리를 저버리고 돌아서다.'를 의미하는 '배반(背 등 배 叛 배반할 반)하다'로 바꿔 쓸 수 있다.
② ㉡ '이루다'는 '뜻한 대로 되게 하다.'를 의미한다. 따라서 '꿈, 기대 따위를 실제로 이루다.'를 의미하는 '실현(實 열매 실 現 나타날 현)하다'로 바꿔 쓸 수 있다.
③ ㉢ '꾸미다'는 '거짓이나 없는 것을 사실인 것처럼 지어내다.'를 의미한다. 따라서 '어떤 일을 사실인 듯이 꾸며 만들다.'를 의미하는 '조작(造 지을 조 作 지을 작)하다'로 바꿔 쓸 수 있다.

Answer
07 ① **08** ② **09** ④ **10** ④

어휘 실전 모의: '한자어 → 고유어'로 바꾸기

'어휘 실전 모의'는 '만점 출좋포 문제 훈련' 강의에서 꼭 해설 강의를 참고해 주세요.

01 문맥상 ㉠~㉣과 바꿔 쓰기에 적절하지 않은 것은?

> (가) 그러나 단기적으로 환율은 이와 ㉠ <u>괴리되어</u> 움직이는 경우가 있다.
> (나) 변동 폭이 예상보다 크게 나타날 경우 경제 주체들은 과도한 위험에 ㉡ <u>노출될</u> 수 있다.
> (다) 신규 해외 투자 자금 유입을 위축시키는 결과를 ㉢ <u>초래한다.</u>
> (라) 환율의 단기 급등락에 따른 위험으로부터 실물 경제와 금융 시장의 안정을 ㉣ <u>도모하는</u> 정책을 수행한다.

① ㉠: 동떨어져
② ㉡: 드러날
③ ㉢: 불러온다
④ ㉣: 올리는

[정답풀이] '도모(圖 그림 도 謀 꾀 모)하다'는 '어떤 일을 이루려고 수단과 방법을 꾀하다'를 의미한다. 따라서 ㉣을 '값이나 수치, 온도, 성적 따위를 이전보다 많아지게 하거나 높이다.'를 의미하는 '올리다'로 바꿔 쓰기에 적절하지 않다.

[오답풀이] ① ㉠ '괴리(乖 어그러질 괴 離 떠날 리(이))되다'는 '서로 등져 떨어지다.'를 의미한다. 따라서 ㉠을 '둘 사이에 관련성이 거의 없다.'를 의미하는 '동떨어지다'로 바꿔 쓸 수 있다.
② ㉡ '노출(露 이슬 로(노) 出 날 출)되다'는 '겉으로 드러나다.'를 의미한다. 따라서 ㉡을 '가려 있거나 보이지 않던 것이 보이게 되다.'를 의미하는 '드러나다'로 바꿔 쓸 수 있다.
③ ㉢ '초래(招 부를 초 來 올 래(내))하다'는 '일의 결과로서 어떤 현상을 생겨나게 하다.'를 의미한다. 따라서 ㉢을 '어떤 행동이나 감정 또는 상태를 일어나게 하다.'를 의미하는 '불러오다'로 바꿔 쓸 수 있다.

02 문맥상 ㉠과 바꾸어 쓸 수 있는 말로 가장 적절한 것은?

> 이차 프레임 내부의 대상과 외부의 대상 사이에는 정서적 거리감이 ㉠ <u>조성(造成)</u>되기도 한다.

① 결성(結成)되기도
② 변성(變成)되기도
③ 숙성(熟成)되기도
④ 형성(形成)되기도

[정답풀이] 앞뒤의 문맥으로 볼 때, ㉠의 '조성(造 지을 조 成 이룰 성)되다'는 '분위기나 정세 따위가 만들어지다.'를 의미한다. '어떤 형상이 이루어지다.'를 의미하는 '형성(形 모양 형 成 이룰 성)되다'로 바꿔 쓸 수 있다.

[오답풀이] ① '결성(結 맺을 결 成 이룰 성)되다'는 '조직이나 단체 따위가 짜여 만들어지다.'를 의미한다. '분위기나 정세 따위가 만들어지다.'를 의미하는 '조성(造 지을 조 成 이룰 성)되다'로 바꿔 쓸 수 있는 말로 적절하지 않다.
② '변성(變 변할 변 成 이룰 성)되다'는 '변하여 다르게 되다.'를 의미한다. '분위기나 정세 따위가 만들어지다.'를 의미하는 '조성(造 지을 조 成 이룰 성)되다'로 바꿔 쓸 수 있는 말로 적절하지 않다.
③ '숙성(熟 익을 숙 成 이룰 성)되다'는 '충분히 이루어지다.'를 의미한다. '분위기나 정세 따위가 만들어지다.'를 의미하는 '조성(造 지을 조 成 이룰 성)되다'로 바꿔 쓸 수 있는 말로 적절하지 않다.

03 문맥상 ㉠~㉣과 바꿔 쓰기에 적절하지 않은 것은?

> (가) 열국들이 중국 천하를 ㉠ 할거하면서 끝없는
>   전쟁으로 패권을 다투던 혼란과 분열의 시기
>   였다.
> (나) 담론을 ㉡ 주도했던 양주는 인간은 기본적으로
>   자신만을 위한다는 위아주의를 주장했다.
> (다) 개인을 희생하지 말고 자신들의 삶의 절대적
>   가치를 ㉢ 자각해야만 한다고 역설했다.
> (라) 전체 소비자에게 불리한 결과가 되므로, 국
>   가는 경쟁 정책을 ㉣ 유지할 수밖에 없는 것
>   이다.

① ㉠: 나누어 차지하면서
② ㉡: 이끌었던
③ ㉢: 스스로 깨달아야만
④ ㉣: 세울

04 문맥상 ㉠~㉣과 바꿔 쓰기에 적절하지 않은 것은?

> (가) 경쟁 정책이 소비자 권익에 ㉠ 기여하는 모
>   습은 생산적 효율과 배분적 효율의 두 측면
>   에서 살펴볼 수 있다.
> (나) 소비자의 선택을 받고자 품질을 향상시키거
>   나 가격을 ㉡ 인하하는 데 활용될 것이다.
> (다) 경쟁 때문에 시장에서 ㉢ 퇴출된 기업의 제
>   품은 사후 관리가 되지 않아 일부 소비자가
>   피해를 보는 일이 있다.
> (라) 그렇게 만들어진 법은 상하귀천을 ㉣ 막론하고
>   공정하게 집행되어야 한다고 보았다.

① ㉠: 이바지하는
② ㉡: 내리는
③ ㉢: 밀려난
④ ㉣: 꼼꼼히 따지고

정답풀이 '유지(維 벼리 유 持 가질 지)하다'는 '어떤 상태나 상황
을 그대로 보존하거나 변함없이 계속하여 지탱하다.'를 의미한
다. 따라서 ㉣을 '계획, 방안 따위를 정하거나 짜다.'를 의미하는
'세우다'로 바꿔 쓰기에 적절하지 않다.

오답풀이 ① ㉠ '할거(割 벨 할 據 근거 거)하다'는 '땅을 나누어
차지하고 굳게 지키다.'를 의미한다. 따라서 ㉠을 '사물이나
공간, 지위 따위를 자기 몫으로 가지다.'를 의미하는 '차지하
다'로 바꿔 쓸 수 있다.
② ㉡ '주도(主 임금 주 導 인도할 도)하다'는 '앞장서서 조직이
나 무리를 이끌다.'를 의미한다. 따라서 ㉡을 '사람, 단체, 사
물, 현상 따위를 인도하여 어떤 방향으로 나가게 하다.'를 의
미하는 '이끌다'로 바꿔 쓰기에 적절하다.
③ ㉢ '자각(自 스스로 자 覺 깨달을 각)하다'는 '현실을 판단하
여 자기의 입장이나 능력 따위를 스스로 깨닫다.'를 의미한
다. 따라서 ㉢을 '사물의 본질이나 이치 따위를 생각하거나
궁리하여 알게 되다.'를 의미하는 '깨닫다'로 바꿔 쓰기에 적
절하다.

정답풀이 막론(莫 없을 막 論 논할 론)하다'는 '이것저것 따지
고 가려 말하지 아니하다.'를 의미한다. 따라서 ㉣을 '어떤 것을
기준으로 순위, 수량 따위를 헤아리다.'를 의미하는 '따지다'로
바꿔 쓰기에 적절하지 않다.

오답풀이 ① ㉠ '기여(寄 부칠 기 與 더불 여)하다'는 '도움이 되
도록 이바지하다.'를 의미한다. 따라서 ㉠을 '도움이 되게 하
다.'를 의미하는 '이바지하다'로 바꿔 쓸 수 있다.
② ㉡ '인하(引 끌 인 下 아래 하)하다'는 '가격 따위를 낮추다.'
를 의미한다. 따라서 ㉡을 '값이나 수치, 온도, 성적 따위가
이전보다 떨어지거나 낮아지다. 또는 그렇게 하다.'를 의미하
는 '내리다'로 바꿔 쓸 수 있다.
③ ㉢ '퇴출(退 물러날 퇴 出 날 출)되다'는 '내어놓고 나가게 되
다.'를 의미한다. 따라서 ㉢을 '어떤 추상적인 힘이나 세력에
의하여 몰리거나 떠밀리다.'를 의미하는 '밀려나다'로 바꿔
쓸 수 있다.

Answer

01 ④ **02** ④ **03** ④ **04** ④

05 문맥상 ㉠~㉣와 바꿔 쓰기에 적절하지 않은 것은?

> (가) 17세기 초부터 ㉠ <u>유입되기</u> 시작한 서학 서적에 담긴 서양의 과학 지식은 사상의 변화를 이끌었다.
> (나) 아담 샬이 쓴 『주제군징(主制群徵)』의 일부를 채록하면서 자신의 생각을 ㉡ <u>제시하였다.</u>
> (다) 대신 기독교를 효과적으로 ㉢ <u>전파하기</u> 위해 신의 존재를 증명하려 했던 로마 시대의 생리설, 중세의 해부 지식 등이 실려 있었다.
> (라) 비록 양자 사이의 결합이 완전하지는 않았지만, 서양 의학을 ㉣ <u>맹신하지</u> 않고 주체적으로 수용하여 정합적인 체계를 이루고자 하였다.

① ㉠: 들어오기
② ㉡: 드러내었다
③ ㉢: 퍼뜨리기
④ ㉣: 가리지

[정답풀이] '맹신(盲 맹인 맹 信 믿을 신)하다'는 '옳고 그름을 가리지 않고 덮어놓고 믿다.'를 의미한다. 따라서 ㉣을 '잘잘못이나 좋은 것과 나쁜 것 따위를 따져서 분간하다.'를 의미하는 '가리다'로 바꿔 쓰기에 적절하지 않다.

[오답풀이] ① ㉠ '유입(流 흐를 류(유) 入 들 입)되다'는 '문화, 지식, 사상 따위가 들어오게 되다.'를 의미한다. 따라서 ㉠을 '일정한 지역이나 공간의 범위와 관련하여 그 밖에서 안으로 이동하다.'를 의미하는 '들어오다'로 바꿔 쓸 수 있다.
② ㉡ '제시(提 끌 제 示 보일 시)하다'는 '어떠한 의사를 말이나 글로 나타내어 보이게 하다.'를 의미한다. 따라서 ㉡을 '알려지지 않은 사실을 보이거나 밝히다.'를 의미하는 '드러내다'로 바꿔 쓸 수 있다.
③ ㉢ '전파(傳 전할 전 播 뿌릴 파)하다'는 '전하여 널리 퍼뜨리다.'를 의미한다. 따라서 ㉢을 '널리 퍼지게 하다.'를 의미하는 '퍼뜨리다'로 바꿔 쓸 수 있다.

Answer

05 ④

박혜선

주요 약력

現) 박문각 공무원 국어 1 타 강사
고려대학교 국어국문학과 최우수 수석 졸업
고려대학교 국어국문학과 심화 전공
고려대학교 국어국문학과 중등학교 정교사 2 급 자격증
前) 대치, 반포 산에듀 온라인 오프라인 최연소 대표 강사

주요 저서

2026 박문각 공무원 박혜선 국어 기본서 출좋포 문법·어휘
2026 박문각 공무원 박혜선 국어 기본서 출좋포 독해·논리
2025 박문각 공무원 박혜선 국어 독해 신유형 공부(독해신공)
2025 박문각 공무원 박혜선 국어 천기누설 혜선팍 세트형 독해+어휘
2025 박문각 공무원 박혜선 국어 천기누설 혜선팍 논리 추론
2025 박문각 공무원 박혜선 국어 적중용 콤단문 문법(콤팩트한 단원별 문제풀이)
2025 박문각 공무원 박혜선 국어 콤단문 독해(콤팩트한 단원별 문제풀이)
2025 박문각 공무원 박혜선 국어 적중동형 국가직·지방직 봉투모의고사 Vol.1
2025 박문각 공무원 박혜선 국어 적중동형 봉투모의고사 Vol.2
2025 박문각 공무원 박혜선 국어 족집게 적중노트
2024 박문각 공무원 박혜선 국어 기본서 출좋포 어휘·한자
2024 박문각 공무원 박혜선 국어 개념도 새기는 기출 문법
2024 박문각 공무원 박혜선 국어 개념도 새기는 기출 문학&독해
박문각 공무원 박혜선 국어 최단기간 어문 규정
박문각 공무원 박혜선 국어 최단기간 고전 운문
박문각 공무원 박혜선 국어 문법 출·좋·포 80

박혜선 국어
출좋포 문법·어휘 ☆☆☆☆☆ All In One

초판 인쇄 2025. 7. 10. | **초판 발행** 2025. 7. 15. | **편저자** 박혜선

발행인 박 용 | **발행처** (주)박문각출판 | **등록** 2015년 4월 29일 제2019-000137호

주소 06654 서울시 서초구 효령로 283 서경 B/D 4층 | **팩스** (02)584-2927

전화 교재 문의 (02)6466-7202

저자와의
협의하에
인지생략

정가 16,000원
ISBN 979-11-7262-980-9